Gaier
Kommentar zu Goethes Faust

Ulrich Gaier

Kommentar
zu Goethes Faust

Mit 26 Abbildungen

Philipp Reclam jun. Stuttgart

Goethes *Faust. Der Tragödie Erster Teil* und *Faust. Der Tragödie Zweiter Teil* liegen als Nr. 1 und Nr. 2 in Reclams Universal-Bibliothek vor. Auf diese Ausgaben beziehen sich die Zeilenangaben im vorliegenden Band; dabei steht »BA« für alle Regie- und Bühnenanweisungen.

Universal-Bibliothek Nr. 18183
Alle Rechte vorbehalten
© 2002 Philipp Reclam jun. GmbH & Co., Stuttgart
Umschlagabbildung: Szenenentwurf Goethes zur Erscheinung des Erdgeists in Apollons-Gestalt (*Faust I*, Szene »Nacht«)
Bleistiftzeichnung auf weißem Papier, um 1810–12
(Stiftung Weimarer Klassik / Goethe-Nationalmuseum)
Gesamtherstellung: Reclam, Ditzingen. Printed in Germany 2002
RECLAM und UNIVERSAL-BIBLIOTHEK sind eingetragene Marken der Philipp Reclam jun. GmbH & Co., Stuttgart
ISBN 3-15-018183-6

www.reclam.de

Inhalt

Zueignung

Der Autor ergreift den Stoff, der Stoff den Autor

Geschrieben wohl 1797 in der Folge des Beschlusses, *Faust I* im dritten Anlauf zu vollenden und einen *Faust II* folgen zu lassen. Die Figuren des früh versuchten Stoffs und die mit ihnen verbundenen Erinnerungen machen dem Autor die Dichtung wieder möglich. Die verwendete Strophe ist die Stanze (8 fünfhebige Jamben, davon 6 bei Goethe im Wechsel weiblich/männlich mit Reimen a/b, Paarreim c/c am Schluss), die Strophe großer ›romantischer‹ Versepen der Renaissance, die Goethe hier auch lyrisch und dramatisch-dialogisch verwendet.

BA vor 1   *Zueignung:* Widmung des Werks an Auftragge-
  ber oder Publikum (V. 17–24); neben dieser üblichen Bedeutung: Zueignung Goethes an den Faust-Stoff (V. 5),
  Zueignung des Faust-Stoffs an Goethe (V. 3), Zueignung
  des »strengen« schreibenden Goethe an einen »milden«,
  »jugendlich erschütterten« Goethe, den gealterten Verfasser früherer Faust-Texte (*Urfaust, Faust. Ein Fragment*);
  Zueignung Goethes an Natur (V. 27 f.) und Geisterreich
  (V. 25 f., 32).
1 *schwankende Gestalten:* Gestalten, die in ständiger Umgestaltung begriffen sind, vgl. V. 6287 f.
2 *früh:* Beschäftigung mit dem Faust-Stoff seit etwa 1769,
  vgl. den *Urfaust.*
  trüben Blick: In Goethes Farbenlehre erscheint das reine
  Licht durch trübende Medien farbig, vgl. V. 401, 4727.
  Der durch Tränen getrübte Blick der Jugend – stellvertretend für Leidenschaftlichkeit, Erschütterbarkeit – muss
  sich erst wieder herstellen (V. 29), bevor Dichtung wieder
  möglich ist.
4 *Wahn:* Illusion. Das Gelingen dieser Dichtung wird von
  vornherein infrage gestellt.

5 *walten:* die Herrschaft, das Kommando übernehmen. Vgl. V. 7271–76.

8 *umwittert:* wie eine Atmosphäre oder Witterungserscheinung umgibt.

10 *Schatten:* Bilder von Toten und von Bekannten aus früherer Zeit.

16 *Vom Glück getäuscht:* vom Schicksal eines frühen Todes betrogen.

17 *Gesänge:* Bezeichnung für Abschnitte großer, meist epischer, Gedichte, wie Homers *Ilias*.

19 *das freundliche Gedränge:* das Gedränge der Freunde.

20 *Widerklang:* anerkennendes Echo.

23 *sonst:* einst, früher.

26 *Geisterreich:* die Gestalten der Faust-Sage, der Freunde, Toten, des früheren Ich. Die Sehnsucht richtet sich also auf eine ideale Einheit von Stoff, Publikum, Dichter, der sich dieser durch Verjüngung, Erinnerung, Sehnsucht nähert und damit die Voraussetzungen seiner Dichtung, Wahn (V. 4), Bezauberung (V. 8) und Erschütterung (V. 7, 29 f.) schafft.

28 *Äolsharfe:* Wind- oder Gespensterharfe. Über einen Schallkörper gespannte, auf einen einzigen Ton gestimmte Saiten verschiedener Stärke, Länge (und damit Spannung) werden vom Wind zum Schwingen gebracht; außer dem Grundton werden wegen der Verschiedenheit der Saiten verschiedene Obertöne erzeugt. Symbol der Naturpoesie; wenn deren »unbestimmte Töne« in die bestimmte Form der Stanze gefasst sind, erscheint hier die klassisch-romantische Synthese, die dynamische Wechselbeziehung von Formlosigkeit und Form, Nordisch-Barbarischem und Mediterran-Gestaltetem, zum ersten Mal.

Vorspiel auf dem Theater

Was für ein Stück soll's werden?

Geschrieben zwischen 1795 und 1800, wohl gleich nach *Zueignung*, auf die in mehrfacher Weise Bezug genommen wird. Goethe nahm in Weimar die drei Funktionen als Dichter, Schauspielleiter und Schauspieler ein; das eine Ich von *Zueignung* tritt dreifach und in diesen Rollen, im Dialog mit sich selbst, an die Öffentlichkeit. Dass bei einer Aufführung das Publikum schon dasitzt und wartet, während der Text des Stücks noch nicht einmal geschrieben ist, übertreibt grotesk die übliche Theatersituation, dass bei der Premiere noch vieles unfertig ist und nichts stimmen will. Jede der drei Personen hat verschiedene Vorstellungen davon, was, für wen, von wem zu tun ist: Nach der komplexen Aufgabenstellung durch den Direktor (V. 33–58) tragen Dichter, Lustige Person und Direktor ihre kontroversen Meinungen vor, unter welchen Bedingungen was für ein Text hergestellt werden soll (V. 59–103); ebenso deutlich unterscheiden sich die Meinungen über die Funktion der Dichtung, die Adressaten und die Mittel, mit denen sie zu beeinflussen sind (V. 108–183); bei den Ansichten über Alter und Stimmung des Dichters möchten Dichter und Schauspieler am liebsten ihre Eigenschaften verbinden; auch der Direktor treibt beide an, Inspiration und Arbeit beim Dichten zu kombinieren (V. 184–242).

Vorspiele gab es in jeder Theatertradition; noch in Goethes Zeit ist es durchaus üblich, Theater- oder Opernvorführungen aus Vor-, Zwischen-, Nachspielen und einem zentralen Stück zu gestalten. Enthielt dieses nicht von vornherein solche Seitenstücke (wie der *Faust*), so verwendete man Kleinwerke anderer Autoren. Vorspiele, in denen wie hier über das Theater selbst reflektiert wird, sind allerdings selten; Goethe ließ sich von einem Stück des indischen Dichters Kālidāsa, *Śakuntalā* (4./5. Jh. n. Chr.), inspirieren.

Metrisch versucht der Dichter nochmals die Stanze, der Direktor umspielt sie zunächst (V. 41–58), lässt sich dann von den Madrigalversen der Lustigen Person mitziehen. Der Gebrauch fünfhebiger Verse kennzeichnet den Dichter, Vierheber den Schauspieler, doch finden bedeutende Übernahmen statt.

BA vor 33   *Vorspiel … PERSON:* Die drei am Zustandekommen der Aufführung Beteiligten kommen »auf«, nicht hinter der Bühne zusammen, und zeigen gelegentlich auf das schon wartende Publikum und diskutieren zugleich, als wäre es nicht da: romantische Selbstreflexion des Textes, der absurderweise noch gar nicht geschrieben ist. Der Direktor des als Wanderbühne (V. 39, 50, 239) auf Messen und Märkten herumziehenden Unternehmens beschäftigt einen Lohnschreiber, der im Gegensatz zur hohen Selbsteinschätzung gemäß der Praxis der Wanderbühnen des 17. und 18. Jh.s meist vorhandene Stücke übersetzt, kürzt, kombiniert, für die Truppe einrichtet. Die Lustige Person (nach Grimm, *Deutsches Wörterbuch*, Bd. 6, Sp. 1344 Name »für den Pickelhäring in der comödie, wol seit beginnendem 18 jahrh.«) ist als Hanswurst, Pickelhäring usw. der lange Zeit wichtigste Darsteller, meist ohne Rolle im Stück, stets präsent, improvisierend, als Clown die ernsthafteste Handlung unterbrechend und Illusion störend.

38   *lebt und leben lässt:* europaweit verbreitete Redensart, die darauf ausgeht, jedem Gerechtigkeit und Freiraum zur Entfaltung vor allem auch in unternehmerischen Belangen zu gewähren. »Sein Spruch war: leben und leben lassen« (Schiller, *Wallensteins Lager*, V. 278).

39   *Pfosten … Bretter:* temporäre, leicht auf- und abbaubare Holzkonstruktion, die die Bühne über den Marktverkehr hinaushob, vgl. V. 50.

41   *mit hohen Augenbrauen:* kritisch, skeptisch, verstandesmäßig beurteilend. »Braune« noch in Goethes Zeit

gebräuchliche Form neben »Braue«. Bemerkenswert in V. 40–42 die verschiedenen und widersprüchlichen Haltungen des Publikums, denen man gerecht werden, die man zufriedenstellen, »versöhnen« muss (V. 43).

51 f. *Wehen ... enge Gnadenpforte:* Geburt eines neuen Menschen (vgl. Mt. 7,13 f.; Lk. 13,24–30) an der Theaterkasse – Ironie und tiefere Bedeutung.

53 *Vieren:* vier Uhr nachmittags.

63–66 *stillen Himmelsenge ... erpflegen:* Liebe und Freundschaft eines kleinen Kreises bilden einen himmlischen Mutterleib, der das Dichterwerk als Kind des Herzens (vgl. »gesegneten Leibes« für ›schwanger‹) erschafft und pflegt. Antwort auf das gröbere Geburtsbild des Direktors.

79 *einem braven Knaben:* einem netten jungen Mann.

81 *Wer sich behaglich mitzuteilen weiß:* wer seine Stimmung und Wesensart zwanglos auf andere übertragen kann. – *behaglich* (vgl. V. 37): sich gut, harmonisch gestimmt fühlend.

82 *des Volkes Laune:* die Launenhaftigkeit der normalen, natürlichen Menschen, die dem Dichter als wogendes Gedränge einer Menge erschien.

84 *gewisser zu erschüttern:* Er rechnet mit massenpsychologischen Wirkungen; »erschüttern« meint hier ›lockern, anrühren, verhärtete Seelen- und Geisteshaltung auflösen‹.

85 *zeigt euch musterhaft:* stellt euch als Muster zur Nachahmung auf.

95 *durch Masse zwingen:* quantitativ überschwemmend, qualitativ durch starke Eindrücke.

99 *in Stücken:* in selbstständigen, oft auch fragmentarischen Einheiten, wie Goethe anlässlich der Teile des *Faust* immer wieder betont (vgl. Kommentar zum Zweiten Teil, unten S. 132). Diese hängen jedoch durch viele Beziehungen untergründig zusammen und bestätigen die Poetik der Lustigen Person; sie sind auch gedanklich und

strukturell exakt zueinander komponiert (vgl. die Anti-
these *Zueignung/Vorspiel*) und bestätigen die Poetik des
Dichters.

100 *Ragout:* kleingeschnittene Essensreste, mit würziger
Soße zu einem neuen Gericht komponiert.

104 *Handwerk:* vgl. das heutige »Kunsthandwerk«, an-
spruchsvoller Kunst entgegengesetzt.

105 *dem echten Künstler zieme:* ihm ansteht, sich für ihn
schickt, gehört.

106 *saubern Herren:* ironisch gemeint, verächtlich gegen die
um Geld schreibenden Theaterschriftsteller und Über-
setzer gerichtet.

107 *Maxime:* Grundsatz des Handelns.

110 *das beste Werkzeug:* das sich für das zu bearbeitende
Material am besten eignet.

114 *übertischten Mahle:* überreichlich aufgetragene Mahl-
zeit.

117 *Maskenfesten:* Tanzbelustigung (z. B. Maskenball) oder
Fastnachtsbrauch (vgl. die *Mummenschanz* im 1. Akt des
Zweiten Teils); am Weimarer Hof hatte Goethe oft Mas-
kenaufzüge zu erfinden und zu leiten.

119 *Putz:* schöne Kleidung und Schmuck.

123 *Gönner:* eigentlich Mäzene, Sponsoren, ironisch übertrieben für das zahlende Theaterpublikum.

133 *Was fällt euch an?:* Antwort auf entsprechende Gesten
des Dichters (angeredet V. 121) und des Schauspielers (angeredet V. 122).

134 *Knecht:* der Dichter ist ökonomisch abhängig (vgl.
Anm. zu BA vor V. 33). Vgl. auch V. 299.

135–137 *Der Dichter ... verscherzen!:* Aristoteles hatte aus
dem natürlichen Gesellschaftstrieb des Menschen Natur-
rechte und Grundlagen für die Gesetzgebung abgeleitet.
Der Dichter leitet aus »des Menschen Kraft«, Ordnung,
Zusammenhang, Sinn und Bedeutung zu schaffen, das
»höchste Recht« ab, das den Menschen mit Gott und Natur in eine Reihe stellt und der Dichtung ihre besondere

Würde verleiht, weil diese Kraft im Dichter zum Bewusstsein und zur auffälligen Wirkung kommt.

139 *besiegt er jedes Element:* Gemeint sind die vier Elemente, aber auch moderner im Sinne von Bausteinen der Materie (vgl. V. 6990) und im Sinne von angemessener Lebens- und Existenzform (vgl. V. 6943).

143 *Spindel:* Am Spinnrad wird der gedrehte Faden auf eine Spindel gewickelt. Auch eine der Schicksalsgöttinnen (Parzen) hat eine Spindel.

148 f. *Wer ruft ... schlägt?:* Die im Dichter offenbare menschliche Fähigkeit stellt Einzelnes so zusammen, dass es dem Ganzen dient und durch es geheiligt wird, wo es Zusammenklang erzeugt und im Zusammenklang herrlich wird, d. h. Göttliches zur Erscheinung bringt (vgl. Anm. zu V. 250). Abwandlungen von Einklang (V. 140) und Zusammenklang im Folgenden bis V. 156.

154 *die unbedeutend grünen Blätter:* meist Lorbeer im Mittelmeerraum, oft Eichenblätter im nördlichen Kulturraum zur Ehrung von Dichtern, Siegern, öffentlichen Personen.

158 *braucht:* gebraucht.

165 *Roman:* im Wortgebrauch der Goethezeit auch Liebesgeschichte und ihre epische und dramatische Aufbereitung.

173 *auferbaut:* seelisch stärkt.

176 f. *zärtliche Gemüte ... melanchol'sche Nahrung:* »zärtlich« im Sinne von: empfindsam, sensibel; Nahrung melancholischen Charakters und zugleich für melancholisch gestimmte Gemüter. Melancholie, Trübsinn, Seelenfinsternis, Freudlosigkeit, brütendes Nachsinnen über das Elend des Menschseins charakterisieren Faust (vgl. V. 364 f., 1544–71), sind aber auch historisch Zeitkrankheiten insbesondere der Renaissance und wieder der Goethezeit.

178 *aufgeregt:* angeregt, in Bewegung gebracht.

202 *Kranz:* Ehrenzeichen des Siegers.

204 *Wirbeltanz:* Der Walzer wurde Ende des 18. Jh.s Mo-
    detanz.

213 *Es findet ... Kinder:* wahres Kindsein als Versöhnung
    der Gegensätze von V. 207–209.

218 *Stimmung:* Der Wunsch des Dichters nach Verjüngung
    (vgl. V. 25–32) wird vom Direktor als Wunsch nach Inspi-
    ration und innerer Gestimmtheit interpretiert. Eine äu-
    ßere Verjüngung wie später bei Faust würde nur Schaden
    anrichten.

220 f. *Gebt ihr euch ... Poesie:* Wenn ihr schon behauptet,
    Dichter zu sein, dann befehlt euch jetzt, inspiriert zu sein
    und zu dichten. Dieses Paradox formuliert wieder eine
    Synthese der Gegensätze von V. 207–209 (vgl. Anm. zu
    V. 213).

228 *beim Schopfe:* Die römische Glücksgöttin wurde mit
    Glatze und kleinem Haarschopf vorne abgebildet, den
    man zu fassen kriegen musste, wollte man Glück ha-
    ben.

230 *wirket weiter, weil er muss:* Eine einmal in Gang ge-
    kommene Unternehmung entwickelt eine Eigendynamik,
    die die erlahmende Entschlusskraft unter Druck setzt,
    weiterzumachen.

234 *Prospekte ... Maschinen:* Bühnenbilder und bühnen-
    technische Hilfsmittel.

235 *das groß' und kleine Himmelslicht:* Sonne und Mond,
    nach 1. Mose 1,16.

240 *Kreis der Schöpfung:* alles am 1.–6. Schöpfungstag Ge-
    schaffene, einschließlich des Menschen, der mithin eine
    der »Maschinen« ist.

242 *Vom Himmel durch die Welt zur Hölle:* Programm für
    den Ablauf des *Faust.* Zur Hölle, die man bisher vermiss-
    te, vgl. Kommentar zum 4. Akt des Zweiten Teils, unten
    S. 231 f.

Prolog im Himmel

Wer hat die Macht in der Welt?

Geschrieben um 1800 als ›Vorwort‹ zu *Faust I* und als Klammer für beide Teile im Sinne der Wette um Fausts Weg und Ende. Ein Himmelsherrscher und sein Widersacher wetten, wem es gelingen werde, den gelehrten Theologen Faust auf seine Seite zu bringen. Solang Faust lebt, darf der Gegner ihn »einzuteufeln« versuchen. Wetteinsatz ist der Beweis, wer im Kosmos die Macht hat. – Angefangen werden hier folgende thematische Reihen im Faust: Das religiöse Thema (Männerreligion *Faust I*, Frauenreligion *Faust II*), das Problem der Versuchbarkeit eines modernen und theologisch geschulten »Doktors« durch das Böse, die Frage der Geschichtlichkeit des Menschen und der religiösen Instanzen, die Frage nach der Selbstständigkeit oder »Knechtschaft« des Menschen.

Nach den drei feierlichen Gesangsstrophen der Erzengel sprechen Mephistopheles und der Herr die unfeierlichen, flexibel die Inhalte interpretierenden Madrigalverse.

BA vor 243   *Prolog ... HEERSCHAREN:* »Prolog« ist ›Vorwort‹ (Gegensatz: Epilog), vor Opern auch eine vor der großen gespielte glanzvolle Kleinoper (Goethe verstand zeitweise den *Faust* als Opernlibretto). Prologe hatten je nach Theatergewohnheit und Aufführungssituation verschiedene Funktionen der Erweckung von Aufmerksamkeit, der Kommentierung und Rechtfertigung des Stoffs und seiner Behandlung durch den Dichter. Einen Prolog im Himmel, ebenfalls mit Anzettelung des Hauptgeschehens auf anderer Wirklichkeitsebene, hatte Molières *Amphitryon* (1668). – Der »Herr« ist geschichtlich (V. 271, 278), deshalb als gegenwärtiger Machthaber im Himmel zu verstehen; da er den Teufel braucht (V. 338–343) und nicht lacht, entspricht er dem neutestamentlichen Gott. – Die »himmlischen Heerscharen« sind der nach Rangstufen gegliederte himmlische Hofstaat; Goethe verwendet die zwei untersten Ränge, Erzengel und Engel, als »Boten« (V. 265, 267), später die zwei obersten Ränge Cherub und den nicht genannten Seraph, der »mehr als Cherub« ist (V. 618).

243 *RAPHAEL:* wörtl.: Heil Gottes; erscheint als Wegbegleiter im Buch Tobit, kann »die Wahrheit offenbaren« (Tob. 12,11).

243–246 *Die Sonne tönt … Donnergang:* pythagoräisches Weltbild, nach dem die Sonne sich mit den anderen Planeten auf Kugelschalen (»Sphären«), die im Abstand musikalischer Intervalle zueinander stehen, harmonisch konzertierend (»Wettgesang«) um die unbewegt feststehende Erde dreht. Pythagoras soll die Sphärenharmonie gehört haben, minder Begabte hören allenfalls ein Donnern (vgl. V. 4666–72).

247 f. *Ihr Anblick … mag:* Wenn die Engel unter Verzicht auf Erkenntnis Stärke gewinnen, nehmen sie an der Allmacht teil.

250 *herrlich:* Sie zeigen durch Schönheit und Erhabenheit auf einen »Herrn« als ihren Schöpfer. Herrlichkeit hat zwei Aspekte: schöne Ordnung und machtvolle Fülle.

251 *GABRIEL:* wörtl.: Held Gottes; Erklärer von Visionen.

252 *Dreht sich umher:* Erddrehung um sich selbst und die Sonne (»umher«) wohl nach dem kopernikanischen Weltbild.

255 *breiten Flüssen:* Brandungswogen.

258 *Sphärenlauf:* »Sphäre« bedeutet hier ›Umlaufbahn‹.

259 *MICHAEL:* wörtl.: der wie Gott ist; kämpfender Schutzengel Israels.

261 f. *Kette … Wirkung:* Reihe von Ursachen und Wirkungen.

263 f. *Da flammt … Donnerschlags:* Ein zerstörender Blitz flammt, bevor der Donner den Pfad (zum Ohr) zurückgelegt hat. Erde und Meer, auch in Zerstörung (bei Ga-

briel), ebenso Feuer und Luft (bei Michael) gehören bis
V. 264 zur Herrlichkeit, die Licht/Finsternis, Ordnung/
Zerstörung enthält.

265 *deine Boten, Herr:* griech. *ángelos*, Engel, heißt ›Bote‹,
archángelos, Erzengel, heißt ›Führer der Boten, Ober-
bote‹. Die Engel bestimmen sich hier nach ihrer Funktion, benennen erstmals den Herrn, reden ihn an, eignen
sich ihm zu: Damit entscheidet sich Michael für einen eingeschränkten Aspekt in dem widersprüchlichen Weltgan-
zen (vgl. Anm. zu V. 263 f.), nämlich die Ordnung, und
legt den in seiner Herrlichkeit widersprüchlichen Herrn
auf den eingeschränkten Ordnungs-Aspekt fest.

266 *Das sanfte Wandeln deines Tags:* Anspielung auf
1. Kön. 19,11–13, wo der Herr nicht in Wind, Erdbeben,
Feuer zerstörerisch erscheint, sondern im »stillen sanften
Sausen«. Michael nimmt hier weiter auswählend Bezug
auf die von Raphael und Gabriel benannten Erscheinungen. Der Bote macht also das Bild des Herrn selbst, eine
verfälschende Reduktion auf Menschenfreundlichkeit
und Verträglichkeit. V. 344 wird er dafür gelobt.

271 *MEPHISTOPHELES:* Teufelname, der nur in der Faust-
Tradition verwendet wird. Bedeutung unklar; Faust
schlägt V. 1331–34 ein paar Teufelnamen vor, von denen
»Lügner« (hebr. *tophel*) sogar in die Nähe des Namens
führt, den Faust nur im Traum unvollständig kennt
(V. 4183) und auf dessen Kenntnis er verzichtet. Bei der
Verwendung des gleichbleibenden Regienamens wird der
Leser in die Täuschung geführt, Mephistopheles habe ei-
nen bestimmbaren Charakter, eine Wesensidentität, die
ihn berechenbar mache (das ist auch Fausts Täuschung).
Wenn die Selbstdefinition »Geist der stets verneint«
(V. 1338, vgl. V. 338) richtig ist (auch ein Verneiner kann
richtige Aussagen machen!), wird sein Verhalten und seine
Rede immer vom jeweiligen Partner bestimmt, auf dessen
Vorgabe er Verneinendes, Vernichtendes etc. sagt und tut.
So erscheint er, materialisiert er sich erst (vgl. BA vor

V. 243 *»nachher MEPHISTOPHELES«*), als die Erzengel die
Totalität des Herrn ›positiv‹ vereinseitigen: die Positi-
vierung treibt das Negierende erst hervor. So ist auch Mephistopheles ein Konstrukt der interpretierenden Boten.

274 *unter dem Gesinde:* Hausdienerschaft; es bleibt offen,
ob Mephistopheles zu ihr gehört oder sich nur unter sie
mischt.

277 *mein Pathos:* leidenschaftliche, ›pathetische‹, feierliche
Rede im hohen Stil, beim Schalk undenkbar. Betonung
auf »mein«: Spitze gegen die Engel.

278 *das Lachen abgewöhnt:* Griechische Götter lachen
»homerisches Gelächter«, der Herr des Alten Testaments
lacht gehässig über seine Feinde, Jesus lacht nie. Der Herr
ohne Lachen braucht einen Schalk und Teufel.

281 *Der kleine Gott der Welt:* der Mensch, den Gott nach
Meinung des Philosophen Leibniz »Gott der Welt« spielen lässt.

284 *Schein des Himmelslichts:* provokativ zweideutig.

291 f. *Und läg er ... Nase:* Starkbetonung auf »Grase« und
»Quark«. Dem Menschen genügt es nicht, im Gras zu
landen, er muss seine Nase auch noch in jeden Dreck
stecken.

295 *ewig dir nichts recht?:* Der Herr lässt sich provozieren.

299 *Kennst du den Faust? ... Meinen Knecht!:* Im Buch
Ijob (Hiob) des Alten Testaments heißt es im analogen
Gespräch zwischen Jehovah und Satan: »Der Herr sprach
zu Satan: Hast du nicht achtgehabt auf meinen Knecht
Hiob? Denn es ist seinesgleichen nicht im Lande, schlecht
und recht, gottfürchtig und meidet das Böse« (Hiob 1,8).
Als Knechte, d. h. für besondere Aufgaben von Gott bestimmte Menschen, werden in der Bibel Moses, Jakob,
Hiob, David und Jesus genannt. »Doktor«, moderner,
theologisch gebildeter und zudem glaubensloser (V. 765)
Gelehrter, war keiner von ihnen: Mephistopheles reagiert
verblüfft und höhnisch – der Wettkampf um Faust hat
schon begonnen.

302 *Gärung:* Der chemische Prozess der Vergärung von (Frucht-)Zucker in Alkohol, bei dem (geschlossene Behälter sprengende) Gase entstehen, diente im 18. Jh. häufig als Analogon für innere Unruhe und Getriebenwerden durch den »Geist«.

308 f. *verworren dient; / So ...:* Das Semikolon der Drucke 1808 und 1828 bewahrt die temporale (Wenn jetzt, dann ...), die konzessive (Wenn auch, so ...) und die konzessiv-modale Lesung (Wenn auch: auf diese Weise). – *verworren:* ohne deutliches Bewusstsein und klare Zielsetzung; wann »bald« und was »Klarheit« ist, bleibt unbestimmt.

312 *Was wettet Ihr?:* Luthers Übersetzung von Hiob 1,11: »Was gilt's, er wird dir ins Angesicht absagen?« regte den Gedanken einer Wette an.

317 *Es irrt der Mensch so lang er strebt:* »irren« ist mehrdeutig: im Irrtum sein (falsche Erkenntnis), sich verirren (Weg verloren), herumirren (falscher Weg). »so lang« ist zweideutig: Solange er (auch immer) strebt, irrt er, geht er in die falsche Richtung etc. (Betonung auf »lang«); Streben überhaupt ist ein Irrtum, falsches Verhalten (Betonung auf »strebt«). Streben (im Gegensatz zum dunklen Drang V. 328 f.) ist der Vorsatz, durch Bemühungen ein bewusst gewähltes Ziel zu erreichen. Die Zeile ist mit V. 328 f. und V. 11936 f. zusammen zu lesen.

319 *befangen:* befasst, abgegeben.

327 *steh beschämt:* Der Herr geht auf das Wettangebot V. 312 ein; gegenseitige Beschämung (vgl. V. 333) und damit öffentlicher Nachweis der zu Unrecht behaupteten unbeschränkten Herrschaft ist der Einsatz. Denn mit dem Wettangebot hat Mephistopheles seine Gleichrangigkeit mit dem Herrn behauptet, und dieser, mit seinem »Nun gut« (V. 323) und dem Wetteinsatz der Beschämung, anerkennt implizit wenigstens die Unabhängigkeit des Mephistopheles, die Voraussetzung für eine Wette ist.

328 f. *guter Mensch ... bewusst:* Da Faust nie gut im christlichen Sinne ist, muss »gut« als ›wohlgelungen‹ und »recht« als ›dem Drang entsprechend‹ aufgefasst werden; damit lässt sich auch der Beurteilungsmaßstab V. 11936 f. vereinbaren. »dunkel« ist der unbedingte Drang, weil er dem Menschen als Leben und Liebe (Zentralbegriffe im *Faust*) unvordenklich gegeben ist und weil er zum Licht (vgl. Anm. zu V. 2) drängt; »unbewusst« bezeichnet das instinktive Mit-Wissen der dem Kosmos eingegebenen Richtung zurück zu Gott, von der nur das von der beschränkten Erkenntnisfähigkeit angeleitete Streben abweicht.

334 f. *Staub ... Schlange:* Die Schlange im Paradies verflucht der Herr: »Auf deinem Bauche sollst du gehen und Erde essen dein Leben lang. Und ich will Feindschaft setzen zwischen dir und dem Weibe und zwischen deinem Samen und ihrem Samen. Derselbe soll dir den Kopf zertreten, und du wirst ihn in die Ferse stechen« (1. Mose 3,14 f.). »Muhme« bezeichnet allgemein eine weibliche Verwandte.

336 *frei erscheinen:* doppeldeutig: auch nach deinem Sieg ungeniert kommen; frei scheinen und wie jetzt von mir abhängig sein.

339 *Schalk:* mittelhochdeutsche Bedeutung: Knecht; bei Goethe oft: einer, der auch gegen seine Freunde tückisch und böswillig handelt.

341 *die unbedingte Ruh:* Ruhe nicht als bedingt durch geleistete oder bevorstehende Tätigkeit (ausruhen von, Kraft sammeln für), sondern um ihrer selbst willen, wie sie auch der Mensch »sich« liebt, d. h. nur auf sich selbst bezogen und Rücksicht nehmend bevorzugt.

345 *lebendig reichen Schöne:* Schöne Ordnung und machtvolle Fülle sind Aspekte der Herrlichkeit des Herrn (vgl. Anm. zu V. 250).

349 *Befestiget mit dauernden Gedanken:* Die Gedanken der »Boten« sollen gegenüber der Ewigkeit des »Werden-

den« dauern, zeitlich begrenzt gültig sein und das Uner-
gründliche, das als etwas und dann wieder als sein Gegenteil schwankend erscheint, im Rahmen einer liebevollen
Beziehung festsetzen (vgl. Anm. zu V. 266). Parallel:
V. 1–3.

BA nach 349   *Der Himmel schließt:* z. B. durch einen Vorhang als Bühne auf der Bühne. Vgl. V. 239–242.

351 *brechen:* Schluss mit ihm machen, das (Vertrags-)Ver-
hältnis mit ihm aufkündigen.

Der Tragödie Erster Teil

*Wettstreit der Götter. Ein Gelehrter kommt herunter,
eine Frau wird gerettet*

Das Stück ist eine Tragödie, weil Faust als Repräsentant der
Neuzeit in einem unlösbaren Konflikt steht, bei all seinen
Befreiungsversuchen scheitert und ironischerweise in einem
ungeplanten Sinne weiterkommt: Er folgt einerseits einem
unbedingten Drang (V. 528), der sich neuzeitlich als Streben
(V. 317) und Wollen (V. 1785) ausprägt; andererseits bleibt er
als Mensch in seiner Erkenntnis- und Handlungsfähigkeit
beschränkt (z. B. V. 364) und kann deshalb nicht über die
»Grenzen der Menschheit« hinauskommen, während obere
und untere Mächte ständig auf ihn wirken.

Im Ersten Teil versucht er es zunächst auf religiösem Weg
als »Übermensch« (V. 490), dann auf naturphilosophischem
Weg als Allmensch (V. 1770 f.), wobei die missbrauchte Margarete die »Natur« vertritt. Die Entwicklung Fausts bildet
zugleich die Geschichte der Neuzeit ab, mit der die Dra-
menfigur wie ihr historisches Vorbild am Ende des 15. Jahrhunderts anfängt und die sie im Ersten Teil bis ca. 1800
durchlebt; das Stück ist nicht die Tragödie eines Individuums Faust, sondern die als Tragödie interpretierte Geschichte der Neuzeit. Erkennbar wird dieser Fortschritt
durch drei Jahrhunderte auf einer chronologischen Leiste
eingestreuter Lieder und Dichtungszitate sowie an Entdeckungen wie Fernglas und Heißluftballon.

Geschrieben wurde *Faust I* in drei Arbeitsphasen: wahrscheinlich 1772–75 (sog. *Urfaust*, erst 1871 veröffentlicht),
1788–90 (Veröffentlichung von *Faust. Ein Fragment* 1790),
1797–1803 (Veröffentlichung von *Faust. Eine Tragödie* wegen der Kriegswirren erst 1808).

Gelehrtendrama

*Faust muss feststellen, dass er doch kein Übermensch ist,
und geht in die Technik-Falle*

Erster Versuch Fausts, wie Gott zu werden: zu erkennen
»was die Welt / Im Innersten zusammenhält« und schaffend
darüber zu verfügen. Da die magischen Experimente misslingen, die ihn zum »Übermenschen« machen sollen, be-
gnügt er sich mit dem Menschsein, sucht aber dessen medizinische und technische Verbesserung (*Vor dem Tor*), also
einen Kompromiss von reduzierter Erkenntnis und Schöpferkraft. Beides bietet sich in dem Hund, den er vom Feld
mitnimmt: die vier Elemente der Natur und die lebensver-
neinenden »höllischen« Kräfte, über die der aus dem Hund
herausbeschworene Mephistopheles verfügt. In der Wette
mit ihm verschafft Faust sich Selbstbestimmung über seine
Lebensdauer und technische Erfüllung aller Wünsche, bedenkt aber nicht, dass er immer abhängiger davon wird (vgl.
V. 3243 f., 4611), bis am Ende von *Faust II* die vervielfachten
teuflischen Helfer tun, was sie wollen. Schon am Ende des
›Gelehrtendramas‹ hat Mephistopheles Faust so viel Über-
druss an der Wissenschaft eingeredet, dass der meint, von
allem »Wissensdrang geheilt« zu sein (V. 1768), und sich in
Sinnengenuss, Erfahrung der Welt und rastlose Tätigkeit
stürzen möchte. Die erste Station, *Auerbachs Keller*, beschließt mit Illusionistentricks der Zauber-Magie das an-
fängliche Großprojekt, absolut wahre und vollständige Erkenntnis und Schöpfermacht für den Menschen durch die
Geheimwissenschaft der Magie zu erlangen.

Vier Gelehrte werden gezeigt: Faust, den man als genia-
lisch seiner Zeit vorauseilenden Renaissance-Magier oder
als Wissenschaftler des 18. Jh.s sehen kann, der nicht von
den alten Methoden loskommt; sein Assistent Wagner, der
ohne geniale Höhenflüge methodisch Schritt für Schritt
weiterforscht; ein gerade von der Schule gekommener Stu-

dent, der am liebsten alles lernen und dabei noch ein bisschen Spaß haben möchte; schließlich Mephistopheles als
Studienberater in Vertretung Fausts, ohne Bedürfnis nach
Erkenntnis und nur am Geld interessiert, das sich mit »Wissenschaft« machen lässt.

Im ›Gelehrtendrama‹ klaffte in der 1. Arbeitsphase eine
Lücke, die von V. 606–1868 der Endfassung reichte; in der
2. Arbeitsphase wurden V. 1770–1867 hinzugefügt, *Auerbachs Keller* in Verse gesetzt und mit politischen Voraus-
deutungen auf die bevorstehende Französische Revolution
versehen; erst in der 3. Arbeitsphase 1797–1803 konnte das
Problem der Einführung des Mephistopheles im Zusammenhang mit der Gesamtplanung des *Faust* und der religiösen Überwölbung durch *Prolog im Himmel* und *Bergschluchten* gelöst werden.

Nacht

Sieben Experimente misslingen

(1) V. 354–385: Alle Wissenschaften brachten Faust weder
wahre und vollständige Erkenntnis noch unbegrenzte
Schöpfungsmacht, die er sich nun von der Geheimwissenschaft »Magie« erhofft. Der Versuch muss scheitern, da er
sich ohne genügende Vorbereitung der Magie »ergibt«, statt
sie zu beherrschen. (2) V. 386–429: Statt der ersehnten Na-
turerfahrung bleibt Faust doch wieder an einem Buch hängen, von dem er natürliche Belehrung erhofft, ohne es recht
zu studieren. (3) V. 430–459: Das Zeichen der Weltordnung
steigert seine Erkenntnisfähigkeit – von ihm will er auch
Leben und Schöpferkraft. (4) V. 460–521: Das Zeichen des
Weltschöpfer-Dämons gibt ihm Mut und Kraft – ihn will er
durch Anschauen und Erkenntnis begreifen, erträgt die Er-

scheinung aber nicht, denn er hat sich über- und den Dämon unterschätzt. (5) V. 522–605: Wagners Methode, Schritt für Schritt weiterzuforschen, wird von Faust verhöhnt, obwohl sie zu konkreten Ergebnissen führt. (6) V. 606–685: Die Momente des Aufleuchtens von Erkenntnis und des Gefühls von Schaffenskraft lassen das ganze Menschenleben als Belastung, Sorge, Behinderung der Versuche eines eigentlichen Lebens erscheinen. (7) V. 686–807: Auch der Versuch des Selbstmords, der Befreiung vom Körper, um ins All oder ins Nichts sich aufzulösen, scheitert an zwei Magien: der Magie der Geschichte von Jesus, dem gelang, was Faust erreichen wollte, und der Magie der Erinnerung an eine Kindheit voll Glaube, Liebe und Hoffnung.

Die Teile sind metrisch unterscheidbar: (1) freier Knittelvers, Anklang an alte Fastnachtspiele und die Faust-Puppenspiele, (2) jambische Vierheber mit wenigen affektbetonten Daktylen, (3) Madrigalvers, (4) Madrigalvers, reimloser freimetrischer Vers, möglicherweise Gesangsstrophe (V. 501–509), (5) – (7) Madrigalvers, am Schluss Gesangsstrophen. – Entstehung: V. 354–605 mit geringfügigen Abweichungen im *Urfaust*, V. 606–807 3. Arbeitsphase.

BA vor 354   *gotischen Zimmer:* spätmittelalterlich auf die Lebenszeit des historischen Faust weisend, zugleich ist »gotisch« im Sinne der Klassizisten des 18. Jh.s ein Schimpfwort für ›barbarisch, verschnörkelt, unübersichtlich‹. Vgl. V. 6928 f., 9028 f.

FAUST unruhig: Johann, auch Georg Faust (vielleicht etwa 1485–1540), ein Illusionskünstler und Astrologe, der nur durch wenige Lebenszeugnisse belegt ist und nach einer Lokalsage in Staufen/Breisgau vom Teufel geholt, wahrscheinlich bei einem alchimistischen Experiment getötet wurde. Um seine Person rankten sich bald eine Menge von Sagen und Wundergeschichten, die zunächst in mehreren kleinen Sammlungen, 1587 dann in der *Historia von D. Johann Fausten* von einem unbekannten Autor zusammengestellt wurden. Der hier dargestellte Gelehrte ist ein »unruhiger« Revolutionär in seiner Zeit: mit dem in Büchern überlieferten Wissen und den menschlichen Fähigkeiten nicht mehr zufrieden, holt er sich Wissen, die Fähigkeit, Wunder zu tun, und alle gewünschten Genüsse vermittels der »schwarzen Magie« beim Teufel, der ihm 24 Jahre lang dient und dann seine Seele holt. Zu den Zauber-Leistungen gehört, dass Faust für den Kaiser Karl V. Alexander den Großen und seine Frau herbeibeschwört und für sich selbst die mythische Gestalt der Helena, mit der er jahrelang zusammenlebt und einen Sohn hat, die beide bei seinem Tod verschwinden. Die Episode mit Margarete spielt jedoch weder in der *Historia* noch in der Faust-Literatur der folgenden Jahrhunderte eine Rolle. Goethes Kenntnis der Faust-Sage stammt aus Puppenspielen, die zur Zeit seiner Kindheit auf Märkten gespielt wurden (deren Quelle: Christopher Marlowe *The Tragicall History of D. Faustus*, 1589, von englischen Schauspielertruppen im 17. Jh. auf den Kontinent gebracht), und aus einer primitiven Nacherzählung, die er als Kind von seinem Taschengeld gekauft hatte.

354–356 *Philosophie ... Theologie:* Im Mittelalter die sog. höheren Fakultäten, die auf den sieben Artes liberales (freien Künsten) Dialektik, Grammatik, Rhetorik (= Trivium, Grundstudium), Arithmetik, Geometrie, Astronomie, Musik (= Quadrivium, Hauptstudium) aufbauten. Von den höheren Fakultäten (= Fachstudium) wurde normalerweise nur eine gewählt (vgl. V. 1968); Faust hat also alle überhaupt möglichen Fächer studiert.

357 *Durchaus:* vollständig, bis zum Ende.

360 *Magister ... Doktor:* Nach dem Baccalaureus ist Magister der zweite Universitätsgrad nach Absolvierung des Hauptstudiums. Der Doktorgrad wird nach Abschlussarbeit und Prüfung in einer der höheren Fakultäten verliehen; Faust hat den Doktor der Theologie (»D.«) erworben. Schon die Magister wurden, oft erst 20jährig,

zum Universitätsunterricht herangezogen; Fausts Lebensalter lässt sich wegen der vier Fakultätsstudien nicht bestimmen.

364 *dass wir nichts wissen können:* Die Menschen sind durch die Beschränkung und Subjektivität ihrer Erkenntnis unfähig, objektive Wahrheit in irgendeiner Sache zu erlangen. Faust will damit über die Grenzen des Menschen hinaus und leidet darunter, dass er es nicht kann und dass er seinen Studenten objektiv unrichtige oder unvollständige Dinge beibringt. Auch Adam und Eva wurde übermenschliches Wissen versprochen (vgl. V. 2048).

366 *Laffen:* Trottel.

367 *Schreiber und Pfaffen:* Juristen im öffentlichen Dienst und Geistliche.

375 *Herrlichkeit der Welt:* Nach der Erinnerung an die Versuchung Adams V. 364 nun die Anspielung auf die Versuchung Jesu Mt. 4,8 f.: »Wiederum führte ihn der Teufel mit sich auf einen sehr hohen Berg und zeigte ihm alle Reiche der Welt und ihre Herrlichkeit und sprach zu ihm: Das alles will ich dir geben, so du niederfällst und mich anbetest.« Vgl. V. 10130 f.; schon hier zeigt sich Faust bereit, sich mit dem Teufel einzulassen.

377 *mich der Magie ergeben:* Universalwissenschaft der Renaissance, in der antike und mittelalterliche Geheimlehren zusammengefasst waren und die sich von den mittelalterlichen Bücherwissenschaften durch ihre empirisch-experimentelle Methodik und ihren Anwendungsbezug unterschied; nach Schwächung ihrer Grundannahmen entwickelten sich die neuzeitlichen Naturwissenschaften und die Technik daraus; gewisse Teil-Künste wie die Astrologie haben sich bis heute erhalten. Man kann spirituelle Magie, Dämonenmagie und Substanzmagie unterscheiden. Die spirituelle Magie betrifft die Fähigkeit, etwa durch Bildmeditation (z. B. anhand des Makrokosmoszeichens) Bewusstseinserweiterung zu erreichen und

kosmische Ordnungsformen und Energien in sich herein-
zuholen oder sich zu ihnen zu erheben (vgl. V. 614–617),
um damit Wirkungen auf Dinge und Menschen zu erzielen. Die Dämonenmagie vermag mit Hilfe geheimer Zeichen, Namen, Zeremonien Dämonen und Geister höheren und niederen Rangs zu rufen, zu beschwören oder
zu bannen, um sie sich dienstbar zu machen (Erdgeist,
Mephistopheles) oder von sich fernzuhalten (Drudenfuß
V. 1395). An Substanzmagie ist etwa beim Hexentrank
(V. 2519 ff.) zu denken. Auch technische Erfindungen wie
Heißluftballon oder Laterna magica (V. 6301) zählten
lange dazu. Zu unterscheiden sind ferner weiße und
schwarze Magie: die weiße Magie arbeitet im Einklang
mit der Natur und ihren Gesetzen, sucht nur ihre Prozesse zu beschleunigen, ihre Wirkstoffe zu konzentrieren, ihre Abläufe und Substanzen für menschliche,
z. B. medizinische, Zwecke einzusetzen. Die schwarze
Magie bedient sich widernatürlicher Mittel, um die Kräfte
und Dämonen der Hölle für sich arbeiten zu lassen.
Beide Magien verlangen exakte Wissensvorbereitung –
Goethe studierte z. B. Heinrich Cornelius Agrippa von
Nettesheims dreibändiges Werk *De occulta philosophia
sive De magia* (1531) und viele andere Renaissance-Texte,
aber auch magische Werke seiner Gegenwart, die ein
weitverzweigtes Geheimwissen anboten; er macht sich einen Spaß daraus, Faust als uninformierten Magier hinzu-
stellen, der diese Wissenschaft nicht beherrscht und sich
ihrer in aller gebotenen Vorsicht bedient, vielmehr sich
ihr »ergeben« hat, sich von dem beherrschen lässt, was
ihm zufällig damit passiert (nicht einmal der Drudenfuß
auf seiner Schwelle ist korrekt gezeichnet: der Teufel
kann ins Haus). Faust ist nicht nur uninformiert, sondern
auch seelisch unvorbereitet. Agrippa betont ständig, magische Experimente müssten nach geistlicher Glaubens-
rüstung in Ruhe und voller Konzentration durchgeführt
werden: Faust dagegen ist verzweifelt, bereit, sich vom

Teufel verführen zu lassen, den er nicht fürchtet, und lässt sich in seiner Meditation ablenken (V. 442). Magie als die Fähigkeit, mit unbekannten Mitteln Wirkungen und Veränderungen in Personen und Sachzusammenhängen zu erzielen, spielt durch den ganzen *Faust* hindurch eine entscheidende Rolle (vgl. V. 11404–07).

378 *Geistes Kraft und Mund:* Kraft des eigenen Geistes und Mund eines Dämons: spirituelle und dämonische Magie.

384 *alle Wirkenskraft und Samen:* Der Magie liegt die Vorstellung zugrunde, dass Gott ein Urelement *terra* geschaffen hat, in dem die Schaffens- und Zerstörungsenergien (alle Wirkenskraft) und alle Form- und Ordnungsprinzipien (alle Samen) der späteren Schöpfung enthalten sind; aus diesem Element ist der Mensch gemacht, der mithin etwas von allem enthält, »Mikrokosmus« ist (vgl. V. 1802). Der dem Urelement *terra* zugeordnete Dämon (Erdgeist) schafft dann erst die einzelnen Elemente Wasser, Luft, Feuer und Erde, denen wiederum kleinere Dämonen zugeordnet sind (vgl. V. 1273–76); Faust verwechselt dann den Erdgeist mit dem Elementardämon, den Weltschöpfer mit einem für Pflanzenwachstum etc. zuständigen Geist. Wenn er hier »alle Wirkenskraft und Samen« schauen will, will er die Totalerkenntnis des Urelements *terra* und damit die intellektuelle Kapazität und das Wissen des Weltschöpfers Erdgeist gewinnen.

385 *in Worten kramen:* nicht mit Worten Handel treiben (vgl. heute noch »Krämer«, »Kramladen«), sondern (so ist zu ergänzen) wie der Weltschöpfer schaffen und zerstören können.

388 f. *Den ich ... herangewacht:* Er hat ihn durch sein Wachen zum Erscheinen gebracht.

394 *Bergeshöhle mit Geistern:* Höhlen wurden im Volksaberglauben als von Naturdämonen und Geistern von Toten bewohnt geglaubt.

395 *weben:* hin und her fliegen.

401 *gemalte Scheiben:* Scheiben mit farbigen Bildern wie
etwa in gotischen Kirchen.

402 *Beschränkt:* eingeengt. Von hier an wird »deine Welt«
beschrieben.

403 *Würme:* zu Goethes Zeit korrekter Plural von
»Wurm«.

405 *Ein angeraucht Papier umsteckt:* Goethe pflegte ange-
fangene schriftliche Arbeiten mit Nadeln an die Wand zu
heften; was lange nicht fertig wurde, war bald vom Ker-
zenqualm gebräunt.

409 *deine Welt ... eine Welt:* Das erste Mal sind beide Wörter gleichmäßig, das zweite Mal ist »Welt« zu betonen:
Lebensraum, beengend und verhasst; trotzdem kommt er
nicht von seinem Pult los.

419 *Und:* muss als ›aber‹, ›doch‹ gelesen werden, denn entgegen dem Selbstbefehl, aus seinem Bücherkerker zu fliehen und nach V. 392–397 geistige, seelische, körperliche
Gesundheit in der Natur zu finden, bleibt er an dem geheimnisvollen Buch hängen.

420 *Von Nostradamus' eigner Hand:* Michel de Nôtredame
(1503–66), französischer Astrologe und Leibarzt Hein-
richs II. und Karls IX. Erhalten sind von ihm visionäre
Weissagungen (*Centuries*, 1558), jedoch kein magisches
Werk mit Zeichen, wie Goethe sie Faust betrachten lässt.
Faust soll ja auch, zu dieser Zeit schon ungewöhnlich und
besonders geheimnisvoll, ein handgeschriebenes, durch
den Druck nicht veröffentlichtes Werk des Gelehrten besitzen. Aber auch dieses Buch kann nicht Natur, nicht
»Geleit«, nur Ersatz sein. Die Erwartung astronomischer
Erkenntnisse (V. 422) ist bei einem Magie-Buch ver-
fehlt.

423–425 *Und wenn Natur ... Geist:* Geister reden zueinander, nach der Vorstellung der Magie, durch Gedanken-
und Bildübertragung. Damit der Magier sich an diesem
Gespräch beteiligen kann, braucht es langer Kunstübung,
damit ihm »Geister durch alle Sinnen und Glieder spre-

chen«, wie Goethe 1772 von Swedenborg, einem schwe-
dischen Geisterseher seiner Zeit, sagte (FD 2, S. 117).
Fausts Erwartung, dass Natur ihn belehrt, und dies noch
durch das Buch, ist doppelt falsch.

426–429 *Umsonst ... mich hört!:* Dass gute und böse Geister ständig um den Menschen schweben, ist Überzeugung
der Magie. Ungeduldig will Faust sich nicht einmal vorher informieren, mit welchen Geistern ihn die Zeichen in
Beziehung bringen, was sie leisten und was er leisten
muss, um Erfolg zu haben.

BA vor 430   *Zeichen des Makrokosmus:* vgl. Abb. 1. »Makrokosmos« (griech., ›große Ordnung‹) ist der Begriff für
das geordnete Ganze der Schöpfung, das geozentrisch
(bis zur Annahme der kopernikanischen Lehre) aus Kugelschalen (Sphären) aufgebaut gedacht war: um die Erde
als Naturbereich legten sich die Sphären der Planeten und
des Fixstern-Himmels, darüber die Sphären der Engel bis
hinauf zu den Seraphim, die um den Thron Gottes stehend gedacht wurden. Abb. 1 informiert eher über diesen
Aufbau, als dass sie für magische Zwecke geeignet gewesen wäre; magische Meditationsbilder sollen Konzentration, dann Staunen, religiöse Verehrung und ekstatische
Andacht ermöglichen, »wo wir mit wunderwirkendem
Glauben, untrüglicher Hoffnung und lebendig machen-
der Liebe die Engelgeister des Bildes im Geist und in der
Wahrheit bei ihren wahren Namen und Charakteren an-
rufen und die verlangte Kraft von ihnen erhalten«, wie
Agrippa von Nettesheim, ein Magier des 16. Jh.s, schreibt.
Wir wissen deshalb nicht, wie Goethe sich das Makrokosmos-Zeichen vorstellte. Wichtig ist einerseits, dass das
Zeichen einseitig den Ordnungs-Aspekt erschließt, der in
dem Urelement *terra* mit dem Fülle- oder Energie-
Aspekt zusammenwirkt (vgl. Anm. zu V. 384), und damit
Faust nicht befriedigen kann, der beides will. Wichtig ist
andererseits, dass Faust sich dem Zeichen gegenüber
falsch verhält: statt auf dem beschriebenen Weg stumm in

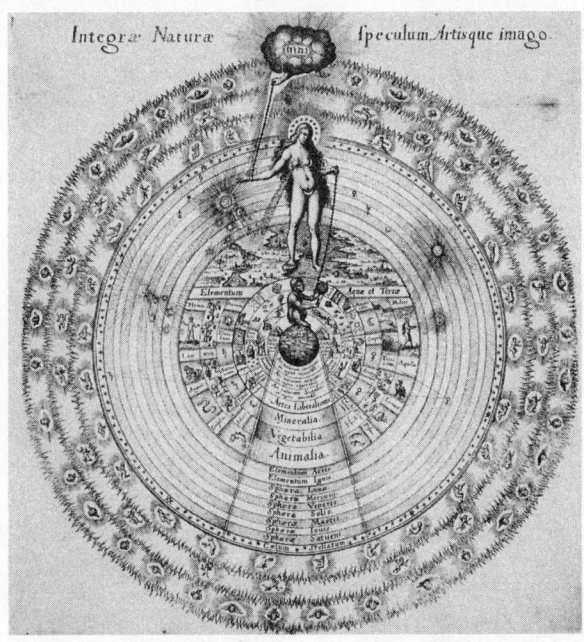

Abb. 1 Beispiel einer Makrokosmos-Darstellung, 1619

»ekstatische Andacht« zu geraten, reflektiert und redet er
dauernd darüber, was mit ihm passiert, und schließlich
wird er sogar vom Bild abgelenkt (V. 442–446). Das Experiment mit dem alten Zeichen muss misslingen, weil
ein reflektierender Moderner sich damit befasst, oder der
Moderne kann bei seinem unmittelbaren Umgang mit
der Natur keinen Erfolg haben, weil er veraltete Zeichen

und Wissenschaftsvorstellungen verwenden muss (jedes
Zeichen ist mehr oder weniger alt).

430–454 *Ha! Welche Wonne … ein Schauspiel nur!:* Der
Blick auf das Zeichen erzeugt sofort Wirkungen, die einem bestimmten Schema (sog. »musische Begeisterung«
mit 9 Stufen nach den 9 Musen) folgt: sinnliche Befriedigung und körperliche Belebung (V. 430–433) auf Stufe
1–3; seelische Beruhigung (V. 434 f.): Stufe 4; heftige
Phantasiebilder, starke Gefühle (V. 436 f.): Stufe 5; höhere,
göttlich inspirierte Einsichten (V. 438 f.): Stufe 6; bewun-
dernde geistige Betrachtung der »Schauspiele der Weisheit« (V. 440 f.): Stufe 7. Der Vorschrift gemäß müssten
sich hier eine Stufe 8, wo sich der Magier der Kräftekon-
stellationen der Gestirne bedient, und eine Stufe 9, wo
der Magier die Formkräfte der Schöpfung und die über
Elemente und Gestirne gesetzten Dämonen anlocken und
sich in das Leben des als großer Organismus gedachten
Universums einschwingen kann, anschließen. Faust wird
durch sein ständiges Reden über den Zustand, in dem er
sich befindet, immer im eigenen Bewusstsein festgehalten, wo er doch »außer sich« geraten und der Weltordnung mit ihren Formkräften nicht mehr gegenüberste-
hen, sondern in ihr mitwirken sollte. Deshalb entgleist er,
wird durch die Erinnerung an die Erkenntnis eines anderen Menschen abgelenkt (V. 442–446), versucht durch
Studium des Zeichens vergeblich wieder in Stimmung zu
kommen (V. 447–453) und schiebt enttäuscht die Unvoll-
kommenheit seiner Erfahrung auf das magische Zeichen,
das ihn der Vorschrift nach zu den »Quellen alles Lebens« hätte führen können. Goethe zeichnet Faust als
›Zauberlehrling‹.

433 *Nerv':* im damaligen Wortgebrauch: Sehne.

437 *mit geheimnisvollem Trieb:* Faust hat nicht nur eine Vision der Kräfte der Natur in seiner Umgebung, sondern
wird auch von ihnen erfüllt (was er offenbar nicht erwartet). Nach den Naturkräften schaut er die wirkende Na-

tur selbst (V. 441), dann die »Geisterwelt« (V. 443), die ihn
an das Zitat erinnert, dann die »Himmelskräfte« (V. 449).
Hätte er sich nicht ablenken lassen, wäre er auf diesem
Weg »nach oben« tatsächlich zu dem hinter allem stehenden Leben gekommen.

440 *reinen Zügen:* die Linienführung der Zeichnung.

442 *der Weise:* Wahrscheinlich ist Johann Gottfried Herder,
Goethes Lehrer in Straßburg, gemeint, der in *Älteste Urkunde des Menschengeschlechts* (1774–76) schrieb:
»komm' hinaus, Jüngling, aufs freie Feld [...] dies un-
nennbare Morgengefühl [...]. Es ist das Bild jenes Natur-
weisen [...] Morgenröte« (*Werke in zehn Bänden* 5,
S. 239–241). Der Naturweise Herders ist der Verfasser
des 1. Buchs Mose, der sein Bild der Schöpfung mit dem
Urlicht, der »Morgenröte«, beginnen lässt; Herder selbst
ruft zur unmittelbaren Erfahrung dieses Urlichts in der
Natur auf. Der Gedanke an den Weisen während des magischen Experiments unterbricht dieses somit auch wegen
der Modernität des Gedankens.

449 f. *Wie Himmelskräfte ... reichen!:* Vorstellung, der Magie, dass die Erde durch die Kräfte des Himmels (vgl. die
Astrologie) beeinflusst wird (ähnlich die Jakobsleiter
1. Mose 28,12 f.); das Bild der Eimerkette geht auf das
Weiterreichen etwa von Wasser beim Feuerlöschen ent-
lang einer Kette von Personen zurück.

455 f. *unendliche Natur ... Brüste ... Quellen alles Lebens:*
Vorstellung der ›Mutter Natur‹ als des vielbrüstigen
Kultbilds der Diana/Artemis in Ephesos. Aber auch die
»Himmelskräfte« heißen in der magischen Tradition
»Mütter« (vgl. auch V. 6216).

459 *schmacht ich:* habe ich Durst.

BA vor 460 *unwillig ... Zeichen des Erdgeistes:* Nach dem
durch eigene Schuld fehlgeschlagenen Makrokosmos-Ex-
periment ist der Ärger Fausts (»unwillig«) eine ähnlich
schlechte Voraussetzung für das Gelingen des Erdgeist-
Experiments wie beim Makrokosmos die Klage und die

Ungeduld. Wie dort ist Faust nicht über die Bedeutung des Zeichens informiert, das er jetzt aufschlägt, und tappt in die Falle, dass die Magie ein Urelement *terra*, Erde, und ein mit allem anderen erst daraus geschaffenes Element Erde annahm. »Erdgeist« kann also den Dämon bezeichnen, der aus dem Urelement alles hervorbringt, schafft, gestaltet und zerstört, wie auch den kleineren Dämon, der für die Vegetation auf der Erde zuständig ist. Goethe hat seinem Faust die Falle aufgestellt, denn die Magie vermeidet das Missverständnis, spricht von *spiritus mundi*, Weltgeist, oder verwendet die griechischen Götternamen Jupiter für den Lebens- und Todesaspekt, Apollon für den Gestaltungsaspekt (Goethe hat deshalb für Aufführungen einen Apollon-, Abb. 2, oder einen Jupiterkopf, Abb. 3, vorgeschlagen, und in einer eigenen Notiz von »Welt u Taten Genius« gesprochen, FD 1, S. 608). Aber Faust soll als schlecht vorbereiteter Zauberlehrling gezeichnet werden, der den kleinen Elementargeist vor sich zu haben meint (V. 510 f.) und sich gegenüber dem Weltgeist völlig falsch verhält. Zunächst aber beginnt er wie beim Makrokosmos-Zeichen mit Steigerung und Bewusstseins-Erweiterung (vgl. Anm. zu BA vor V. 430), jetzt nach drei anderen Schemata: das Zeichen wirkt anders auf ihn ein; seinen Fehler, beständig über seinen Zustand zu reden und damit nicht außer sich geraten zu können, behält er bei: es ist nicht Fausts privater Fehler, sondern die Grundbedingung des Menschen der Neuzeit, stets bei sich zu sein, das Bewusstsein seiner selbst zu bewahren. Darauf schließt Faust später seine Wette ab (vgl. V. 1718–25); er ist der exemplarische Mensch der europäischen Neuzeit.

460–480 *Wie anders ... mein Herz dir hingegeben!:* Faust durchläuft hier in rascher Folge drei Steigerungs- und Begeisterungswege, die ihn nach den Schemata der Magier noch höher führen könnten als die Musen-Begeisterung: V. 461–463 Begeisterung des Dionysos (Stichwort

Abb. 2 Goethe: Szenenentwurf zur Erscheinung des Erdgeistes
in Apollons-Gestalt

»Wein«), die die Seele in den freien Umgang mit göttlichen Geistern steigert; V. 464–476 Begeisterung des Apollo (Stichwort »Mut«), die die Seele mit himmlischen Dämonen vereinigt, prophetisch begabt und mit dem Mut ausstattet, die vorhergesehenen Gefahren zu bestehen. Faust verhält sich wieder falsch, redet und nimmt die mit der Apollo-Begeisterung auftretenden Veränderungen des irdischen Lichts in außerreale Lichterscheinungen (V. 471 f.) als Anlass für den Wunsch, den Erdgeist mit seinen irdischen Augen zu sehen. V. 477–480 Begeisterung der Venus (Stichwort »hingegeben«), die den Menschen ganz umwandeln und zu einer seelisch-geistigen Vereinigung mit der Gottheit führen kann. Faust, weiter über sich redend und bei sich bleibend, wird nicht vollständig verwandelt. Er hat nur Hingabe und nicht die (nach Agrippa von Nettesheim) »glühende Liebe«, die ihn befähigen würde, sich innerlich mit der Gottheit zu vereinigen, »den Jupiter mit ganzem Gemüt zu begreifen« und dann als Teil der Gottheit zu erkennen und zu handeln. Stattdessen will er gegenüber bleiben, will ein Schauspiel, das er doch V. 454 verachtet hat, und versucht Zwang auf den Weltgeist auszuüben (V. 481). So schraubt er, wie vorher den Makrokosmos auf ein Schauspiel, den Weltgeist auf das Maß eines erscheinenden Dämons zurück, der ihm aber immer noch zu mächtig ist.

470 *Die Lampe schwindet!:* geht aus, oder ihr Licht ist nicht mehr zu sehen.

473 *Ein Schauer:* eine kühle Luftströmung, die ihn zum Schaudern bringt.

478 f. *Zu neuen Gefühlen ... erwühlen!:* Die radikale Veränderung der Sinneswahrnehmungen durch die Venus-Begeisterung wird mit dem Hindurchwühlen der Sinnesorgane durch die hiesige in eine neue Realität verbildlicht.

BA vor 482 *spricht das Zeichen ... rötliche Flamme ... DER GEIST erscheint:* Übergang von der Magie, mit der

Abb. 3 Jupiter (Zeus) von Otricoli (Rom, Vatikanische Museen),
von Goethe für die Darstellung des Erdgeists erwogen

der Magier sich steigert, zur Dämonenmagie, in der hilfreiche und schädliche Geister gerufen werden; dazu gehören der Erdgeist als Erscheinung, später Mephistopheles. Die Magie lehrte, dass Geister nach bestimmten
Vorbereitungen bei ihrem geheimen oder geheimnisvoll
ausgesprochenen Namen gerufen werden können (vgl.
auch das Märchen vom Rumpelstilzchen). Die rötliche
Flamme deutet an, dass der Betrachter des Dämons einen
bösen und verkehrten Geist hat (deshalb erscheint im
Urfaust der Erdgeist »in widerlicher Gestallt«). Fausts
Fehler und tragisches Unvermögen beginnen sich auszu-
wirken.

482 *schreckliches Gesicht!:* »Gesicht«, Pl. »Gesichte«
(V. 520) ist ›Vision‹. »schrecklich« ist sie nur für Faust; bei
Aufführungen wollte Goethe dem Zuschauer erhaben
schöne Darstellungen von Apollon oder Jupiter zeigen
(Abb. 2 und 3, vgl. Anm. zu BA vor V. 460).

484 *An meiner Sphäre lang gesogen:* Nach dem Geisterseher Emanuel Swedenborg (1688–1772) haben Menschen
und Geister Wirkungskreise, Aktivitätssphären, mit denen sie sich anziehen, abstoßen, beeinflussen können;
heute spricht man von Ausstrahlung. Besonders Mephistopheles übt so seine Wirkungen aus (vgl. z. B. V. 3493).
Während Faust den Erdgeist angezogen hat, dass dieser
freiwillig sich herbeilässt (V. 488), wird Faust von der
Ausstrahlung des Erdgeists abgestoßen, niedergedrückt,
weil er die glühende vereinigende Liebe nicht hat.

486 *eratmend:* neuen Atem (vgl. V. 478 f.) schöpfend, denn
Faust hat sich dem *spiritus mundi*, Weltatem, Weltgeist
innerlich genähert und kann versuchen, seine Brust »den
Göttern gleich zu heben« (V. 493). Um so kindischer
ist es, sehen zu wollen, was ihn jetzt schon innerlich
erfüllt.

490f. *Fasst Übermenschen dich! ... erschuf:* fasst dich als einen Übermenschen – der Erdgeist anerkennt die geistig-
seelische Steigerung Fausts über das normale Menschen-

maß hinaus. Sie hatte ihm schon ermöglicht, den Makrokosmos als komplexes Kraft- und Wirkungsgebilde zu
rekonstruieren (V. 447–453). Deshalb spottet er jetzt über
den Wunsch und die Unfähigkeit Fausts, mit seiner irdischen Menschenexistenz die Ausstrahlung des Weltgeis-
tes auszuhalten.

494 *des Stimme:* dessen Stimme.

496 *von meinem Hauch umwittert:* umweht (vgl. heute
noch »Witterung«).

498 *Wurm:* vgl. V. 605, 654–656.

503 *Webe:* hier zunächst ›hin und her fahrend sich bewegen‹, ebenso V. 506; vgl. V. 395.

508 f. *Webstuhl der Zeit ... lebendiges Kleid:* Die hin und
her fahrende Bewegung ergibt wie beim Weberschiffchen
ein Gewebe, Kleid, nämlich die sichtbare Welt, die in der
Zeit entsteht und sich gleich wieder aufzulösen beginnt.
Der Weltgeist als Jupiter der Lebens- und Zerstörungs-
energie und als Apollon der Gestaltung/Umgestaltung
(vgl. V. 6287 f.) hat nach antiker und von der Magie tra-
dierter Vorstellung diese Aufgabe.

511 *Geschäftiger Geist:* Damit bezeichnet Faust den Erdgeist im Wortgebrauch des 18. Jh.s als unselbstständig
und unbesonnen aktiv, setzt ihn also auf den kleineren
Wachstumsdämon des Elements Erde herunter und ist
deshalb besonders enttäuscht, »nicht einmal« dem zu
gleichen (V. 516).

512 *begreifst:* vgl. Anm. zu V. 460–480, wo die Venus-Begeisterung ein Begreifen »mit ganzem Gemüt« ermöglicht, was Faust aber nicht schafft.

516 *Ebenbild der Gottheit:* Bezug zu 1. Mose 1,27: »Und
Gott schuf den Menschen ihm zum Bilde«; es wurde viel
diskutiert, ob dieses Bild nur ähnlich oder inwieweit es
gleich wie Gott sei. Die Magie kommt zur Lösung, dass
die Gottheit alle Dinge aus sich hervorbringt (mit Hilfe
des Weltgeists) und der Mensch ein Extrakt aus allen
Dingen ist (aus dem Urelement Erde geschaffen). Den

Unterschied könnte das Begreifen V. 512 überwinden,
dann wäre der Mensch ein Teil der erkennenden und
schaffenden Gottheit wie der Erdgeist.

518 *mein Famulus:* mein Assistent, meist ein älterer Student.

520 *Gesichte:* vgl. Anm. zu V. 482.

521 *trockne Schleicher:* Faust beginnt seinen Ärger und
seine Enttäuschung über die fehlgeschlagenen Experimente schon hier an seinem Assistenten auszulassen; der
treibt allerdings eine Wissenschaft, die streng von Frage
zu Ergebnis zu neuer Frage weiterschreitet (»Schleicher«)
und sich keine magischen Genialitäten leistet (»trocken«
ist).

BA vor 522 *WAGNER:* schon in der Faust-Sage Assistent
des Doktor Faust; auch er soll einen bösen Dämon als
Helfer gehabt haben, worüber in verschiedenen »Wagner-Büchern« warnend berichtet wird. Bei Goethe stellt
er neben dem genialischen ungeduldigen Faust einen
Schritt für Schritt vorsichtig, aber auch sicher vorangehenden Wissenschaftler-Typ dar.

522 *deklamieren:* mit der Sprechkunst eines Redners oder
Schauspielers vortragen.

530 *Museum:* Studierstube, Arbeitszimmer des Gelehrten,
den Musen geweiht.

533 *sie durch Überredung leiten:* die Welt, d. h. die Leute,
rhetorisch manipulieren.

536 *Behagen:* vgl. Anm. zu V. 81.

539 *Ragout:* vgl. Anm. zu V. 100. Faust kritisiert hier die
nach Wagners Wissenschaftsverständnis notwendige Bindung an die Gedanken, Ergebnisse und Formulierungen
früherer Gelehrter, die wie ein Haufen Asche auf den wenigen originalen Gedanken (»Flammen«, V. 540) liegen.

543 *euch ... der Gaumen steht:* ihr darauf Appetit habt.

545 *Herz zu Herzen schaffen:* Ergebnis der V. 535–537 beschriebenen idealen Redeweise. – *schaffen:* hinführen, in
unmittelbare Berührung bringen.

546 *Allein der Vortrag ... Glück:* Aber die Vortragskunst bringt dem Redner Geld und Ansehen.

549 *schellenlauter Tor:* Narr mit Schellenkappe.

555 *der Menschheit Schnitzel kräuselt:* die Abfälle des Schnitzers (Bildhauers) vom Bild des Menschen aufschmücken (wie glattes Haar kräuseln).

560 *kritischen Bestreben:* Die sog. Textkritik, vor allem bei Texten aus der Antike mit langer handschriftlicher Überlieferung, sucht durch verschiedene Verfahrensschritte den ursprünglichen Wortlaut (»Quellen«, V. 563) zu »ermitteln« (V. 562).

566 *Pergament:* lederne Schreibfläche vor allem der antiken Handschriften; vgl. Anm. zu V. 1108.

576 *ein Buch mit sieben Siegeln:* geheimnisvolles Buch der Zukunft, von dem Offb. 5,1 gesprochen wird und dessen Siegel-Verschlüsse einer nach dem andern geöffnet werden. Hier auf die Vergangenheit bezogen.

578 *der Herren:* derer, die behaupten, sich in den Geist der vergangenen Zeiten (V. 571) versetzen und sie verstehen zu können. Dieses ›Verstehen‹ bezieht sich auf Abfälle und Veraltetes (V. 582).

583–585 *Haupt- und Staatsaktion ... ziemen:* historisches Schauspiel (Ende 17. / Anfang 18. Jh.) als dritte Form scheinbaren Verstehens, weil man meinte, aus der Geschichte Handlungsorientierungen (»pragmatische Maximen«) ableiten zu können. Diese Stücke (»Haupt-Aktionen«, weil sie ein Vorspiel hatten) wurden oft von Marionettentheatern aufgeführt.

591 *ihr volles Herz nicht wahrten:* nicht schwiegen, wo Reden gefährlich war.

593 *gekreuzigt und verbrannt:* von Jesus und Petrus bis zu den vielen, die in ihrem Namen die kirchliche Inquisition verbrannt hat.

597 *mit Euch mich zu besprechen:* drei Bedeutungen: (1) diskutieren, eine Besprechung abhalten; (2) über mich sprechen, »Ich« als Thema; (3) dieses Ich magisch »be-

sprechen«, festbannen, zu fassen bekommen. Wagners Fragen steuerten auf die um 1770 neueste Problematik, die des Menschen (V. 586) und des Subjekts, zu. Dass er mit Lampe erschienen ist (BA vor V. 522), erinnert deshalb an den griechischen Philosophen Diogenes, der auf dem Markt mit einer Lampe herumging und sagte: »Ich suche einen Menschen.«

603 *schalem Zeuge:* uninteressanten Forschungsgegenständen.

615 *Spiegel ew'ger Wahrheit:* Gottes Weisheit, der er sich mit dem Makrokosmos-Zeichen genähert zu haben meint.

618 *mehr als Cherub:* vgl. Anm. zu BA vor V. 243 und zu V. 437. Anhand des Erdgeist-Zeichens meinte Faust, selbst eine der schaffenden Himmelskräfte zu sein.

621 *Sich ahnungsvoll vermaß:* Er nahm die Einbildung, selbst schaffende Gottheit zu sein, vermessen als Tatsache an.

629 *Menschenlos:* Menschenschicksal und Grenzen des Menschseins.

631 *jenem Drang:* vgl. Anm. zu V. 328 f.

634 *was … empfangen:* was auch immer … empfangen haben mag.

635 *fremd und fremder:* fremder und fremder.

637 *heißt:* gilt uns als …; wir sind mit immer weniger zufrieden.

638 *Die … Gefühle:* die herrlichen Gefühle, die uns das Leben gaben.

640 *sonst:* früher.

644 *Sorge:* wichtiges Motiv im *Faust*, die Wette mit Mephistopheles ist eine Wette auch auf ununterbrochene Sorge (vgl. V. 1718–21, 4114), aber Faust leugnet das am Ende seines Lebens (V. 11432–98).

658 *Tand:* wertloses Zeug.

669 *Rad … Bügel:* Teile einer Influenz-Elektrisiermaschine zur Produktion von Reibungselektrizität (seit Guericke 1663).

671 *Bart ist kraus:* der den Fall-Riegel anhebende Teil des Schlüssels ist kompliziert.

678 *Rolle:* Papierrolle.

683 *Erwirb es um es zu besitzen:* Die Sorge lässt nicht zu, dass man wirklich besitzt, was man hat (V. 11459 f.). Besitz, Erbe, Tat in jedem Moment voll zu konzentrieren und neu zu erschaffen wäre gottebenbildlich.

690 *Phiole:* bauchiges Glasgefäß der Chemiker und Apotheker.

692 *Menschenwitz:* menschliche Intelligenz.

693 *Inbegriff der holden Schlummersäfte:* also hochkonzentriertes Opium; Faust nimmt schon beim bloßen Anblick die Wirkungen der Schmerzlinderung (V. 696), Schläfrigkeit (V. 697 f.), Halluzinationen (V. 699–703) vorweg.

702 *Feuerwagen:* Anspielung auf die Himmelfahrt des Propheten Elia (2. Kön. 2,11) und auf eine Parodie (Ariost, *Rasender Roland*, 1516), wo der Feuerwagen auf dem Mond unter Darstellungen des Wahns, der Vergeblichkeit und Sinnlosigkeit landet – Ambivalenz von Fausts Hoffnungen.

704 *Auf neuer Bahn den Äther zu durchdringen:* Der hier beabsichtigte Selbstmord könnte den »Erdensohn« abstreifen (V. 617) und der von »Stoff« unbelasteten (V. 635) reinen Energie in dem als Lebens- und Lichtraum (»Äther«) gedachten Weltall die beim Erdgeist vergeblich gesuchte göttliche Wirksamkeit als »freie Kraft« verschaffen – oder ins Nichts führen (V. 719).

710 *die Pforten:* des Todes; der Weg wird fortgesetzt: Höhle, Durchgang, enger Mund, Hölle (möglicherweise Nichts).

715 *In der sich Phantasie … verdammt:* Vorstellung, dass der Mensch sich seine Höllenstrafen durch eigene Phantasie schafft.

719 *Und, wär es … fließen:* Durch das Komma nach »Und« doppelt lesbar: (1) und wenn ich dabei auch ins

Nichts gehe statt in die erhoffte Tätigkeit; (2) und auf jeden Fall ins Nichts zu gehen, wenn auch auf gefahrvolle Weise. Jedenfalls deutet das Komma eine Sprechpause an, einen Moment der Besinnung darauf, dass Faust gar nicht weiß, wohin ihn der Tod führt, ins Nichts oder in die reine Tätigkeit.

720 *kristallne reine Schale:* ein mit eingeschliffenen Bildern geschmücktes altes Trinkglas.

725 *zugebracht:* mit einem Trinkspruch dem Nachbarn weitergereicht (V. 730).

737 *Christ ist erstanden!:* erste Zeile des Kirchenlieds aus dem 12. Jh., das in den Osterspielen des Spätmittelalters immer als Gemeindelied (nicht Engelsgesang wie hier) verwendet wurde. Mit dem Besuch der drei Marien am Grab, der Bestätigung der herbeigeholten Jünger, dass Christus auferstanden ist, und dem Engelsgesang wählt Goethe die Kernszenen dieser Osterspiele. Der Text bietet allerdings eine christliche Lehre, wie Faust sie sich in seinem Unglauben ›zurechthört‹. Die Verse der Gesangsstrophen kehren in *Grablegung* (5. Akt) wieder.

740 f. *erblichen / Mängel:* statt der von den Kirchen gelehrten Erbsünde. Der Mensch braucht dann keinen Erlöser (vgl. V. 11805 f.), sondern einen Führer zur Selbsterlösung.

745 *erste Feierstunde:* Matutin, Nachtgebet in der dritten Morgenstunde.

748 *neuen Bunde:* Jeremia 31–33 wird ein neuer Bund Gottes mit den Menschen und das Kommen des Messias prophezeit.

749 *Spezereien:* Nach Joh. 19,38–42 wurde der Leichnam Jesu von Joseph von Arimathia und Nikodemus einbalsamiert (»Spezereien«); nach Lk. 23,55 f.; 24,1 f. kommen die Frauen mit den Salben erst am folgenden Tag.

759–761 *betrübende … Prüfung:* zu ›Leben als Trübung‹ vgl. V. 12074 und Anm. zu V. 2; entsprechend V. 740 f. (vgl. Anm.) wird der Tod Jesu nicht als Erlösungstat, sondern als musterhaftes Bestehen und Erleiden der »Übung«, d. h. Steigerung und Kräftigung durch das Leiden, verstanden.

768 *holde Nachricht:* wie »Botschaft« (V. 765) Übersetzung von »Evangelium« (griech. *euangélion*). Faust, ohne Glauben, wie er sagt, umspielt hier christliche Begriffe, z. B. Glaube (V. 765), Liebe (V. 771), Hoffnung (»ahnungsvoll«, »Sehnen« V. 773, 775).

772 *Sabbatstille:* Gemeint ist vermutlich die Stille des Sonntags (in der jüdischen Religion ist der Sabbat der Samstag).

774 *brünstiger Genuss:* Die brennende (vgl. das Wort Feuersbrunst) Andacht des Gebets verschaffte zugleich Befriedigung.

779 *Dies Lied:* nämlich »Christ ist erstanden« als Osterlied.

785–792 *Hat der Begrabene ... Leide da:* Satzkonstruktion: Während der Begrabene ... sich erhoben hat und während er ... nah ist, sind wir ... zum Leide da. – Der »lebend Erhabene« ist Jesus, schon zu Lebzeiten ein erhabener, bewundernswerter Mensch, der als Auferstandener noch weiter zur Herrlichkeit erhoben wird; diese besteht aus dem Makrokosmos-Aspekt »Freude« (V. 436) und dem Erdgeist-Aspekt des Schaffens.

794 *Schmachtend:* sehnsüchtig, dürstend.

801–807 *Tätig ... ist er da!:* Satzkonstruktion: Euch, den tätig ihn Preisenden ... ist der Meister nah, ist er da. Hier wird die Jüngerschaft und die Aufgabe der Apostel begründet. Brüderlich gespeist wurde beim Abendmahl. Auch die Engel vermeiden den Begriff des Erlösers und verwenden »Meister«, die deutsche Übersetzung für hebr. *rabbi* und übliche Anrede Jesu während seines Lebens.

Vor dem Tor

Nimm keinen fremden Hund nach Haus

Entstanden wohl zwischen 1798 und 1801, vielleicht im Zuge der Diskussion um Schillers *Wallensteins Lager*, zeigt die Gesellschaftsrevue des Anfangs vergleichbare soziale Schichtung, obendrein aber noch Kulturstufen der Menschheit (Stadtbürger, Bauern, Schäfer). Mit den Bürgern verlässt Faust die mittelalterliche Enge des Stadtlebens, um nicht mehr »Übermensch«, sondern »Mensch« zu sein. Die Neuzeit kommt in Fahrt: nicht mehr Makrokosmos-Schau, sondern Fluggerät zur irdischen Raumüberwindung, nicht mehr »Götterleben«, sondern bessere Medizin, nicht mehr Mitwirken in den »Adern der Natur«, sondern Beherrschung der dressierten Natur (der Pudel) sind die Ziele. Aber in den »auferstandenen« Menschen tobt der »böse Geist«, im Pudel steckt der Teufel. – Außer in den drei Liedern wird Madrigalvers verwendet.

809 *Jägerhaus:* mit der (Gerber-)»Mühle«, dem »Wasserhof«, dem Dorf Bergen (»Burgdorf«) und den später genannten Bergen, Höhen und Fluss Anspielung auf die Umgebung von Frankfurt am Main, das damals auch wegen der mittelalterlichen Enge seiner Gassen berüchtigt war.

824 *Plan:* geebneter (Tanz-)Platz.

828 *SCHÜLER:* Student. Seine Redeweise – z. B. »wacker« für allgemeines Lob – ordnet ihn dem angeberischen Studentenbenehmen des früheren 18. Jh.s zu, sein Freund ist ›gesitteter‹. Zu »Dirnen« s. Anm. zu V. 2619.

831 *im Putz:* im Sonntagskleid.

839 *Ich bin ... sehr gewogen:* ich mag sie (etwas hochgestochener Ausdruck).

842 *geniert:* nach frz. *gêné*, gehindert durch gesellschaftliche Rücksichten.

843 *Wildbret:* Jagdbeute.

845 *karessieren:* nach frz. *caresser,* liebkosen.

846 *Burgemeister:* Vorstand der Stadt (mhd. *burc*), nicht der Bürger; bei Goethe vorwiegend gebrauchte Form.

856 *leiern:* mit einer Dreh- oder Bettlerleier, die erst um 1800 von der Drehorgel verdrängt wurde.

862 *hinten, weit, in der Türkei:* Gemeint sind die heutigen Balkanländer; das Osmanische Reich hatte seit dem 15. Jh. sich in westlicher Richtung ausgedehnt, war zwar 1683 durch die Schlacht am Kahlenberg bei Wien geschwächt worden, blieb aber bis ins 19. Jh. z. B. in Griechenland präsent.

872 *das schöne junge Blut!:* vgl. V. 2798; im Wortgebrauch der Hexe und des Mephistopheles bezeichnet dieses oberflächlich Kraft und Jugendfrische andeutende Wort den dynamischen Aspekt (sozusagen den Erdgeist) des Satansreichs.

880 *im Kristall:* In der Andreasnacht (29./30. November) konnte die Hexe im Zauberspiegel oder in einer Kristallkugel Künftiges »leiblich sehen« lassen.

895 *ein Stürmen:* eine befestigte Stellung des Feindes im ›Sturm‹ nehmen.

898 *sich geben:* sich ergeben.

905 *grünet Hoffnungs-Glück:* Das frische Grün des Vorfrühlings, Vorbote des vollen Laubs und der Blüte, wird mit Grün als Farbe der Hoffnung in sehr künstlichem Sprachbild verbunden. Fausts Rede hier ist gespickt mit gesuchten Sprachkunststücken, wie sie im ›manieristischen‹ Stil des 16./17. Jh.s üblich waren.

930 *zerschlägt:* Die als Strom aus dem Tor quellende Menge zerstreut sich.

939f. *Zufrieden ... darf ich's sein:* Manche Ausgaben setzen V. 940 in Anführungszeichen, manche am Ende von V. 939 nur Punkt. Die Textvorlage hat nur Doppelpunkt und lässt damit die Lesung von V. 940 als Zitat und als Bekenntnis zu.

984 *Hochgelahrter:* mitteldeutsche Nebenform zu »Gelehrter«, schon zu Goethes Zeit veraltet.

987 *Ich bring' ihn zu:* vgl. Anm. zu V. 725.

989 *hegt:* in sich hat.

1000 *der Seuche Ziel gesetzt:* die epidemische Krankheit
beendet, besiegt hat.

1002 *Krankenhaus:* Haus, in dem jemand krank lag.

1021 *das Venerabile:* die in der katholischen Prozession
mitgeführte Monstranz mit geweihter Hostie, der alle
Verehrung zeigen.

1032 *Vater und Sohn:* Goethes Hausarzt Christoph Wil-
helm Hufeland (1762–1836) und sein Vater haben »als
Seuchenärzte, insbesondere bei Pockenepidemien im
Weimarer Land, großes, ja wahrhaft Heroisches geleistet«
(Friedrich/Scheithauer zu V. 998).

1034 *dunkler Ehrenmann:* ambivalent wie überhaupt das
Folgende. »dunkel« kann ›unberühmt‹, aber auch ›ver-
dächtig‹ heißen; »Ehrenmann« kann ironisch sein, aber
auch auf ernsthaftes Bemühen deuten.

1035 *die Natur und ihre heil'gen Kreise:* vgl. Abb. 1.

1037 *grillenhafter Mühe:* Bemühung, die von abstrusen,
falschen Voraussetzungen ausgeht.

1038–47 *Gesellschaft von Adepten … im Glas:* Der Vater
war also Alchimist, der mit anderen Eingeweihten
(»Adepten«) im rußigen Laboratorium (»schwarze Küche«) neben Gold vor allem Heilmittel herzustellen
suchte. Ohne genaue Kenntnis der chemischen Reaktionen und Verbindungen stellte man sie sich analog zu
menschlichen Verhaltensweisen vor und verwendete Ge-
heimbezeichnungen für die Stoffe. Hier wird der rote
Löwe Quecksilberoxyd mit der Lilie weiße Salzsäure in
einem in laues Wasser getauchten Gefäß zusammenge-
bracht und von da in unterschiedlichen Gefäßen über verschieden starkem Feuer zur ›Hochzeit‹ angereizt, aus der
dann mit bunt schillerndem Niederschlag an der Wand
des Glaskolbens ein neuer Stoff mit Heilwirkung hervor-
gehen soll. Vgl. V. 6823–60.

1050 *Latwergen:* dick eingekochte Flüssigkeit (z. B. La-
   kritze).

1053 *den Gift:* Noch im 18. Jh. erscheint »Gift« mit allen
   drei Artikeln.

1071 *Die grünumgebnen Hütten:* In seiner *Farbenlehre* hat
   Goethe sog. Komplementärfarben beschrieben: Das Auge
   ergänzt angesichts einer besonders intensiven Farbe die-
   jenige selbsttätig, mit der zusammen die Totalität des
   Farbkreises hergestellt wird, der nach Goethe durch Trü-
   bung (vgl. Anm. zu V. 2, 759–761) des Lichtes mit Finsternis entsteht. So »fordert Gelb das Violette, Orange das
   Blaue, Purpur das Grüne und umgekehrt« (HA 13,
   S. 340); das Nachbild einer roten Blume ist grün (ebd.,
   S. 342). »In einem Hofe, der mit grauen Kalksteinen ge-
   pflastert und mit Gras durchwachsen war, erschien das
   Gras von einer unendlich schönen Grüne, als Abendwol-
   ken einen rötlichen, kaum bemerklichen Schein auf das
   Pflaster warfen« (ebd., S. 344). Dies ist der Fall bei den
   rötlich angestrahlten Hütten, die entweder einen grünen
   Rand oder Schatten zu haben scheinen oder deren grüne
   Umgebung »unendlich schön« erscheint. Deshalb verwendet Faust erstmals das Wort »schön« (V. 1068), weil
   sein Auge die Einheit des ursprünglichen Lichts als Har-
   monie der Farben darstellt (vgl. V. 4721–27).

1084 *die Göttin:* die Sonne, deren Licht als Ursprung der
   Farben zur Gottheit einer irdischen Religion des Schönen
   wird, für die von V. 2604 an »Helena« steht. Mit dieser irdischen Religion entsteht das Problem der raumzeitlichen
   Begrenzung des Menschen und ihrer technischen Über-
   windung (V. 1074) wie auch die Spaltung des Menschen in
   einen raumzeitlichen Körper und einen sich darüber hin-
   wegsetzenden Geist (vgl. V. 1089 f., 1110–17).

1100 *grillenhafte Stunden:* vgl. Anm. zu V. 1037.

1108 *Pergamen:* lat. *charta Pergamena,* angeblich in Perga-
   mon erfundene lederne Schreibfläche, ursprünglich nicht
   in Büchern gebunden, sondern auf Stäbe gerollt. Wäh-

rend Faust sich auch wissenschaftlich der Erfahrung der Welt (Empirie) zuwendet, bleibt Wagner Bücherwissenschaftler, eine Trennung, die Anfang des 17. Jh.s einsetzte (Galileo Galilei, Francis Bacon); das Problem erscheint schon V. 418–421.

1116 *Dust:* Staub, vgl. engl. *dust.*

1119 *weben:* vgl. Anm. zu V. 503.

1120 *goldnen Duft:* dem von der Abendsonne golden durchleuchteten Dunstschleier.

1122 *Zaubermantel:* Das Fliegen auf dem Mantel kommt wohl aus orientalischen Märchen (fliegender Teppich) und gehört zur Faust-Sage. Mephistopheles, der den technisch-magischen Wunsch jetzt schon mithört, erfüllt ihn später mittels eines Heißluftballons.

1127 *im Dunstkreis überbreitet:* in der Atmosphäre über allem ausbreitet.

1130–37 *Von Norden ... ersäufen:* Gute und böse Elementargeister, die die Luft beherrschen und nach den Himmelsrichtungen verschieden operieren; bei Paracelsus heißen sie Sylphen. Vor diesen warnt Wagner. Bei seinem latent schwarzmagischen Ruf nach »Geistern in der Luft« kennt der Theologe Faust auch die Rede Paulus' von »dem Mächtigen, der in der Luft herrscht, nämlich [...] dem Geist, der zu dieser Zeit sein Werk hat in den Kindern des Unglaubens«, d. h. dem »Teufel«: »Denn wir haben nicht mit Fleisch und Blut zu kämpfen, sondern mit Mächtigen und Gewaltigen, nämlich mit den Herrn der Welt, die in dieser Finsternis herrschen, mit den bösen Geistern unter dem Himmel« (Eph. 2,2; 6,12, vgl. V. 10091–94). Der Teufel benutzt dann die wandelbare Gestalt des Sylphen, vgl. Anm. zu V. 1257.

1141 *lispeln englisch:* flüstern wie Engel. Das gilt z. B. für die Geisterchöre des Mephistopheles.

1150 *Pudel:* nicht der heutige Luxus-Haushund, sondern ein großer zottiger Hütehund (Schäferpudel), der seinen Namen von der Vorliebe für Wasser hat (vgl. das Wort

»pudelnass«). Seiner Intelligenz, Dressierbarkeit und Ge-
fährlichkeit wegen wurde er von den angeberischen Studenten (vgl. Anm. zu V. 828) gern als Begleiter gewählt
(V. 1177).

1152 *Schneckenkreise:* Spirale.

1154 f. *Feuerstrudel ... hinterdrein:* In seinen Nachträgen
zur *Farbenlehre* (1822) zitiert Goethe diese Stelle aus
dem *Faust*, er habe sie »aus dichterischer Ahnung und nur
im halben Bewusstsein geschrieben, als, bei gemäßigtem
Licht, vor meinem Fenster auf der Straße, ein schwarzer
Pudel vorbei lief, der einen hellen Lichtschein nach sich
zog: das undeutliche, im Auge gebliebene Bild seiner vor-
übereilenden Gestalt«; vgl. analog Anm. zu V. 1071. Beide
Beobachtungen zu den physiologisch bedingten Nachbil-
dern bzw. Komplementärbildungen wurden 1798 allerdings nicht nur »im halben Bewusstsein« in den Text
gesetzt, studierte Goethe doch seit 1795 gerade die phy-
siologischen Farben systematisch (HA 13, S. 607).

1157 *bei Euch wohl Augentäuschung:* Da Wagner den »hellen Lichtschein« hinter dem rennenden Pudel nicht sieht,
bleibt die dämonologische Lesemöglichkeit des »Feuer-
strudels« erhalten; Wagners Verdacht der »Augentäuschung« weist Fausts besonders dauerhaften oder intensiven Eindruck sogar in den Bereich der »Pathologischen
Farben«.

1168 *er wartet auf:* macht ›Männchen‹.

1177 *Skolar:* mittelalterlicher Ausdruck für einen Studenten (lat. *scolaris*, zur Schule gehörig, vgl. engl. *scholar*, Gelehrter).

Studierzimmer I

Des Pudels Kern? Faust ausgetrickst

Entstanden wohl 1800, ist die Szene entscheidend in der Schließung der »großen Lücke«, mit der seit dem *Urfaust* offengeblieben war, wie Mephistopheles zu Faust kommt. Jetzt bringt Faust vom Spaziergang den schwarzen Hund mit, der sich störend und auffällig benimmt, als Faust ein frommes Lied singt und einen Satz aus der Bibel übersetzt. Faust vermutet einen Dämon im gefährlich anschwellenden Tier; die Beschwörungsformel für Elementargeister wirkt nicht, erst auf die Mittel der Teufelsaustreibung wächst die Bestie raumfüllend, bis ein Gelehrter hinter dem Ofen hervortritt. Faust beschwört nicht weiter, sieht also nicht, wen er wirklich vor sich hat, verzichtet auch auf den Namen, der ihm Macht über den Dämon gegeben hätte; sogar in Schlaf singen lässt er sich und verspielt damit die einmalige Chance, das Prinzip, das mittlerweile als »Der Teufel« erkannt ist, zu unterwerfen und durch einen günstigen Pakt an sich zu fesseln. – Außer den Gesangs- und Beschwörungsstrophen Madrigalverse.

1181 *die bess're Seele:* vgl. die Lehre von den zwei Seelen V. 1112–17.
1184 f. *Menschenliebe ... Liebe Gottes:* jeweils doppelwertig: Liebe des Menschen, Liebe zu Menschen, Liebe Gottes, Liebe zu Gott. Die eingerückten Strophen haben das Versmaß und den Bau der Engelstrophen V. 243–266 und sollten auch bei Faust drei Strophen werden, mit denen Liebe, Hoffnung (V. 1199) und Glaube (V. 1217), die Grundbeziehungen der Religion nach 1. Kor. 13,13, gefunden werden sollten. Beim Glauben, der Faust »fehlt« (V. 765), stört der Pudel endgültig.
1187 *schnoberst:* schnupperst; er versucht die Magie des Pentagramms zu überwinden.

1216 *das Überirdische schätzen:* Faust meint den Text der Bibel, der noch bis in Goethes Zeit von vielen Gläubigen als wörtlich durch Gott diktiert verstanden wurde. Deshalb kann eine Befassung mit diesem geoffenbarten Text überirdischer Herkunft den fehlenden Glauben »ersetzen« (V. 1215).

1220 *den Grundtext:* hier den griechisch verfassten »Original«-Text des Johannesevangeliums, und zwar Joh. 1,1.

BA vor 1224   *Volum ... schickt sich an:* einen großen Band; bereitet sich zum Schreiben vor.

1224 *das Wort:* so Luthers Übersetzung für griech. *lógos*, für das auch die anderen Übersetzungen »Sinn«, »Kraft«, »Tat« möglich sind.

1257 *halbe Höllenbrut:* richtige Vermutung, da der Teufel sich einer sonst von Elementardämonen benutzten Tiergestalt bedient. Zur Beschwörung ist dann aber der für »Elemente« (V. 1278) brauchbare Spruch ungeeignet: Faust zeigt sich trotz seiner Angeberei (V. 1281 f.) wieder als schlechter Magier.

1258 *Salomonis Schlüssel:* die *Clavicula Salomonis*, ein weit verbreitetes Zauberbuch, das bis in die Antike zurückreicht. Der von Faust benutzte Spruch kommt darin nicht vor« ist auch eigentlich widersinnig (vgl. Anm. zu V. 1273–91). Dagegen kommen Anweisungen zu starker, stärkerer und stärkster Teufelsaustreibung (Exorzismus) vor (V. 1297, 1321).

1261 f. *Wie im Eisen der Fuchs / Zagt:* wie ein Fuchs in der Falle (Fangeisen) den Mut verliert ...; die Aufregung der Geister, die nicht helfen können, zeigt, dass Mephistopheles tatsächlich gefangen ist und Faust das nutzen könnte.

1266 *Und er hat sich losgemacht:* finale Konstruktion: Schwebet ... und (ihr werdet sehen:) er hat sich losgemacht.

1271 *dem Tiere:* Um die »halbe Höllenbrut« zu spalten, sucht Faust zunächst den elementaren Anteil durch sei-

nen »Spruch der Viere«, d. h. der vier Elementardämonen,
zu beschwören. Dass das nicht funktioniert, liegt offensichtlich nicht daran, dass das Tier mit den Elementen
nichts zu tun hätte (V. 1292 f.), sondern am unsinnig gebrauchten Spruch oder an Fausts selbstgefälliger Unterbrechung seiner Beschwörung (V. 1277–82, vgl. analog
V. 442–446) oder an seiner mangelhaften Vorbereitung.

1273–91 *Salamander ... Schluss:* Salamander sind Dämonen des Feuers, Undenen des Wassers, Sylphen der Luft,
Kobolde der Erde; nach dem ersten Spruch sollen sie sich
gemäß ihren Eigenschaften an dem Tier bemerkbar machen. Der zweite Spruch nach der Zwischenbemerkung
befiehlt ihnen dagegen, die Eigenschaften der anderen
Dämonen anzunehmen, was sie der Dämonenlehre nach
nicht können; ganz verkehrt ist V. 1290 die Anrede an den
Sexteufel Incubus, der mit den Erd- und Bergmännlein
(Kobolde) nichts zu tun haben kann. Faust zeigt sich
nicht als Meister, sondern als Zauberlehrling.

1300 *sieh dies Zeichen!:* Faust zeigt offensichtlich das Kru-
zifix.

1305–09 *Kannst du ... durchstochnen?:* Fausts Interpretation des Gekreuzigten: er wurde nicht geboren, war kein
durch das Wort hervorgebrachtes Geschöpf, war Him-
melskraft (vgl. V. 619 f., 790), deren Verkörperung durch
Nägel und Lanze bei der Kreuzigung frevelhaft beschä-
digt wurde. Dies alles ist aus dem Bild zu »lesen«.

1317 *Lohe:* lodernde Flamme, vielleicht mit dem »dreimal
glühenden Licht« wird damit einem Symbol der Drei-
einigkeit verbunden – alles nur angedroht.

BA vor 1322   *MEPHISTOPHELES ... hervor:* zu Mephistopheles vgl. Anm. zu V. 271. »fahrender Scholasticus«
ist ein Wandergelehrter, wie sie vor allem im Mittelalter
von Kloster zu Kloster und Universität zu Universität
lernend und lehrend reisten. Mephistopheles trägt also
eine altertümliche Maske, während Faust sich sozusagen
im 18. Jh. befindet.

1324 *Der Casus macht mich lachen:* lat. für ›Fall‹, um dem
Kollegen auf der gelehrten Sprachebene zu begegnen. Die
Menschengestalt, bis zu der er den Pudel beschworen hat,
erscheint ihm trotz des Bewusstseins, einen Teufel vor
sich zu haben, als die richtige (»Kern«). Über den vermeintlichen Zauberwettkampf mit dem vermeintlichen
Kollegen kann er dann lachen und wird folglich nachläs-
sig und unvorsichtig.

1326 *weidlich:* gehörig, tüchtig.

1328 *das Wort so sehr verachtet:* Anspielung auf V. 1226, mit
der Mephistopheles der Frage nach dem Namen ausweicht,
dessen Kenntnis Faust magische Kraft über ihn verliehen
hätte (vgl. Rumpelstilzchen); auch Faust hat das schon vergessen und will den Namen nur als Wesenskennzeichnung
(V. 1331 f.), verzichtet endlich sogar darauf. Nur einmal,
im Traum, weiß Faust ein Stück des Namens (V. 4183).

1334 *Fliegengott ... Lügner:* »Fliegengott« ist die ursprüngliche Bedeutung von »Beelzebub« (vgl. V. 1516 f.);
»Verderber« nach 2. Mose 12,23, oder Diabolus, der
›Durcheinanderwerfer, Zerstörer‹ (vgl. V. 1343); auch
»Lügner« (hebr. *tophel,* vgl. Joh. 8,44) nimmt Mephistopheles für sich in Anspruch. Mit seinen Vermutungen
liegt Faust also nicht falsch.

1342 f. *was ihr ... nennt:* Damit macht Mephistopheles
klar, dass Böse und Gut für ihn hier Zitate aus menschlicher Perspektive sind. Ob das auch für V. 1335 f. gilt
oder dort aus anderer Perspektive gewertet wird, bleibt
offen. Auch eine Aussage wie V. 1338 ist inhaltlich logisch
unsinnig, stimmt allerdings wieder, weil sie als Aussage
die Logik verneint. Keinesfalls darf man bei Mephistopheles lauter Sätze mit »Nein« oder »Nicht« erwarten,
höchstens Handlungen und Reden, deren letztes Ziel Verneinung und Vernichtung ist.

1367 *Schütteln:* Erdbeben.

1378 *nichts Aparts:* nichts, was mir allein gehört. Im gleichen Sinne »eigentlich« V. 1344.

Abb. 4 Magisches Zeichen, im Zentrum Drudenfüße
Aus einem Faust zugeschriebenen »Höllenzwang«,
um 1650

1384 *Des Chaos wunderlicher Sohn:* Faust setzt ihn (inkorrekt) in die griechische Mythologie und in dieser mit Eros Phanes gleich, dem orphischen Schöpfergott; Anspielung auf den mit der Schöpfung beauftragten Engel Luzifer. Mit dieser Beziehung spielt Mephistopheles wieder V. 8027.

1395 *Drudenfuß:* ›Hexenfußabdruck‹, auch »Pentagramm« wegen der fünfstrahligen, in einem Zug gezeichneten Form (s. Abb. 4). Auf eine Schwelle gezeichnet, hindert es Dämonen am Überschreiten.

1401 *nach außen zu:* der zum Gang hin zeigende Winkel.

1405 *von ohngefähr gelungen:* bedeutende Abweichung von der Faust-Sage, wo Faust direkt den Höllengeist ruft und sich von vornherein dessen Bedingungen unterwirft. Goethes Faust kann sich darauf berufen, Luftgeister gerufen zu haben, nicht jedoch den »Junker Satan« höchstpersönlich, der seit dem *Prolog im Himmel* die Angelegenheit Faust zur ›Chefsache‹ erklärt hat. In *Studierzimmer I* kommt Mephistopheles ›zufällig, ohne [böse] Absicht‹ in Fausts Hand.

1414f. *ein Pakt ... mit euch ihr Herren:* Da Faust Mephistos Zwangslage erkennt, möchte er sie nutzen, um mit der ganzen Hölle einen Vertrag abzuschließen, der »sicher« für ihn ist, also ihm nur Vorteile und keine Nachteile bringt. Das will Mephistopheles auf jeden Fall vermeiden.

1417 *abgezwackt:* weggenommen.

1419 *zunächst:* nächstens, später.

1423 *gute Mär:* Neuigkeit, Wissenswertes. Spott auf Luthers Weihnachtslied »Vom Himmel hoch«, wo »gute Mär« ›Evangelium, frohe Botschaft‹ bedeutet.

1427 *ins Garn:* in die Falle (das Netz des Vogelfängers).

1432 *mit Bedingnis:* unter der Bedingung.

1439–44 *singen ... Gefühl:* alle fünf Sinne. Was gesungen wird, ist kein »leeres Zauberspiel«, weil alle erweckten Bilder, Wunschträume etc. aus Fausts früher schon geäußerten Träumen und Sehnsüchten genommen sind; er wird also mit sich selbst befriedigt. – »letzen« ist ›Genuss verschaffen‹.

1445 *Bereitung ... voran:* Es bedarf keiner Vorbereitung.

1509 *noch nicht der Mann den Teufel fest zu halten!:* Faust hat den Teufel für eine Weile, aber nicht sehr fest halten, keineswegs festhalten können (Doppeldeutigkeit durch die Schreibung). Mit »noch« bereitet Mephistopheles sich darauf vor, dass Faust dies versuchen wird. Durch ihren »englisch« lügenden Gesang haben ihn die Geister mit Genuss betrogen, ihn auf das »Faulbett« gelegt, ihm seine eigenen Wünsche und Träume »gefällig« gemacht (V. 1435) und die Kontinuität des Beisichseins geraubt. Gegen genau diese Wirkungen richtet sich Fausts Wette (vgl. V. 1692–98).

1512 *dieser Schwelle Zauber:* vgl. Anm. zu V. 1395.

1526 *abermals betrogen:* wieder, noch einmal; was ihn wohl seiner Meinung nach betrogen hat, sind die zwei magischen Zeichen in *Nacht,* vor allem aber die Erinnerung frommer Kindheit, die die Osterchöre ihm vermittelten – ihr gilt jedenfalls der »Fluch« V. 1583–86.

Studierzimmer II

Faust trickreich

Die Szene ist in drei Etappen geschrieben: zum *Urfaust* gehörte schon die Schülerszene, V. 1770–1850 sind neben *Hexenküche* in Rom entstanden, der Anfang und die kurzen Verbindungsstücke wohl Anfang 1801 im Anschluss an *Studierzimmer I.* Denn Faust, von Mephistopheles ausgetrickst, sucht jetzt den Teufel hereinzulegen. Statt eines auf 24 Jahre begrenzten Dienstleistungsvertrags, für den Faust in der Faust-Sage mit seiner Seele bezahlt hatte, bietet Faust eine Wette auf unbestimmte Zeit und verspottet Mephistopheles sogar, als der die Sache schriftlich haben will. Seine Wette läuft darauf hinaus, dass Mephistopheles ihn nicht wird zufriedenstellen können; das sichert ihm einerseits beste Bedienung, andererseits zwingt er sich selbst dazu, rastlos immer weiter und höher zu kommen, technisch moderner, ökonomisch reicher und mächtiger zu werden. Der erste Schritt ist die Flucht aus dem Professorenleben, um die kleine, dann die große Welt erst zu sehen, dann zu erfahren. Solange Faust sich fertig macht, gibt Mephistopheles in Fausts Kleidung einem Studenten ›Studienberatung‹. – Außer den Geisterchören Madrigalvers, in der Schülerszene viel Knittelvers.

1534 *die Grillen:* die trübsinnigen Gedanken.

1535 *als edler Junker:* in adliger Maske und Kleidung (sog. spanische Tracht), von der nur die billige Hahnenfeder als Teufelszeichen absticht.

1542 *losgebunden, frei:* Der funktionslos werdende Adel des 18. Jh.s hatte vielfach den Absolutismus (wörtl. ›Los-Gebundenheit‹) der Monarchie auf die eigene Lebensweise übertragen (sog. Libertinismus). Mephistos Einladung ist trügerisch, denn ihn als Knecht zu haben ist für Faust bereits Bindung genug.

1559 *Krittel:* kleinliche Kritik, Nörgelei.

1561 *Mit tausend Lebensfratzen hindert:* Was sich Faust bei der Verwirklichung seiner egozentrischen Wünsche hinderlich entgegenstellt, erscheint ihm deshalb als Fratze. Erst Mephistopheles stellt die Mittel bereit, die Wirklichkeit nach Fausts Wünschen wenigstens scheinbar zu verändern (Verjüngung, Margaretes Verführung, Papiergeld).

1566 *Der Gott, der mir im Busen wohnt:* Die Vorstellung vom Gott in uns ist in der Antike verbreitet und wird im Geniekult des 18. Jh.s wiederbelebt. Fausts Klage, der

Gott könne nach außen nichts bewegen, ist eine versteckte Einladung an Mephistopheles, für ihn diese Rolle des technischen Bewegers zu übernehmen.

1577 *des hohen Geistes Kraft:* des Erdgeists, von dem Faust mittlerweile eingesehen hat, dass er ihn zu niedrig eingestuft hat.

1583–87 *Wenn ... So fluch ich:* zweifach lesbare Konstruktion, mit der Faust die beim Teufelspakt notwendige Verfluchung der christlichen Tugenden (V. 1604–06) aussprechen kann, ohne sich tatsächlich voll damit zu binden: ›Da ja ... betrog, so fluch ich‹ und ›Wenn ... betrog, dann fluch ich‹; auch adversative und temporal-kausale Lesungen wurden vorgeschlagen, nicht jedoch die offenbar beabsichtigte Doppellesbarkeit, mit der Faust dem Mephistopheles eine schöne Verfluchung vorspricht, sich selbst aber das Hintertürchen offen lässt: ›Wenn der Glockenton des Ostermorgens mit seinem Anklang an frohe Zeit den Rest meiner kindlichen Religiosität n i c h t betrogen hat, gilt die Verfluchung nicht, weil ich sie ja nur unter der Bedingung des Betrogenseins ausgesprochen habe.‹ Ähnlich listig unterläuft Faust die zwei weiteren Elemente der Teufelsverschreibung, nämlich den Pakt durch die Wette, und das Versprechen (Promission, V. 1743 f.), mit dem Faust eigentlich seine Seele verpfänden und allem Christentum Feindschaft schwören sollte, ist ein Versprechen, alles zu tun, dass Mephistopheles die Wette nicht gewinnt.

1596 *der Namensdauer Trug:* die täuschende Einbildung, man werde nach dem Tode noch berühmt sein, oder das sei erstrebenswert. Was Faust verflucht – Welt, Selbstverehrung, Sinnenreiz, Ruhm, Besitz, Taten, Genuss –, werden seine ausdrücklichen Ziele im 4. und 5. Akt des Zweiten Teils.

1599 *Mammon:* aramäisches Wort für ›Besitz, Reichtum‹; Mt. 6,24 und Lk. 16,13 wird Mammon personifiziert und als »Herr« Gott gegenübergestellt. Die Personifikation ist in *Walpurgisnacht* wichtig. Faust als Plutus im 1. Akt des Zweiten Teils verkörpert die griechisch-römische Version des Mammon.

1603 *Balsamsaft der Trauben:* die berauschende, einschläfernde Wirkung des Weins (V. 463, 1472–83), die Faust zweimal durch Selbstvergessenheit geschadet hat. Von jetzt an will er unablässig bei sich sein.

1604–06 *höchsten Liebeshuld ... Geduld:* Anspielung wohl auf »der Himmels-Liebe Kuss« (V. 771), die mit Hoffnung und Glauben auch die Liebe des Menschen als dritte christliche Tugend weckt und daraus die Geduld als Haltung zur Welt entstehen lässt, wie sie auch für Goethe (im Gegensatz zu seiner rastlosen Experimentalfigur Faust) entscheidend war.

1612 *Ein Halbgott:* schmeichelhaft für Faust; die lügenden Geister suggerieren, dass Faust mit seiner (bedingten) Verfluchung tatsächlich etwas bewirkt hat, was allenfalls für seine Wahrnehmung der Außenwelt gelten kann. Sie treiben ihn aber weiter zu bloß innerer Tätigkeit und kommen damit Fausts Wunsch nach Mephistopheles als Verwirklicher und Wunscherfüller (vgl. Anm. zu V. 1566) entgegen.

1633 *Säfte stocken:* In der auf vier Körpersäften aufbauenden galenischen Medizin war das Stocken, d.h. Nichtabfließen, der Säfte eine Ursache der Krankheit.

1636 *wie ein Geier, dir am Leben frisst:* Anspielung auf den Mythos von Prometheus, den Zeus an den Kaukasus fesselte und dem täglich ein Adler oder Geier die Leber (nach antiker Meinung Sitz des Lebens) fraß (die nachts wieder nachwuchs), weil er den Menschen das Feuer gebracht hatte. Zugleich Anspielung auf Goethes Ode und Dramenfragment *Prometheus*, wie zuvor auf *Faust* (V. 1610), auf die Ode *Ganymed* (V. 1615 f.) und durch die unregelmäßigen Kurzzeilen (die allerdings fälschlich gereimt sind) auf Goethes Frankfurter Oden.

1637 *schlechteste:* schlichteste, einfachste.

1640 *das Pack:* die schlechteste Gesellschaft (V. 1637).

1650 *lange Frist:* Mephistopheles ist also an einem von vornherein befristeten Verhältnis interessiert und muss dann zu schlechteren Bedingungen abschließen.

1656 *verbinden:* verpflichten, Vertrag abschließen.

1675 *armer Teufel:* Nach Paracelsus ist der Teufel die ärmste Kreatur und bedient sich deshalb, wie Mephistopheles, anderer Dämonen, die z. B. vergrabene Schätze aufspüren können. Faust meint aber eine ganz andere Armut, nämlich den Mangel an Vorstellungskraft hinsichtlich der Bestrebungen des menschlichen Geistes. Wenn er im Folgenden lauter Genüsse aufzählt, die im Entstehen zerfallen und ihn unbefriedigt lassen müssen, programmiert er sich bereits auf Unzufriedenheit und Rastlosigkeit. Mephistopheles muss daraufhin sein Programm, Faust mit sinnlichen Genüssen »Staub fressen« zu lassen (V. 334), umstellen; zunächst versucht er ihn zu bremsen (V. 1690 f.), dann zu jagen (V. 1856–67).

1696 *betriegen:* betrügen. Alles, was Mephistopheles am Ende von *Studierzimmer I* hat entwischen lassen, soll Faust nicht mehr passieren (vgl. Anm. zu V. 1509).

1698 *Die Wette ... Schlag!:* Wettritual, bei »Schlag auf Schlag!« schlagen die Partner die rechten, dann die linken Hände gegeneinander. Mit der Wette hat Faust, von Mephistopheles unbemerkt oder unbeobachtet, seine Lebensdauer (»der letzte Tag«) davon abhängig gemacht, ob Mephistopheles die Bedingung erfüllt. Faust kann damit über seine Lebenszeit selber bestimmen, wenn er bei seinem Vorsatz bleibt.

1699 f. *Werd ich ... so schön!:* Die Wette ist schon abgeschlossen, aber Faust führt nun erst eine ganz konkrete, nachprüfbare Bedingung ein: die Äußerung des Satzes »Verweile doch! du bist so schön!« In der Tat hätten die vorausgehenden Bedingungen V. 1692–96 zu endlosen Diskussionen führen müssen; es ist zu vermuten, dass Mephistopheles diesen Satz in der Blutverschreibung festhält. Dies ist Fausts schärfster Trick: er braucht den Satz nicht auszusprechen, auch wenn er gelten würde, und er kann ihn aussprechen, auch wenn er nicht gilt. Damit gibt er sich am Ende den Tod und rettet zugleich seine Seele.

1710 *Wie ich beharre:* sobald ich stillstehe.

1712 *beim Doktorschmaus:* nicht ausgeführte Szene.

1719 *mit meinen Tagen schalten:* über meine Tage herrschen, sie bestimmen.

1724 *Treue:* in diesem Fall Treue zum eigenen Versprechen, zu sich selbst.

1726 *beprägt:* mit Prägungen im Stil offizieller Urkunden.

1729 *Wachs und Leder:* Siegellack und das aus Leder gefertigte Pergament.

1739 *Fratze:* altertümlicher Unsinn.

1759 *betätigt:* Faust will also zur »Tat« (V. 1237) übergehen; nachdem er erkannt hat, dass sein Wunsch nach wirksamem Wissen über das, was die Welt im Innersten zusammenhält, nicht erfüllt wird, will er zur Erfahrung übergehen, Sinnlichkeit, Wunder, Begebenheit, Selbsterleben erfahren. Mit diesem empirischen Wirkungs- und Tat-Aspekt bleibt er immer noch innerhalb des »Logos«, was Mephistopheles wieder einmal nicht begreift (V. 1760–63).

1764 *blöde:* schüchtern.

1770 *der ganzen Menschheit:* nicht der ›Summe aller Menschen‹, sondern nach dem damaligen Begriffsgebrauch der ›menschlichen Gattung‹. Diese ist nach alten Vorstellungen »Mikrokosmus« (V. 1802), weil der erste Mensch aus dem Urelement *terra* geformt wurde (vgl. Anm. zu V. 384). Diese Anlage ist gegeben, Faust will sie aber erfahren, auskosten, sich zum Bewusstsein bringen. Da Faust nicht zufrieden ist, sich das bloß vorsagen zu lassen (V. 1788–1800), bedarf er mindestens eines anderen Mikrokosmos: Margarete.

1779 *den alten Sauerteig:* Nach dem Gleichnis Jesu vom
Himmelreich, das wie eine kleine Menge Sauerteig (Gä-
rungs- und Triebmittel beim Brotbacken) eine große
Menge Mehl durchsäuert (Mt. 13,33; Lk. 13,21), ist der
Kosmos als ein solcher Gärungsprozess zu verstehen, der
die finstere Materie (die »harte Speise«) in ein helles
Reich Gottes verwandelt; der Mensch lebt mitten im Gärungsprozess (vgl. V. 302), im Wechsel von Tag und
Nacht. Ein teilhabendes Genießen des »Ganzen«, also
der Lichtwelt, Mittelerde, Finsternis, ist genauso unmöglich wie Fausts erste Strebung nach Gottes Erkenntnis
und Schaffenskraft.

1785 *Allein:* wie V. 546 adversativ: ›aber‹.

1792 *Auf Euren Ehren-Scheitel häufen:* Bis ins 18. Jh. war
Fürstenlob eine Hauptaufgabe der Dichter, die den hohen
Herrn auch für vieles Erfundene priesen und die Ehrungen
wie eine Krone auf seinem Haupt (Scheitel) sammelten.

1796 *Dau'rbarkeit:* Ausdauer, Zuverlässigkeit.

1800 *Nach einem Plane, zu verlieben:* Mephistopheles
macht auf die Folgen aufmerksam, die Fausts Programm
V. 1770 f. und 1784 haben muss: spontanes Sich-Verlieben
z. B. ist nicht mehr möglich, weil »Liebe« als einer der
Programmpunkte neben »Der Menschheit ganzer Jam-
mer« (V. 4406) im Erlebnisprogramm eingeplant ist. Mit
seinem Erfahren-Wollen hat Faust sich nicht nur jede
Freude (V. 1765), sondern auch die Vollständigkeit ver-
baut, die er ja anstrebt.

1807 f. *Perücken ... Socken:* Die Allonge-Perücke gehört
ins 17. und 18. Jh., der *soccus* ist der (im Gegensatz zum
Kothurn, dem stelzenartig erhöhten Schuh des griechischen Tragödienspielers, vgl. BA nach V. 10038) flache
Schuh des Komödienspielers, den Mephistopheles ironisch erhöht.

1821 *Kopf und H––:* Lücke in den Drucken: *Hintern* oder
Hoden. Auf der Bühne pflegten solche Stellen durch
Hüsteln überspielt zu werden.

1826 *ein rechter Mann:* Das Geld, von Mephistopheles
nach Faust (V. 374) erstmals in seiner gesellschaftlichen
Funktion als Universal-Tauschmittel genannt, spielt im
Folgenden eine wachsende Rolle. Hier bezahlt es nicht
nur die sechs Hengste mit ihrer Geschwindigkeit, Potenz
und Bedeutung als Gespann für eine fürstliche Karosse,
sondern auch das öffentliche Ansehen als »rechter
Mann«.

1830 *der spekuliert:* der aus Ideen oder Hypothesen ohne
empirische Prüfung zu gültigen Erkenntnissen zu kommen sucht.

1835 *Marterort:* Ort der Quälerei und Folter.

1837 *ennuyieren:* langweilen, nach frz. *ennuyer.*

1839 *das Stroh zu dreschen:* Im Stroh sind keine Getreide-
körner mehr.

1848 *meinem Witze:* meiner Intelligenz, die für die Studienberatung noch ausreichen wird.

1855 *unbedingt:* Mephistopheles meint: sogar ohne Vertrag.

1864 *Speis und Trank vor gier'gen Lippen schweben:* Anspielung auf die Qualen des Tantalus, den die Götter be-
straften, indem sie ihm Speisen und Getränke vorsetzten,
die immer zurückwichen, wenn er zuschnappen wollte.

1866 *hätt er sich auch nicht ... übergeben:* zweifach lesbar:
(1) auch wenn nicht (wie doch tatsächlich geschehen) ...;
(2) auch wenn vielleicht nicht ...; beide Einschätzungen
sind aus dem begrenzten Gesichtspunkt Mephistos heraus formuliert, denn Faust hat mit seiner Wette sich dem
Teufel noch keineswegs übergeben.

BA vor 1868 *SCHÜLER:* im *Urfaust* noch »Student«; Goethe weist hier darauf hin, dass es sich um einen eben von
der Schule kommenden Studienanfänger handelt, der von
Mephistopheles Studienberatung erhält. Das Schwerge-
wicht der Satire betrifft im *Faust I* die Wissenschaften,
während sie im *Urfaust* sich stärker auf die Studiensitua-
tion insgesamt bezieht.

1874 *sonst schon umgetan:* schon bei Kollegen gefragt.

1878 *entfernen:* von sich lassen.

1896 *Erklärt Euch:* sagt, gebt bekannt.

1897 *Fakultät:* vgl. Anm. zu V. 354–356.

1898–1901 *Ich wünschte … Natur:* Was Faust in *Nacht* trennt, Wissenschaft (V. 364) und Natur (V. 418, 423), ist beim Schüler noch verbunden.

1908 *Gebraucht der Zeit … von hinnen:* nutzt die Zeit, sie geht so schnell vorbei.

1911 *Collegium Logicum:* Vorlesung in Logik.

1913 *spanische Stiefeln:* Folterinstrument zum Zusammen-pressen der Beine.

1917 *Irrlichteliere:* sich wie ein Irrlicht sprunghaft be-wege.

1922–27 *Gedanken-Fabrik:* Bild einer Weberei (18. Jh.); mit dem »Tritt« werden am Webstuhl die Kettfäden be-wegt, das »Schiffchen« wird quer dazu durchgeschossen (Schussfäden) und baut das Gewebe auf. Goethe verwen-det das Bild wohl auch hier im Gedanken an die große *Encyclopédie*, das Universallexikon der französischen Aufklärung (vgl. HA 9, S. 487).

1939 *das geistige Band:* Vorstellung vom Leben als geisti-gem Band, das die materiellen Elemente des Organismus zusammenhält.

1940 *Encheiresin naturae:* ›Handgriff der Natur‹; Begriff von Goethes Straßburger Chemieprofessor Spielmann für »Leben«.

1944 f. *reduzieren … klassifizieren:* zum Allgemeinen ein Besonderes finden, Besonderes unter einen allgemeinen Begriff bringen. Fachtermini aus der Schulphilosophie des 18. Jh.s.

1949 *Metaphysik:* Lehre von über-natürlichen Dingen.

1959 *Paragraphos wohl einstudiert:* Das zugrundegelegte Lehrbuch wurde Abschnitt für Abschnitt durchgenom-men und erläutert; kritische Kommentierung war noch in Goethes Studienzeit unüblich.

1977 *ein Enkel:* nachgeboren gegenüber der Zeit, als das Gesetz neu und aktuell war.

1978 *Rechte, das mit uns geboren ist:* das sog. Naturrecht, das auf die grundlegende gesellschaftliche Situation und auf vermutete Wesenseigenschaften des Menschen aufgebaut wurde; wird seit der Antike diskutiert und steht dem sog. positiven Recht, das von Herrschern »gesetzt« und damit geschichtlich bedingt ist, gegenüber.

2000 *kein Jota:* nach Mt. 5,18; Lk. 16,17. Der Kirchenstreit zwischen Arianern und Athanasianern (Konzil von Nizäa, 325 n. Chr.) um die Frage, ob Jesus Gott ähnlich (griech. *homoiúsios*) bzw. wesensgleich (*homoúsios*) gewesen sei, ließ sich als Streit um ein Jota sehen. Vgl. V. 2050.

2005 *Drei Jahr:* Bis zum Ende des 18. Jh.s war das die Regelstudienzeit.

2008 *weiter fühlen:* vorantasten wie ein Blinder.

2010 *den Teufel spielen:* Auch das, was Menschen für »den Teufel« halten, ist Rolle für Mephistopheles.

2036 *wie fest geschnürt:* zur Erzeugung einer möglichst schlanken Taille.

2041 *beschweren:* belästigen.

2045 *Stammbuch:* bei Studenten und Reisenden üblich.

2048 *Eritis ... malum:* »Ihr werdet sein wie Gott und wissen, was gut und böse ist« (1. Mose 3,5). Der Schüler als neuer Adam (vgl. Anm. zu V. 364) und junges Spiegelbild Fausts wird nicht durch Weib und Apfelgenuss zum Wissen, sondern durch Pseudowissen zu Weib, Genuss, Ansehen, Geld geführt: »Staub« wie das, was Faust fressen soll (V. 334).

2051–54 *Wohin ... Cursum durchschmarutzen!:* Der Handlungsplan ist, dass Faust zunächst sieht, und zwar die kleine Welt (vgl. V. 2172) in Leipzig, dann die große Welt (vgl. z. B. V. 2402) wohl in Paris, und dass dann das »Durchschmarutzen«, parasitäres Genießen desselben Lehrgangs in der kleinen Welt (V. 3355) der Margarete, dann der großen Welt des Kaiserhofs etc. (Zweiter Teil), beginnt.

2065 *den Mantel:* Fausts traditionelles Transportmittel (V. 1122) wird von Mephistopheles nach der neuesten Technik der Brüder Montgolfier (1783) zum Heißluftballon (V. 2069) modernisiert. Damit sind die beiden folgenden Szenen in die Nähe der Französischen Revolution ›datiert‹.

Auerbachs Keller in Leipzig

Stammtisch-Illusionen

Geschrieben wohl 1775, zunächst in Prosa (vgl. *Urfaust*), die Goethe für die Ausgabe *Faust. Ein Fragment* (1790) in Madrigalverse umschrieb und mit politischen Anspielungen auf deutschnationale Strömungen und zugleich auf die als bevorstehend angenommene Französische Revolution spickte. Interessant ist, dass Goethe die Freiheitsparolen am Leipziger Stammtisch ertönen lässt und sie damit als gesamteuropäisches Unruhepotenzial charakterisiert. Seine Interpretation ist eindeutig: das »Volk« berauscht sich an Höllenfeuer (Weinwunder), und die versprochenen Genüsse sind kannibalisch aus dem Fleisch des Nebenmanns geschnitten (Traubenwunder). Fausts große Magie von *Nacht* ist in den »Keller« von Mephistos Zaubereien heruntergekommen, die bis jetzt unbestimmte Raum- und Zeitsituation realistisch festgelegt.

BA vor 2073   *Auerbachs … Gesellen:* »Auerbachs Keller« ist ein Weinlokal in Leipzig seit 1530; Goethes Studien-Freund Behrisch wohnte im Haus. Von zwei etwa 1625 gemalten (1930 entfernten) Wandbildern im Lokal zeigte das eine den Doktor Faust in fröhlicher Trinkerrunde mit Musikanten, das andere seinen Ritt auf einem Fass die Kellertreppe hinauf (Abb. 5). »Zeche« bezeichnet die Trinkgesellschaft wie das Lokal. Von den Namen weisen »Frosch« und »Brander« wohl ins studentische, »Altmayer« und »Siebel« wohl ins kleinbürgerliche Milieu: »Volk«.

2082 *singt Runda:* Ein Becher Wein geht herum, jeder, der ihn bekommt, muss ein Lied anstimmen, trinken und dem Nachbarn den Becher weitergeben.

2084 *Baumwolle:* Watte, um sie in die Ohren zu stopfen.

2090 *Das liebe, heil'ge Röm'sche Reich:* Liedanfang im Ton alter historisch-politischer Volkslieder. Seit dem Ende des Mittelalters war der Zustand des Reichs ein Gegenstand öffentlichen Spotts; verspottet wurde, wer sich darüber Gedanken machte.

2092 *garstig:* widerwärtig.

2099 f. *welch eine Qualität … den Mann erhöht:* Nachahmung eines angeblichen mittelalterlichen Rituals, wonach ein neugewählter Papst sich auf einen »Leibstuhl« mit Loch zu setzen hatte, zum Nachweis, dass man nicht eine Frau gewählt hatte.

2101 *Schwing dich auf:* Beginn eines Gesellschaftslieds aus dem 17. Jh.

2105 *Riegel auf!:* Frosch hat offenbar bei Siebels Liebchen Erfolg gehabt und singt, um ihn zu ärgern, das Lied unbekannter Herkunft vom heimlich eingelassenen Liebhaber.

2111 f. *Kobold … schäkern:* vgl. Anm. zu V. 1273–91. Wegkreuzungen galten schon in der Antike als unheimliche, von Dämonen heimgesuchte Orte. Siebel rückt das gemeinsame Liebchen in die Nähe von Hexen, deshalb die Anspielungen V. 2113.

2120 *ich weiß zu leben:* von frz. *savoir-vivre:* wissen, was sich gehört.

2125 *Rundreim:* der im Chor gesungene Schlussvers, der

Abb. 5 Faust in Auerbachs Keller mit Studenten zechend (oberes Bild)
und auf dem Fass reitend (unteres Bild)

Mephistopheles ist auf beiden Bildern in Gestalt eines Hündchens zu sehen;
sie sind ursprünglich wohl 1625 entstanden

sich refrainartig wiederholt. Goethe bezieht das Bild von der vergifteten Ratte in einem Brief 1775 auf sich selbst; es ist wohl in dieser Zeit von ihm geschrieben zum Spott auf die von ihm selbst und Herder gesammelten Volkslieder.

2130 *Gift gestellt:* Rattengift ausgelegt.

2154 *Schmerbauch mit der kahlen Platte:* Siebel ist fettleibig mit Glatze.

2162 *wenig Witz:* geringer Intelligenz und geistiger Anstrengung.

2171 f. *Leipzig ... ein klein Paris:* Berlin und Leipzig konkurrierten im 18. Jh. um die Anerkennung als beste deutsche Nachahmung der Pariser Lebensart.

2176 *die Würmer aus der Nase:* redensartlich für ›Geheimnisse entlocken‹. Marktschreier gaben vor, Gemütskrankheiten auf diese Weise zu heilen.

2180 *ich schraube sie:* jemanden mit Reden, die dem Gefoppten unverständlich sind, vor den anderen lächerlich machen. Oder: mit Folterwerkzeugen (Daumenschrauben, hier metaphorisch) Geheimnisse abpressen.

2189 *Rippach:* letzte Station zum Pferdewechsel auf der Poststraße Frankfurt–Leipzig; Frosch will wissen, ob sie aus dem »Reich« kommen.

2190 *mit Herren Hans ... gespeist:* Ein Hans Ars (Arsch) war zu Goethes Studienzeit Wirt in Rippach und Anlass unflätiger Späße.

2191 *ihn vorbeigereist:* an ihm vorbei (zu Goethes Zeit noch korrekte Konstruktion).

2254 *judizieren:* den Wein beurteilen, verkosten (was man korrekterweise nicht mit großen Schlücken tut).

2268 *moussierend:* schäumend.

2273 *Franzen:* Franzosen; im nationalistischen Sinne abwertend.

2293 f. *kannibalisch ... Säuen:* Der Kannibalismus, die Menschenfresserei, wird sich beim Traubenwunder zeigen. Mit den fünfhundert Säuen macht Mephistopheles

Jesu Wunder der Austreibung der Teufel in eine Herde
Schweine (Mt. 8,28 ff.) rückgängig; die Teufel wohnen
wieder in den Menschen, was Mephistopheles sogleich
mit »Freiheit« und Wohlsein assoziiert.

2312 *vogelfrei:* rechtlos, geächtet, den Vögeln zum Fraß
freigegeben wie ein Gehenkter. Die Gesellen übertreiben:
nur Schadenzauber war strafbar.

2332 *Mein!:* kurz für »Mein Gott!«

2336 *Nun sag' mir eins:* Nun soll noch einmal jemand kommen und sagen ...

Gretchendrama

*Ein Mädchen soll Himmel und Erde sein
und wird geköpft*

Zweiter Versuch Fausts, wie Gott zu werden: alles, was ist,
in sich zu spüren, um es zu verehren und auszubeuten. Er
entdeckt »das Weib« als Stellvertreterin von »allem«, kann
aber seine Traumfrau nicht bekommen und nimmt, wieder
als Kompromiss, Margarete. Die wenig über Vierzehnjäh-
rige ist durch das Interesse und den Reichtum des »adligen«
Herrn fasziniert und träumt sich aus ihrer engen Bürger-
welt hinaus, ohne wirklich daran zu glauben, so wie sie
Faust liebt und weiß, dass er nicht bleiben wird. Faust genießt ihre Schönheit und Liebe und wird durch sie fühlfähig
für »alles«, hat auch Skrupel, sie zu missbrauchen. Aber sein
Programm des Totalerlebnisses und die aufgestaute »Begier
zu ihrem Leib« bringen ihn so weit, dass er, schon auf dem
Sprung wegzufahren, sie noch verführt, nach der Tötung ihres Bruders im Zweikampf flieht und sich in wüste Vergnü-
gungen stürzt. Margarete hat, um mit Faust zusammenzu-
sein, mit einem Schlafmittel ihre Mutter umgebracht und

tötet das Kind, das sie von Faust verlassen zur Welt bringt, flieht, wird eingefangen und zum Tode verurteilt. Aus dem Kerker sucht Faust sie noch zu befreien; sie erkennt den Teufel als sein zweites Ich und lehnt ab, weil Faust nicht mehr lieben kann. Eine »Stimme von oben« verheißt ihre Rettung.

Sinndimensionen: Margarete entwickelt eine neue, Leib und Seele umfassende Religiosität; Faust erfährt und missbraucht die Natur; die Magie der Projektion einer »Helena« auf ein halbes Kind wirkt verheerend; der Traum des Bürgertums vom gesellschaftlichen Aufstieg, die Faszination des Geldes und der Emanzipation unterdrückter Instinkte produzieren ein »Bürgerliches Trauerspiel«. Fausts Wette auf Unglück und Rastlosigkeit besteht ihre erste Belastungsprobe. – Das ›Gretchendrama‹ stammt zum großen Teil aus der Zeit des *Urfaust*; *Hexenküche* als ›Prolog‹ kam 1788–90 dazu, auch *Wald und Höhle* wurde vervollständigt, stand aber noch hinter *Am Brunnen*; die Szene wurde in der Endfassung hinter *Ein Gartenhäuschen* gesetzt. Im *Fragment* 1790 wurden nur die Szenen bis einschließlich *Dom* veröffentlicht, der Schluss mit dem Walpurgis-Komplex und der versifizierten *Kerker*-Szene erschien erst 1808.

Hexenküche

Zweimal Drogen für Faust

Die Szene wurde 1788 in Rom gedichtet und 1790 zum Druck gebracht, mit Anspielungen auf die jüngsten Ereignisse von 1789 in Frankreich versehen. Denn durch die Oberfläche des alten Kupferstichs, den Faust mit Mephistopheles betritt (Abb. 6), scheint das Geschehen in der »großen Welt« und ihrer »Hauptstadt« Paris in den 1780er Jahren hindurch: desolate Zustände, die Regierung einem zugereisten Kapitalisten (Necker/Mephistopheles) überlassen, sich bereichernde und unachtsame Beamte, Zerstörung und Aufruhr bei der Rückkehr der Regierung. Faust sieht in einem Zauberspiegel die »Frau Welt« und erfährt erstmals Schönheit, zweitens wird er »verjüngt« mit einer Droge, die zugleich Potenzmittel, Geld und Höllenfeuer ist.

BA vor 2337 *Auf einem niedrigen Herde … ausgeschmückt:* Goethe hat die drei Kessel der Radierung von Brueghel/Cock in einen zusammengezogen und die Figuren des Heiligen und des Magiers durch Faust und Mephistopheles ersetzt; der mittlere Kessel wird von der Äffin bewacht, am rechten wärmen sich die Äffchen, dort kommt die Hexe durch den Qualm herunter. Sieb, Zauberkreise, anderer Hausrat sind vorhanden, Goethe verlegt nur das Ganze in einen Innenraum.

2341 *Sudelköcherei:* Kochen mit schmutzigen Geräten und aus unsauberen Zutaten.

2346 *Balsam:* heilende, vor allem schmerzlindernde Substanz.

2351 *ohne Geld:* Das Verjüngungsmittel der Hexe funktioniert also mit Geld. Da sie keine Bezahlung erhält, besteht offenbar das Mittel selbst aus Geld.

2357 *mit ungemischter Speise:* Ernährungskonzept damaliger ›Naturärzte‹, die Nahrungsstoffe in Reinform aufzunehmen.

2361 *Auf achtzig Jahr … verjüngen:* ironisch – man wird alt statt jung bei der Kur. Allerdings gab auch einer der Naturärzte, Alvise Cornaro (1484–1566), sein Alter mit 95 an, obwohl er erst 80 war, um durch seine Jugendlichkeit die Wirkung seiner Rezepte zu beweisen.

2369 *Brücken bauen:* Von seinen Schweizerreisen kannte Goethe die »Teufelsbrücke« zwischen Andermatt und Göschenen.

Abb. 6 Pieter Breughel d. Ä.: Versuchung des heiligen Jakobus
(Stich von H. Cock)
Wahrscheinlich Szenenvorlage zu *Hexenküche*

2387 *abgeschmackt:* nicht mehr dem Zeitgeschmack, der Mode entsprechend. Faust protestiert vom Anfang der Szene an gegen die veraltete Magie der Hexe, hat aber soeben ein modernes ›ganzheitliches‹ Verjüngungsmittel abgelehnt. »So muss denn doch die Hexe dran« (V.2365).

2388 *Discours:* Gespräch. Die französische Schreibung (erst im *Faust I*) legt französische Aussprache nahe.

2392f. *breite Bettelsuppen ... groß Publikum:* Mildtätige Institutionen gaben an die verarmte Bevölkerung Suppen aus, die »breit«, mit viel Wasser, gekocht waren. Im Rahmen der Paris-Allegorie (s. den Szenenkommentar) trifft »groß Publikum« zu: äußerste Armut der nicht-privilegierten Bevölkerung bedingte die Sprengkraft der Revolution.

2401 *Lotto:* Glücksrad mit Ziffern, auf deren eine der Spieler eine Geldsumme setzt. Bleibt nach dem Drehen das Rad auf der gewählten Zahl stehen, erhält der Spieler ein Mehrfaches des Einsatzes, wenn nicht, verliert er alles.

2402–15 *Das ist ... Scherben:* Weltvision Mephistos als ›Fürst dieser Welt‹: eine Reihe einander ausschließender Widersprüche von Bestand und Zerstörung. V.2410 war im *Fragment* in Anführungszeichen gesetzt und führte die hohle, gläserne oder tönerne Welt auch noch als redend und lebendig ein (Abb. 7).

2427 *Den Wedel:* Der Herr der Fliegen (V.1516f.) wird mit dem Fliegenwedel ausgestattet, er bezeichnet ihn V.2449 als Zepter (unter den Reichsinsignien das Symbol des Kämmerers/Finanzministers).

2430 *Zauberspiegel:* vgl. V.878–881.

2441f. *sechs Tage plagt ... Bravo sagt:* Im siebentägigen Schöpfungsbericht 1. Mose 1 f. ist die Schaffung des Menschen nur eine Episode; was da geschaffen wird, ist die Welt. Also sind V.2429–40 Fausts Weltvision, gewissermaßen die *Hexenküchen*-Version des Makrokosmos, während Mephistopheles V.2402–15 die Erdgeist-Version gesehen hat. Die Frau-Welt-Vorstellung des Mittelalters (z.B. im Freiburger Münster) ist die einer schönen Frau,

Abb. 7 David Teniers: Affen mit Weltkugel
(Kupferstich von C. Boel)
Wohl Bildvorstellung zu V. 2402–15

deren Rücken von widerlichem Gewürm zerfressen wird.
Faust sieht zunächst nur den »Inbegriff von allen Him-
meln«; dagegen vgl. schon V. 2456, 2461 f. (Abb. 8).

2464 *aufrichtige Poeten:* ironisch über die Dichter, denen
die Gedanken erst kommen (V. 2459 f.), wenn sie für ein
gefundenes Reimwort eine Zeile füllen müssen.

2467 *die Frau:* die Herrin, so auch V. 2380.

2497 *Das nordische Phantom:* Phantasiegestalt des Teufels,
wie sie V. 2485–99 beschrieben wird und nur noch teilweise verwirklicht ist: auch diese mit Kennzeichen ger-
manischer Gottheiten (Odin, Loki) ausgestattete »nordische« Gestalt ist nur Maske des Bösen (vgl. V. 2509).

2502 *falscher Waden:* Genötigt durch die herrschende

Mode der Kniebundhosen, ließ man zu dünn geratene Waden durch Einlagen muskulöser wirken.

2504 *Junker:* ›junger Herr‹, veraltete, in vorabsolutistische Zeit verweisende Anrede. Nicht nur Faust, auch Mephistopheles wird von der zurückgebliebenen Hexe weit in die Vergangenheit zurückgezogen.

2510 f. *Herr Baron … Kavalier:* »Baron« war der einzige käufliche Adelstitel (vgl. die Ausdrücke »Finanz-«, »Geld-«, »Schlotbaron«); »Kavalier« ist Angehöriger des Adels.

2518 *schafft:* verlangt, fordert.

2524 *nicht mehr im Mindsten stinkt:* vielleicht Anspielung auf »Geld stinkt nicht« (vgl. Anm. zu V. 2351), den Satz des Kaisers Vespasian, der die kommerzielle Nutzung von Urin (Pharmazie, Färberei) mit einer Steuer belegt hatte. – Faust erhält wahrscheinlich *aurum potabile*, Trinkgold, zur Stärkung, Verjüngung, Heilung und Potenzsteigerung.

2528 *gedeihen:* wohltun, nützen, zugutekommen.

BA vor 2540 *mit großer Emphase … deklamieren:* Sie trägt mit großer rhetorischer Betonung und Gestik aus dem Buch das Hexen-Einmaleins vor. Da dieses so nur in Goethes *Faust* steht, muss ihr Buch der *Faust* sein, deshalb ist auch Mephistos Kommentar (V. 2555–58) witzig und zugleich ein wichtiger Kommentar über den *Faust*. Das Hexen-Einmaleins ist vielfach deutbar und vielfach gedeutet worden; am einfachsten ist: Wenn 1 = 10 und 10 = 0, dann 1 = 0 und »Etwas« = »Nichts« (V. 1363 f.), also »ein vollkommner Widerspruch« (V. 2557), und alle andern Zahlen sind Vielfache von 1 = 0.

2561 f. *Durch Drei … verbreiten:* Spott des Teufels auf die Lehre von der dreieinigen Gottheit des Christentums.

2575 *ein ganzes Chor:* Neutrum üblich in der Zeit Goethes.

2577 *Sibylle:* weise Frau, in der Antike mit prophetischer Gabe ausgestattet.

2581 *Graden:* Stufen der Einweihung und Rangfolge in den Geheimkulten des 18. Jh.s, z. B. der Freimaurerei.

Abb. 8 Giorgione: Ruhende Venus
Vielleicht Bildvorstellung zu V. 2429–40

2585 *mit dem Teufel du und du:* Der Saft ist also Höllenfeuer wie der Wein in *Auerbachs Keller*; bald wird sich
auch bei Faust die Bestialität herrlich offenbaren.

2590 *auf Walpurgis:* Vorbereitung der *Walpurgisnacht.*

2594 *transpirieren:* schwitzen.

2598 *Cupido:* römischer Liebesgott, hier eher sein Werkzeug.

2604 *Helenen:* Helena, deren Suche Faust vom 1.–3. Akt
des *Zweiten Teils* bestimmt. Hier wird die Prolog-Wir-
kung von *Hexenküche* greifbar: Margarete, im *Urfaust*
ohne Vorbereitung angesprochen, wird für den Zuschauer
(Mephistopheles spricht »beiseite«) schon zur bloßen
Vorstufe der Helena herabgestuft, und Faust ist durch das
Zauberbild auf einen »Engel« (V. 2659), durch den Trank
auf eine »Dirne« (V. 2619) programmiert und wirft beide
Projektionen zugleich auf das Mädchen, das daran zugrunde geht.

Straße I

Hans Liederlich

Geschrieben wohl 1773/74, leichte Retuschen im *Fragment*. Faust, unter der Wirkung der beiden Drogen aus *Hexenküche* – Zauberbild und Zaubertrank –, macht Annäherungsversuche bei Margarete, die ihn kurz abfertigt. Er verlangt von Mephistopheles, der ihn durch Hinhaltetaktik noch schärfer werden lässt, die »Dirne« zu haben, lässt sich aber auf den Kompromiss ein, nur in ihr Zimmer zu schleichen und dort ein Geschenk zu deponieren. – Fast durchweg Knittelvers (bis auf einen Alexandriner, auch noch mit französischem Fremdwort, V. 2674).

2605 *Fräulein:* Bezeichnung für eine unverheiratete Adlige; wegen ihrer vorgeschriebenen bürgerlichen Kleidung ist Fausts ›Irrtum‹ für Margarete sofort durchschaubar.

2619 *Dirne:* Mädchen niederen Standes (nicht: Hure), galt bei Angehörigen höherer Stände für leichter zugänglich (vgl. V. 828–835).

2623 *Stuhl:* Beichtstuhl.

2627 *über vierzehn Jahr:* Das heißt damals ›heiratsfähig‹.

2629 *jede liebe Blum:* Spiel mit dem Namen »Margarete« (eigentlich ›Perle‹) – Margerite, aber auch mit dem »Blümchen« der Unschuld (V. 3561).

2630 *dünkelt:* Wortschöpfung aus »Dünkel«, ›Arroganz‹, und »es dünkt ihn«, ›er bildet sich ein‹.

2633 *Herr Magister Lobesan:* im 18. Jh. Spottname für umständliche, schulmeisterliche Herren.

2641 *Gelegenheit:* die Möglichkeit ungestörten Zusammentreffens. Die Verzögerungstaktik lässt Faust immer verächtlicher von Margarete sprechen.

2645 *wie ein Franzos:* Freizügigkeit in sexuellen Beziehungen galt auch bei deutschen Adligen als französische Lebensart.

2650–52 *Brimborium ... welsche Geschicht:* Viele der italienischen und französischen erotischen Novellen legen auf Personencharakterisierung keinen Wert, sondern beschreiben die langwierigen Bemühungen, eine schwer zugängliche Dame endlich zu gewinnen und wieder zu verlassen.

2653 *Appetit:* Triebdruck (Fachausdruck des 18. Jh.s).

2654 *Schimpf:* Scherz.

2671 *Dunstkreis:* Übersetzung des 18. Jh.s für ›Atmosphäre‹.

2674 *reüssieren:* Erfolg haben.

2677 *revidieren:* nachsehen, genau überprüfen.

Abend

Fetisch und Verführung

Szene im Zusammenhang mit *Straße I* entstanden. – Margarete zeigt Interesse. Faust macht aus ihrem Zimmer einen Fetisch: Kerker und Himmelreich, und will Margarete gar nicht mehr verführen. Aber Mephistopheles deponiert das Schmuckkästchen und erzeugt eine erotisierende Atmosphäre, macht damit aus Fausts Unentschlossenheit eine Entscheidung und setzt die Tragödie in Gang. Margarete reagiert wie vorausberechnet. – Margaretes Knittelverse ›französisieren‹ sich (V. 2785, 2791 f.) angesichts des Kästchens, ihre Ballade wird gegenüber der *Urfaust*-Fassung sogar grammatisch vereinfacht. Die Herren sprechen Madrigalverse.

BA vor 2678 *Zöpfe flechtend und aufbindend:* Sie legt die geflochtenen Zöpfe auch noch kunstvoll um den Kopf. Die »Reinlichkeit« des Zimmers, die der Strenge der

Mutter zu verdanken ist (V. 3111–13), spiegelt sich in der doppelten Bändigung des Haars.

2680 *wacker:* tüchtig, ansehnlich.

2681 *edlen Haus:* adliger, zumindest gesellschaftlich hochstehender Abstammung.

2699 *den heil'gen Christ:* das Weihnachtsgeschenk.

2705 *Den Teppich:* die Tischdecke.

2706 *Sand ... kräuseln:* Um der Sauberkeit willen wurden die Holzfußböden mit feinem Sand bestreut, Margarete verziert ihn sogar mit Mustern.

2712 *Den eingebornen Engel:* »eingebornen«: einzigen, einzigartigen; Anspielung auf das Credo des christlichen Glaubensbekenntnisses, wo Christus als *unigenitus,* ›einziggeboren‹, bezeichnet wird.

2715 f. *mit heilig reinem Weben / Entwirkte sich:* Das Bild wurde gleichsam wie ein Gewebemuster sichtbar (»wirken«: weben, stricken).

2721 *Zauberduft:* Wirkungskreis der Margarete, vgl. Anm. zu V. 484. Den Wirkungskreis des Mephistopheles spürt Margarete V. 2753–57.

2726 *Frevel:* Kühnheit, Vergehen.

2727 *Der große Hans:* lesbar als »Großhans«, Prahler; lesbar auch als Nennung des dem Publikum bekannten eigentlichen Vornamens von Faust: Johannes.

2732 *woanders hergenommen:* für: gestohlen.

2733 *Schrein:* kostbare Truhe oder Schrank. Trotz der Aufforderung in dieser Zeile stellt Faust das Kästchen nicht selbst hinein.

2734 *ihr vergehn die Sinnen:* sie gerät außer sich; eigentlich: sie wird ohnmächtig.

2739 *wahren:* behalten, nicht verschenken.

2740 *Eurer Lüsternheit:* ironische Anrede, vgl. des Ausdruck »Eure Heiligkeit«.

2744 *Ich kratz ... Händen:* Gesten angestrengten Nachdenkens; der Satz wird V. 2746 fortgesetzt.

2751 *Physik und Metaphysika:* die zwei großen Lehrgegen-
stände des Aristoteles.
2759 *Thule:* sagenhafte Insel im äußersten Norden. Bil-
dungselement, das gleich in der ersten Zeile Margaretes
›Volksballade‹ zur ›Kunstballade‹ modernisiert.
2761 *Buhle:* im Sinne von: Geliebte, im Gegensatz zu
»Ehefrau«, vgl. V. 3671.
2764 *jeden Schmaus:* jedesmal beim Essen.
2765 *Die Augen gingen im über:* ihm kamen die Tränen.
2779 *trinken:* sich mit Wasser füllen.
2787 *lieh darauf:* verlieh Geld für das Pfand.
2800 *Allein man lässt's auch alles sein:* aber man kümmert
sich nicht weiter darum, interessiert sich nicht dafür (wegen Armut und niederem Stand).

Spaziergang

Punktsieg für die Kirche?

Geschrieben im Zusammenhang von *Straße I*. Margarete hat
das Schatzkästlein ihrer Mutter gezeigt, die gleich Verdacht
schöpft und einen Priester kommen lässt. Der nimmt alles
mit, ohne näher nachzufragen – nicht als ›unrechtes Gut‹,
wie die Mutter (zu Recht) meint, sondern als Zeugnis der
frommen Selbstüberwindung. Faust bestellt ein neues Kästchen; er hat seine Skrupel hinter sich gelassen. Margarete
weiß jetzt, dass das Kästchen für sie bestimmt war, und
denkt nur noch an den Überbringer des Kästchens (streng-
genommen: an Mephistopheles). Taktische Niederlage, stra-
tegischer Sieg des Teufels. – Madrigalvers mit vielen Knittelversen.

BA vor 2805   *Spaziergang:* Gang zum Spazieren, Allee (so im *Urfaust*).

2805 *verschmähten Liebe:* Bis zur Szene *Grablegung* (Zweiter Teil, 5. Akt) besteht das Wesen des Teuflischen im Undank, in der Verschließung gegen die »Himmels-Liebe« (V. 771, 1185), im Versuch, sich allein auf sich selbst zu stellen.

2807 *kneipt:* kneift, hier: ärgert.

2808 *So kein Gesicht sah ich:* noch nie sah ich so ein Gesicht.

2818 *Schnuffelt:* bringt das Buch beim Lesen immer ganz nah an Augen und Nase.

2819 *Möbel:* im wörtlichen Sinn (lat. *mobilis:* beweglich): bewegliche Sache (dagegen: »Immobilien«).

2824 *Befängt:* nimmt magisch gefangen.

2826 *Himmels-Manna:* vgl. Offb. 2,17: »Wer überwindet, dem will ich zu essen geben von dem verborgenen Manna« (himmlische Speise), vgl. V. 2835.

2828 *ein geschenkter Gaul:* redensartlich: ein Geschenk schaut man nicht auf mögliche Mängel an. Dem Gaul, dem man ins Maul schaut, kann man am Zustand der Zähne das Alter ansehen.

2844 *Pfifferling':* wertlose Kleinigkeiten.

2848 *erbaut:* seelisch und im Glauben gestärkt.

2849 *Gretchen:* Faust übernimmt von Mephistopheles (V. 2813) den ambivalenten Namen (vgl. Szenenkommentar zu *Gretchens Stube*, unten S. 100).

2850 *Weiß weder was sie will noch soll:* genaue Parallele zu V. 2738.

2859 *wie Brei:* zäh, träge.

Der Nachbarin Haus

Einblicke in eine bürgerliche Ehe

Entstanden im Kontext von *Straße I*. Margarete bringt das zweite Kästchen nicht mehr zur Mutter, sondern zur Nachbarin Marthe, die zur Geheimhaltung rät und schon Margaretes glücklichen Aufstieg in der Gesellschaft prophezeit. Von ihrem nichtsnutzigen Ehemann verlassen und begierig, ein neues Leben anzufangen, nimmt sie Mephistos Nachricht vom Tod ihres Mannes mit Erleichterung zur Kenntnis. Ja, obwohl Mephistopheles sie in ein Wechselbad von Gefühlen stürzt, ist sie gleich bereit, mit ihm anzubändeln, verlangt aber geistesgegenwärtig die offizielle Bestätigung des Todes, die Faust als Partner Margaretes ins Spiel bringt. – Der Knittelvers der beiden Frauen wechselt mit dem Kommen Mephistos in den eleganten Madrigalvers über.

2868 *Stroh:* Schlafunterlage im Bett; vgl. den Ausdruck »Strohwitwe«.

2872 *Totenschein:* Voraussetzung zur Wiederverheiratung.

2876 *von Ebenholz:* Das neue Kästchen ist aus dem teuren, fast schwarzen Ebenholz.

2882 *glücksel'ge Kreatur:* Marthe nimmt den Schmuck als Zeichen des gesteigerten Interesses eines reichen Herrn von hohem Stand – Bürger durften so etwas weder besitzen noch öffentlich zur Schau tragen, vgl. das Folgende.

2898 *erbeten:* übertrieben unterwürfig statt »erbitten«.

2906 *ein Fräulein:* vgl. Anm. zu V. 2605. Deshalb ist Margarete ebenso übertrieben bescheiden (V. 2907).

2911 *einen Blick so scharf:* unerschrocken, wie ihn nur Vornehme haben.

2918 *Ach ich vergeh!:* ich werde ohnmächtig.

2926 *heiligen Antonius:* dem Schutzheiligen der Ehe.

2931 *dreihundert Messen singen:* gesungene Messen wären sehr teuer; allerdings werden Gedenkmessen nur gelesen.

2933 *ein Schaustück:* eine Gedenkmünze.

2938 *nicht verzettelt:* nicht für Kleinigkeiten hier und da ausgegeben; alles nur für das »schöne Fräulein« (V. 2981).

2942 *manch Requiem noch beten:* Seelenmesse für Verstorbene in der katholischen Kirche (nur vom Priester auszuführen); Margarete kann höchstens an den dreihundert Messen für Herrn Schwerdtlein teilnehmen.

2946 *Galan:* vornehmer, schön gekleideter Liebhaber.

2948 *So ein lieb Ding:* offenbar zu Marthe über Margarete gesprochen.

2950 *Es gibt sich:* es kommt vor, kommt zustande.

2953 f. *starb als Christ ... Zeche hätte:* Er konnte noch mit der Beichte beginnen, wurde aber nicht damit fertig. – »Zeche«: Wirtshausrechnung.

2964 *zu gaffen:* untätig anderen beim Arbeiten zuzuschauen.

2984 *bis an sein selig Ende spürte:* Sie hat ihm das »mal de Naples«, die Syphilis, angehängt; die Krankheit hieß so, weil das Heer Karls VIII. sie 1495 von Neapel nach Frankreich einschleppte.

2991 *Visierte:* hielte Ausschau.

3001 *mit dem Beding:* unter derselben Vertragsbedingung (sich gegenseitig so viele Verstöße gegen Verantwortung und Ehemoral nachzusehen).

3012 *Wochenblättchen:* amtliche Nachrichten (aufgekommen im ersten Drittel des 18. Jh.s).

3013 *durch zweier Zeugen Mund:* schon alttestamentlich (4. Mose 35,30), auch noch zu Goethes Zeit konnte jemand nur für tot erklärt werden, wenn sein Tod und Begräbnis durch zwei Zeugen bestätigt wurde.

3020 *Fräuleins:* vor Marthe verheimlichte Erinnerung an V. 2605.

Straße II

Faust in der Klemme

Entstanden im Kontext von *Straße I*, seit dem *Fragment* einige stilistische Glättungen und Verschärfung des Arguments von der frechen Täuschung der Studenten (V. 3046–48). Drei Angriffe Mephistos: Faust soll Herrn Schwerdtleins Tod bezeugen, obwohl er es nicht weiß; Faust hat als Wissenschaftler ständig Dinge behauptet, die er nicht wirklich wusste; Faust wird morgen Margarete belügen. Jetzt ist wie bei der Wette der Jurist Faust herausgefordert; er muss lügen, ohne zu lügen, Margarete wird etwas hören, was er nicht gesagt hat. Aber damit behält Mephistopheles der Sache nach Recht; Faust stottert bloß noch.

3025 *Will's fördern?:* geht es voran?

3037 *Sancta Simplicitas!:* heilige Einfalt.

3040 *O heil'ger Mann! Da wär't Ihr's nun!:* In dieser Sache will Faust plötzlich »heilig« sein und nicht lügen. Zu betonen ist »Da«.

3050 *ein Sophiste:* Die Sophisten, Redelehrer im alten Athen, übten und lehrten die Kunst der Scheinargumentation. Faust wirft Mephistopheles hier vor, die Sprechakte des Bezeugens und des Behauptens gleichgesetzt zu haben: von Herrn Schwerdtleins Tod wisse er nichts und lüge bewusst, wenn er ihn bezeuge. Wissenschaftliche Aussagen dagegen könnten sich irgendwann als falsch herausstellen, seien aber keine bewussten Lügen. Aber Mephistopheles (und Faust) wissen es »ein bisschen tiefer«: V. 361–365.

3064 f. *diese Glut … ewig nenne:* Damit hat Faust eine Formulierung gefunden, die mit dem Wort »ewig« Margarete täuschen wird. Aber er hat damit nicht gesagt, dass er Margarete ewig liebt, er hat nur über die Ewigkeit dessen etwas gesagt, was in ihm »brennt«. Er täuscht Margarete, bleibt aber dem Versprechen der Rastlosigkeit treu und entdeckt zugleich in sich eine ewige objektive Energie: den dunklen Drang, den Eros, das, was ihn schließlich erlösbar macht, oder aber das Höllenfeuer des Tranks.

3072 *du hast Recht, vorzüglich weil ich muss:* Mephistopheles hat Recht, weil Faust mit seiner Sophisterei Margarete »betören« wird. Faust weiß das, setzt mehrfach zu einer Gegenrede an, ohne zu wissen, was er sagen soll. Denn jetzt fragt er nicht mehr, ob er soll (V. 2738); er weiß, dass er »muss«, dass vor allem andern (»vorzüglich«) sein Trieb ihn zwingt.

Garten

Werbung und vorsichtiger Rückzug

Im Kontext von *Straße I* entstanden, wahrscheinlich im Sommer 1774. Spaziergang im Garten, die Paare erscheinen und verschwinden je dreimal. Mephistopheles kann sich der wachsenden Zudringlichkeit Marthes kaum erwehren und stellt sich immer dümmer; unter dem Dauerfeuer von Fausts Komplimenten wird Margarete zutraulicher, wagt schließlich das Blumenspiel und erhält Fausts Formulierung, die nicht sie, sondern die Liebe meint. – Madrigalvers mit vielen, die französische Höflichkeit betonenden Alexandrinern und *vers communs*.

3076 *fürlieb zu nehmen:* mit dem was da ist, sich abzufinden.

3077 *erfahrnen:* der schon viel gefahren, gereist ist und Erfahrung gesammelt hat.

3081 *Inkommodiert Euch nicht!:* tun Sie nichts, was Ihnen unangenehm sein muss!

3084 *genau:* peinlich sorgfältig, geizig.

3092 *Hagestolz:* Junggeselle, Single.

3095 *beratet Euch:* sorgt vor.

3098 *der Freunde häufig:* viele Freunde.

3114 *akkurat:* gewissenhaft, ordnungsliebend (Wort aus dem 18. Jh.). Die in Margaretes Zimmer so gerühmte Ordnung geht also auf das Konto der Mutter, Margarete fühlt sich dadurch eher beengt.

3116 *weit eh'r als andre regen:* mit unserem Geld und Wohlstand etwas unternehmen, vgl. das Folgende. Auch Marthe, die mitten in der Stadt einen verhältnismäßig großen Garten mit nahezu herrschaftlichem Gartenhäuschen besitzt, ist offenbar wohlhabend.

3127 *Die Mutter gaben wir verloren:* wir glaubten, dass sie sterben wird.

3139 *es durfte kaum sich regen:* es brauchte sich kaum zu bewegen, so ...

3144 *am Waschtrog stehn:* um die Stoff-Windeln von Hand zu waschen.

3147 *mutig:* wohlgemut, froh.

3155 f. *Das Sprichwort ... wert:* Das Sprichwort »Eigner Herd ist Goldes wert« wird verschränkt mit einem Vers aus den Sprüchen Salomonis (31,10): »Wem ein tugendsam Weib beschert ist, die ist viel edler denn die köstlichsten Perlen.« Auf Marthes Frage passt der Spruch allenfalls insofern, dass Mephistopheles bisher kein braves Weib gefunden hat (und jetzt auch keines neben sich hat).

3165 *Saht Ihr es nicht? Ich schlug die Augen nieder:* Was für Faust unbewusste Natur ist, die sich tief in sein Herz prägte (V. 2616), ist für Margarete Teil einer bewussten Zeichensprache.

3167 *Was sich die Frechheit unterfangen:* was ich in meiner Frechheit mir erlaubt habe.

3176 *hier:* Sie deutet auf ihr Herz. Insgesamt äußerst künstliche Rede im Konversationston der höheren Gesell-

schaft, den Idealbegriffen V. 3102–05 gerade entgegengesetzt. Auch das folgende Blumenorakel ist in seiner Nai-
vität gebrochen: erstens ist die Zahl der Blütenblättchen
bekannt, der Ausgang berechenbar; zweitens wird das
Orakel in Anwesenheit des Geliebten durchgeführt und
muss dessen Reaktion provozieren; drittens sind
V. 3179 f., 3184 höchst kompliziert in Kooperation mit
Faust gebastelte Alexandriner, V. 3181 ebenso ein *vers
commun*: Goethe gibt das Signal, dass es sich um die
kunstvolle Natürlichkeit einer Rokoko-Konversation
handelt.

3186 *Er liebt dich!:* Faust vermeidet sorgfältig das »Ich«
und damit den Sprechakt der Liebeserklärung. Auch fragt
er nicht, ob sie ihn liebt (das würde in dieser Situation
eine Gegenerklärung fordern), sondern ob sie versteht.

3187 *Mich überläuft's!:* vgl. V. 2757.

3191–94 *Sich hinzugeben ... Ende!:* Entgegen seiner ersten
Ankündigung (V. 3056–59) verspricht Faust Margarete
gar nichts. Er sagt nur, die Wonne, die er fühle, müsse
ewig sein; etwas Ewiges, außer ihm Bestehendes, nämlich
die Wonne der allgegenwärtigen göttlichen Liebe (V. 430,
3447–54, 11938 f.), macht sich in ihm fühlbar. Instrument
dieser Offenbarung ist die Liebe zu Margarete, die er
zweimal bestätigt (V. 3185 f.); aber es ist nicht die Liebe
zu, sondern anlässlich dieser Person, an die er sich
deshalb nicht binden muss. Das wird auch daran sichtbar,
dass er in Gedanken stehen bleibt, um zu ermessen, was
sich da in ihm ereignet hat, während sie sich von ihm fangen und festhalten lassen will. Damit hat er Margarete
schon verlassen: Gretchen ist jetzt das Ziel.

3203 *Sommervögel:* Schmetterlinge. – »gewogen«: er
scheint sie zu mögen.

Ein Gartenhäuschen

Störung

Entstanden im Kontext von *Straße I*, führt die Szene die beiden Paare Person für Person zusammen: Margarete und Faust zum Kuss und zur Liebeserklärung Margaretes (nicht Fausts!), Mephistopheles und Marthe zur Störung der beiden und zum Abschied der Männer von den Frauen. – Höchst künstlich gemeinsam gebastelte Alexandriner (V. 3206–09) und *vers commun* (V. 3210), danach Margaretes besonders biedere Knittelverse als Erholung von der Anstrengung.

3207 *Gut Freund!:* bei friedlichen Absichten übliche Antwort auf das »Wer da?« einer Wache hinter dem verschlossenen Stadttor. Muss hier besonders ironisch gelesen werden, denn Mephistopheles weiß und freut sich, dass er Faust stört, der ihn als fühl- und rücksichtslos beschimpft.

Wald und Höhle

Fluchtversuch umsonst

Bis auf wenige Verse nicht im *Urfaust*, vollständig ausgeführt im *Fragment* 1790, stand dort aber zwischen *Am Brunnen* und *Zwinger*. Dort konnte man davon ausgehen, dass (wegen V. 3584) Faust Gretchen verführt hat und dann geflohen ist; in der Endfassung flieht er vorher, wird durch Mephistopheles zurückgeholt und ist dann zu allem entschlossen (womit schließlich nur Gretchen getroffen ist). Im Wald meint er die ganze Natur und Geschichte zu erkennen und in seinem »innern Selbst« zu genießen (V. 1770 f.), aber bei Sturm flieht er in die Höhle, wie er vor dem Sturm der Gefühle, des Triebs, der Schuld gegenüber Gretchen geflohen ist. Dies holt ihn jetzt ein; jetzt erst wird er alles »genießen«, »was der Menschheit zugeteilt ist«. Eine Szene des falschen Bewusstseins hinsichtlich der Täuschung, »alles« erhalten zu haben (V. 3217), und hinsichtlich der leeren Rhetorik am Ende. – Bis V. 3250 Blankvers, danach wieder Madrigalvers.

BA vor 3217 *Wald und Höhle:* Faust hat seinen früheren Traum (V. 392–397) wahr gemacht, ist allerdings nicht vor den Büchern, sondern vor dem Leben und den Menschen geflohen. Wonne und Hingabe, die Erfahrungen bei Makrokosmos und Erdgeist (V. 430, 480), hat er bei Margarete vereint erfahren (V. 3191); dies erschließt ihm jetzt die ganze Schöpfung, Natur, Geschichte, Selbst, aber zunächst nur von der Seite der Wonne (V. 3241): die Höhle, so zeigt sich, schützt nur vor dem äußeren, nicht dem inneren Sturm (V. 3249 f.), der Mephistopheles wieder herbeiruft.

3217 *Erhabner:* wörtlich so viel wie: erhobener (vgl. V. 787). Erfahrungen, die dem Menschen das Bewusstsein seiner Endlichkeit, Begrenztheit, Machtlosigkeit geben, wurden neben Erfahrungen des Schönen im 18. Jh. intensiv diskutiert. Faust hat jetzt die Unendlichkeit und absolute Übermacht des Weltgeists, der ihm als Erdgeist sein »Angesicht im Feuer zugewendet« hat (V. 1219, vgl. V. 499), erkannt, blendet aber aus der Erhabenheit immer noch das Zerstörerische des »Tatensturms« aus (V. 501–509, 466) und hat ihn deshalb noch immer nicht »begriffen« (V. 512).

3218 *Warum:* Doppelbedeutung ›worum‹, ›um das ich bat‹, und ›warum‹, ›weshalb‹, also die Erfüllung der Mängel und Bedürfnisse, die dem Wunsch zugrunde lagen. Die einzige Bitte, die Faust an den Erdgeist richtete, war, sich zu enthüllen (V. 476); die direkte Erscheinung ertrug er nicht: jetzt hat sich der erhabene Geist als Natur, Geschichte, Selbst enthüllt, oder: Natur, Geschichte, Selbst sind der Geist, der sich in ihnen offenbart. Goethe spricht vom »Ganzen« der »Welt« (HA 12, S. 227), zu dem für ihn allerdings auch die Zerstörung, die Verneinung, Mephistopheles gehört.

3239 *lindern der Betrachtung strenge Lust:* Die Übersetzung des griech. Wortes *theoría* ist ›Betrachtung‹. Deren Strenge und die abstrakte Bemühung, im Mannigfaltigen der Natur das einende göttliche Prinzip und die Gesetze seines Schaffens zu denken, werden abgemildert durch den Gedanken an die Geschichte: sie zeigt z. B. mit ihrer »Gestaltung, Umgestaltung« (V. 6287), dass nicht alles streng auf eine Formel zu bringen ist, sondern wie in einem großen Experimentierfeld entsteht und vergeht. Was ihm von Felswänden und Büschen entgegenschwebt (vgl. V. 394 f.), sind nicht nur experimentelle Naturgestalten, sondern auch »hohe Ahnen« (V. 1113), historische Gestalten des Menschlichen, angesichts deren Verschiedenheit die Bemühung um einen einzigen Begriff des Menschen gemildert wird.

3257 *ich lass dich gerne ruhn:* vgl. V. 1692.

3263 *an der Nase spüren:* am Gesicht ablesen.

3265 *ennuyiert:* langweilt, ärgert, stört.

3268 *Imagination:* Fausts produktive Phantasie, vgl. V. 3298.

3273 *ein Schuhu:* Uhu, größte Eule, sitzt tagsüber unbeweglich und wird davon, wie Mephistopheles warnt, steif (»versitzen«).

3286 *Alle sechs Tagewerk:* Gottes Werke der sechs Schöpfungstage; Mephistopheles bestätigt ironisch, dass Faust in seinem »innern Selbst« genießt, was der Menschheit als Mikrokosmos »zugeteilt ist« (V. 1770 f.) und was er im Zauberspiegel gesehen hat (V. 2441).

3291 *Intuition:* innere Schau. Auch sie ist in Mephistos Iro-

nie nur Selbsttäuschung (vgl. V. 3298) wie die Selbstbe-
friedigung, die er mit seiner Gebärde andeutet.

3300 *abgetrieben:* ermüdet, entkräftet.

3312 *Ließ' es ... gut:* würde es ... anstehen, wäre es ange-
bracht.

3313 *affenjunge Blut:* kindlich unselbstständig – Mephistopheles macht Faust auf seine moralische Verantwortung
als Kinderverderber genüsslich aufmerksam. Als »Blut«
ist Gretchen Teil der Satansherrschaft.

3334 *den Leib des Herrn:* die Oblate beim Heiligen
Abendmahl.

3337 *Zwillingspaar ... weidet:* »Deine zwei Brüste sind wie
zwei junge Rehzwillinge, die unter den Rosen weiden«
(Hld. 4,5).

3339–41 *Der Gott ... Gelegenheit zu machen:* Kuppelei als
»Beruf« Gottes im Paradies, verbunden mit Aufforderung zur Unzucht, 1. Mose 1,28, nach Mephistos läster-
licher Interpretation.

3346 *Lass mich:* jedesmal, wenn ...

3348–51 *der Flüchtling ... Abgrund zu:* Entlastungsrheto-
rik; keiner der Ausdrücke seiner Selbstbeschreibung trifft
zu, macht aber aus der bevorstehenden Verführung Gretchens ein Naturereignis, für das Faust nicht verantwortlich gemacht werden kann.

3355 *in der kleinen Welt:* genauso verlogen das von Margarete gezeichnete Bild; »kleine Welt« erinnert an die erste
Station seines »Durchschmarutzens« (V. 2052–54).

3359 *zu Trümmern schlug:* Bezug auf V. 1607–14.

3371 *so ziemlich eingeteufelt:* Mephistopheles notiert seine
Fortschritte im Sinne von V. 314.

Gretchens Stube

Wird Margarete ein Gretchen?

Entstehung im Kontext von *Straße I*, ›Arie‹ in Anlehnung an Goethes seit 1773 entworfene Singspiele. – Der aus »Margarete« entstandene Name »Gretchen«, »Gretlein«, »Grete« wird seit dem späten Mittelalter auch als Bezeichnung für ein ›leichtes Mädchen‹ verwendet (analog heute »Mieze«, »Mizzi« aus »Maria«). Goethe verwendet von jetzt an außer in *Marthens Garten* und *Kerker* den Regienamen »Gretchen« und schockiert auch gleich das Publikum durch den für damalige Zeiten unerhört direkten Ausdruck weiblichen Begehrens. Scheinheilig kommt er jedem Protest zuvor, indem er durchgängig unüberhörbar das *Hohelied Salomonis* zitiert, die Liebesdichtung aus dem Alten Testament, die seit jeher religiös umgedeutet wird. Deshalb behält auch das Drama Gretchens eine starke religiöse Sinndimension: hinter dem Gretchen, wie sie nach V. 3363 im Blick Fausts erscheint, bleibt Margarete, wird sich in ihrem Leid ihrer selbst immer sicherer und schickt Faust schließlich weg.

BA vor 3374 *Stube ... allein:* In der Stube, dem einzigen heizbaren Raum alter Häuser, traf man sich bei Licht und Wärme gesellig nach Feierabend. Das Spinnen war in diesem Fall nicht Arbeit, sondern leichte begleitende Tätigkeit. Dass Gretchen allein spinnt, zeigt ihre beginnende gesellschaftliche Isolierung und ihr Bedürfnis, sich durch die gleichmäßige Tätigkeit vom Körper her zu beruhigen.

3381 *vergällt:* durch Galle bitter gemacht.

3384 f. *Sinn / Ist mir zerstückt:* die sinnliche Wahrnehmung der Welt ist nur noch bruchstückhaft.

3413 *Vergehen sollt:* ich würde/müsste ... sterben.

Marthens Garten

Gretchenfrage? Margaretes Fragen!

Entstehung im Kontext von *Straße I*, hier wohl aber relativ spät (frühestens Herbst 1774). »Wie hast du's mit der Religion?« wäre als ›Gretchenfrage‹ nicht viel mehr als ein Versuch, Faust zur Heirat zu bewegen; das unterstellt Mephistopheles auch (V. 3527, 3535). Faust versteht, dass sie in ihrer uneigennützigen Liebe die Seele des Ungläubigen retten will; er begreift aber nicht, dass sie ihren Körper in eine neue Form ganzheitlicher Religiosität einzubeziehen beginnt und damit ihre Liebe ganz heiligt. Er begreift nicht, weil er auch mit seinen religiösen Äußerungen nur das Ziel verfolgt, mit ihr zu schlafen. – Außer V. 3432–58, wo Goethe den hymnischen reimlosen Stil seiner Frankfurter Oden benutzt, Madrigalverse.

3414 *Heinrich:* Der Vorname des historischen Faust war wohl »Georg«, der des literarischen »Johann«. Für »Heinrich« gibt es als Anhaltspunkte u. a. den Magier Heinrich Cornelius Agrippa von Nettesheim (1486–1535), von dem Goethe viele Lehren und Züge (auch den schwarzen Hund) für Faust verwendet hat, oder Goethes Freund Johann Heinrich Merck (1741–91), den Goethe in *Dichtung und Wahrheit* (HA 9, S. 506) wie Mephistopheles als »Schalk« bezeichnet und der im Freundeskreis auch »Mephistopheles Merck« hieß – von jetzt an handelt Faust mephistophelisch an Margarete.

3419 *ließ' ich:* würde ich lassen, drangeben.

3422 *wenn ich etwas auf dich könnte:* wenn ich Einfluss auf dich hätte, wenn du dir von mir etwas sagen ließest.

3423 *die heil'gen Sakramente:* Von den sieben Sakramenten der katholischen Kirche – Taufe, Firmung, Eucharistie, Buß-Sakrament, Krankensalbung, Priesterweihe, Ehe –

nennt sie Messe mit Eucharistie sowie Beichte mit Buß-Sakrament (V. 3425).

3431 *Misshör mich nicht, du holdes Angesicht!:* missverstehe mich nicht in dem, was du von mir hörst (Neubildung Goethes); dass er sie als »Angesicht« anredet, bezeichnet wie das Hören noch einmal eine Oberfläche: er will sich nicht mit ihr auf ein tiefgehendes Gespräch einlassen.

3435–37 *Wer empfinden ... nicht?:* Konstruktion: wer, der empfindet, darf sich unterwinden (sich trauen) zu sagen: ...! Gottesbeweis aus dem Gefühl, z. B. nach Rousseau.

3464f. *Sprache ... der meinen:* Widerspruch zu V. 3455f.

3480 *ein heimlich Grauen:* Margarete bestätigt in der ganzen Passage ihre Fähigkeit, Wirkungskreise (vgl. Anm. zu V. 484) mit ihrem Körper zu erfühlen (vgl. schon V. 2753–57) und das Wesen einer Person an den Gesichtszügen (»physiognomisch«) zu erfassen (vgl. schon V. 2682). Ihre Äußerungen V. 3469–99 beschreiben die Symptome, die die Anwesenheit des Mephistopheles in ihr erzeugt. Damit wird ihr Körper zum zuverlässigen Instrument und Träger einer Religiosität, in der die entscheidenden Kriterien und Normen nicht Lehren und Verhaltensregeln sind, sondern Wärme, Liebe, Hingabe, Teilnahme, Bejahung des Lebendigen.

3481 *einen Schelm:* einen Bösen.

3508 *betroffen:* angetroffen, erwischt.

3516 *Würd ich ... raten?:* Es ist nicht auszumachen, ob die Mutter stirbt, weil vielleicht Mephistopheles Gift besorgt hat, weil vielleicht Faust sogar weiß, dass es Gift ist, weil Margarete vielleicht mehr als die vorgeschriebenen drei Tropfen gegeben hat.

3521 *Grasaff:* zu Goethes Zeit im Elsass und in Frankfurt gebräuchlicher Ausdruck für ›naseweises und unreifes Mädchen‹.

3523 *katechisiert:* nach einem Abfragebuch (»Katechismus«) auf Glaubensfestigkeit geprüft.

3527 *duckt er:* unterwirft er sich.

3533 *verloren halten:* für verdammt halten.

3534 *übersinnlicher, sinnlicher:* vgl. V. 2751 und Anm.

3536 *Spottgeburt von Dreck und Feuer:* groteske Mischung aus Erddämon und Höllengeist, vgl. Anm. zu V. 1257.

3537 *Physiognomie:* eigentlich: Physiognomik, Lehre von der Ablesbarkeit des Wesens und Charakters aus der körperlichen Erscheinung, insbesondere der Gesichtsbildung. Das Lob Mephistos ist ironisch, weil Margarete nur eines seiner »Mäskchen« gelesen hat.

3540 *Genie:* hier so viel wie: exzentrische Person.

Am Brunnen

Liebe Sünde

Entstehung im Kontext von *Straße I*; der reine Knittelvers deutet auf die Zeit 1773/74. – Früher hat Gretchen mit ihren Freundinnen kräftig mitgelästert, wenn eine außereheliche Geschlechtsverkehr hatte. Jetzt gilt der Vorwurf der Sünde auch ihr. Aber Margarete mit ihrer neuen ganzheitlichen Religion weiß: was sie dazu getrieben hat, »war so gut! ach war so lieb!«.

BA vor 3544   *mit Krügen:* Im Zeitalter ohne Wasserleitung musste das gesamte Trink- und Haushaltswasser in Krügen und Eimern vom Brunnen geholt werden.

3547 *sich ... betört:* sich zum Narren gemacht, sich verführen lassen.

3556 *Kurtesiert' ihr:* machte ihr den Hof, umschmeichelte sie.

3561 *das Blümchen:* die Jungfräulichkeit.

3568 *sich ducken:* sich klein machen, den Kopf senken.

3569 *Im Sünderhemdchen Kirchbuß tun:* öffentliche Anprangerung außerehelichen Geschlechtsverkehrs, vor allem bei sichtbaren Folgen bei der Frau. Seit dem Mittelalter fast nur in protestantischen Ländern praktiziert; Ziel war Abschreckung, Strafe, völliger Ehrverlust: deshalb die vielen Kindstötungen. Im 18. Jh. zwischen Emanzipation des Individuums und obrigkeitlicher Regelungssucht wieder stark diskutiert; in Sachsen war sie außer Gebrauch gekommen und wurde trotz Antrag zur Wiedereinführung nicht wieder aufgenommen; Preußen schaffte sie 1746 ab; Goethe konnte sie in Sachsen-Weimar erst 1786 beseitigen.

3572 *Luft genung:* genügend Freiraum zur Selbstverwirklichung.

3574–76 *Kriegt sie ihn … vor die Tür!:* wenn er trotz seiner Flucht zur Heirat mit ihr gebracht oder gezwungen werden kann, wird die nicht mehr jungfräuliche Braut von den Altersgenossen verhöhnt, indem der Brautkranz zerrissen und statt Blumen Häcksel vor ihre Tür gestreut wird. Diese Bräuche waren gängig.

3577 *tapfer schmälen:* erbarmungslos herziehen über andere, Übles reden. Gretchen war Teil dieser repressiven Kultur.

3583 *segnet' mich:* hielt selbstgerecht mich und meinen Lebenswandel für gut; nach 5. Mose 29,19.

3584 *der Sünde bloß:* dem Vorwurf der Sünde wehrlos ausgesetzt (Ausdruck aus der Fechtersprache: ohne Waffe dastehen): Margarete hält hier ein neues Normbewusstsein (vgl. Anm. zu V. 3480) gegen diejenigen, die die Normen der Gesellschaft ihr entgegenhalten, wie sie es selbst früher getan hat. »Sünde« stellt sie jetzt in Anführungszeichen; was gilt, formuliert sie in V. 3585 f.

Zwinger

Angst und Anspruch

Entstanden im Kontext von *Straße I*, wegen der Kenntnis der Sequenz *Stabat mater* wohl erst 1774/75 (Kontakt zu dem katholischen Geistlichen Dumeiz in Frankfurt). Gretchen fürchtet wegen ihrer Schwangerschaft öffentliche Entehrung und vermutlich wegen des Todes der Mutter die Todesstrafe. In ihrer Angst wendet sie sich an die Muttergottes als Nothelferin, aber in deren Gestalt als schmerzensreiche Mutter (*mater dolorosa*), und sucht deren Blick vom Christus am Kreuz weg auf sich zu lenken. – Singspiel-Arie unter Verwendung von Anspielungen auf die mittelalterliche Sequenz *Stabat mater dolorosa* des Jacopone da Todi (gest. 1306).

BA vor 3587 *Zwinger ... Mater dolorosa:* »Zwinger« heißt ein enger (schon das Kind Goethe ängstigender) Gang zwischen den letzten Häusern und der Stadtmauer oder zwischen äußerer und innerer Stadtmauer. »Mater dolorosa« ist ein Andachtsbild der unter dem Kreuz stehenden Muttergottes, die Brust oft mit einem Schwert durchbohrt, wie es die Sequenz *Stabat mater* vorgibt. In der Sequenz bittet der Sprecher, nur ja so intensiv wie möglich am Leid Marias teilhaben zu können. Gretchen will umgekehrt, dass Maria ihren Blick und ihre Gnade »meiner Not« zuwendet.

3588 *Schmerzenreiche:* wörtliche Bedeutung von »dolorosa« (*Stabat mater*, V. 1).

3590 *Das Schwert im Herzen:* »Cuius animam ... pertransivit gladius« (ebd., V. 4–6).

3597–3600 *Wie wühlet ... zittert:* »Quae maerebat et dolebat / Et tremebat« (ebd., V. 10 f.).

3608 *Scherben:* Blumentöpfe.

3616 *Hilf! rette mich von Schmach und Tod!:* »Fac me
cruce custodiri« (ebd., V. 55), lass mich durch das Kreuz
gerettet/bewacht werden. Der Unterschied der Haltungen (retten von / retten durch) ist deutlich.

Nacht. Straße vor Gretchens Türe

Keine Chance

Der *Urfaust* hat die Rede Valentins und den Dialog Faust/
Mephistopheles bis V. 3658 (im *Fragment* keine Entsprechung der Szene); der Tod Valentins war schon im *Urfaust*
vorgesehen, wurde aber erst 1806 geschrieben. Gretchens
Bruder, nach dem Tod der Mutter für sie verantwortlich,
passt Faust und Mephistopheles auf dem Weg zu einem Besuch bei Gretchen ab, verwickelt beide in ein Gefecht und
hat gegen den Teufel keine Chance; Faust ersticht ihn. Ster-
bend verflucht und beschimpft er Gretchen als Hure in aller
Öffentlichkeit. Nun hat auch sie keine Chance mehr. –
Weitgehend Knittelvers; Faust und Mephistopheles reden
in Madrigalversen.

BA vor 3620   *VALENTIN:* Den Namen entlehnte Goethe
wohl schon im *Urfaust* dem Liedchen Ophelias (»Tomor-
row is Saint Valentine's day«) in Shakespeares *Hamlet*
IV,5, das Mephistopheles für die erste Strophe seines
»moralisch Lied« (V. 3682–97) benutzt.
3622 *den Flor:* die Blüte, Schönheit.
3624 *das Lob verschwemmt:* Jedes Lob wird mit einem
Trunk bekräftigt.
3627 *Schwadronieren:* Prahlerei.
3636 *die Zier:* das Schmuckstück.

3642 *ein böser Schuldner:* einer, der nicht zahlen kann und sich alle Vorwürfe und Beschimpfungen anhören muss.

3644 *zusammenschmeißen:* zusammenschlagen.

3651 *flämmert:* ein schwaches, schwankendes Licht wirft. Vgl. dagegen die entgegengesetzte Situation V. 1194–97.

3655 *dem Kätzlein schmächtig:* dem schmächtigen Kätzlein – vom vielen Singen und Kämpfen sind die Kater in der Brunstzeit abgezehrt. Oder: dem schmachtenden, nach Liebe hungrigen Kater.

3661 f. *Walpurgisnacht ... übermorgen:* Da die Szene *Dom* den Tod der Mutter voraussetzt (V. 3787 f.) und vor *Walpurgisnacht* gestellt ist, muss angenommen werden, dass die Mutter zumindest zum Zeitpunkt der Szene *Nacht. Straße vor Gretchens Tür* schon tot ist. Valentin ist damit juristisch für das minderjährige Gretchen voll verantwortlich, und Faust verkehrt mir ihr, beschenkt sie noch nach dem durch beide verschuldeten Tod der Mutter. Datum der Walpurgisnacht ist der 30. April; der Tag der Hl. Walpurga, die vor Hexenkünsten schützt, der 1. Mai.

3669 *Löwentaler:* auch Joachimstaler, eine zwischen 1518 und 1528 geprägte Silbermünze mit Löwenwappen.

3671 *Buhle:* vgl. V. 2761 und Anm.

3677 *Umsonst:* Mephistopheles deutet als Bezahlung, was Faust Geschenk nennt.

3681 *gewisser zu betören:* Verführt zu werden braucht Gretchen nicht mehr, man kann sich aber denken, dass sie Skrupel hat, Faust nach dem Tod der Mutter noch einzulassen. Sie wird es tun, weil Mephisto mit dem warnenden Lied sadistisch darauf aufmerksam macht, dass sie Faust zur Heirat veranlassen müsste.

3692 *Dann gute Nacht:* dann ist es zu spät, vgl. V. 3571 f.

3699 *Vermaledeiter:* verfluchter (von lat. *maledicere,* verfluchen).

3706 *Flederwisch:* ironisch für den leichten Stoßdegen; Valentin wird einen Haudegen oder Säbel benutzen (V. 3703).

3707 *pariere:* wehre die Schläge/Stöße ab.

3715 *Blutbann:* Bei Kapitalverbrechen wurde im Namen Gottes die Schuld so lange der ganzen Gemeinde gegeben, bis der Schuldige hingerichtet war (vgl. *Trüber Tag. Feld*). Die das Unheil beschwörenden priesterlichen Formeln vertreiben auch den Teufel.

3731 *So sei's auch eben recht:* wenn schon, dann wenigstens richtig.

3746 *bloß:* unverhüllt.

3752 *angesteckten Leichen:* Leiche eines an einer ansteckenden Krankheit Gestorbenen.

3753 *Metze:* ursprünglich Kosename für »Mechthild«, dann abwertend für ›leichtes Mädchen, Dirne, Hure‹ (parallele Entwicklung bei »Gretchen«).

3756 *keine goldne Kette:* Das war z. B. in Frankfurt den Dirnen verboten.

Dom

Luft? Licht?

Entstanden im Kontext von *Straße I*, wohl 1774/75. Während der Totenmesse für ihre Mutter und ihren Bruder gerät Gretchen in Panik: An beiden Toden trägt sie Schuld oder Mitschuld, ihre Schwangerschaft wird sich bald zeigen. Von der Kirche erwartet sie nur noch Strafe und den Zorn Gottes, an der Gnade verzweifelt sie – das zeigt sich daran, dass sie nur die angstmachenden Strophen der Totensequenz hört (und der Leser/Zuschauer hört nur, was sie hört). Der böse Geist, Produkt ihrer Phantasie, treibt sie immer weiter in die Verzweiflung. Ihr Körper blockiert: Ohnmacht. – Neben den gesungenen lateinischen Hymnenversen verwenden Gretchen und der böse Geist prosaische Verse (vgl. Goethes Frankfurter Oden).

BA vor 3776   *Amt:* Totenmesse für die Mutter, die an dem
Schlafmittel (oder Gift) gestorben ist (V. 3788), und wahr-
scheinlich auch schon den am Abend zuvor erstochenen
Bruder (V. 3789).

3779   *vergriffnen:* vom vielen Blättern abgegriffenen.

3788   *langen, langen Pein:* Strafe in Hölle oder Fegefeuer.

3797   *Wider mich:* meist erklärt als: gegen meinen Willen.

3798 f.   *Dies irae ... in favilla:* Beginn der Sequenz zur Totenmesse, die Thomas von Celano (1190–1260) zugeschrieben wird: »Tag des Zorns, jener Tag wird das Zeit-
liche in Asche zerstäuben.«

3800–07   *Grimm fasst dich! ... Bebt auf!:* Eigentlich sollte
der Chor seinen Text weitersingen, aber Gretchen hört
nicht mehr zu (wir bekommen nichts mehr davon zu lesen oder zu hören): der Geist fasst den Inhalt der folgenden Strophen zusammen und greift schon weiter voraus
– Gretchen, die zu sich als böser Geist spricht, kennt den
Inhalt und wählt das Schlimmste davon aus. – »Wieder
aufgeschaffen« ist ›wieder belebt‹ (aus der Asche, in die es
zuvor verbrannt war).

3810   *versetzte:* wegnehmen, unmöglich machen würde.

3812   *löste:* auflösen, die Festigkeit nehmen würde.

3813–15   *Judex ... remanebit:* »Wenn der Richter dann zu
Gericht sitzen wird, wird das Verborgene offenbar werden und nichts ungerächt bleiben« (*Dies irae,* V. 16–18).

3818   *Befangen mich:* nehmen mich gefangen, schließen
mich ein.

3821   *Verbirg dich!:* versuch es doch, dich zu verbergen!

3825–27   *Quid sum ... securus:* »Was werde ich Elender
dann sagen, welchen Schutzheiligen anflehen, wenn kaum
der Gerechte Selbstvertrauen hat?« Die Wiederholung
V. 3833 ist in der Sequenz nicht vorgesehen, vielmehr geht
die Sequenz nach der eben gesungenen Strophe in die
Hoffnung auf göttliche Gnade über: Gretchen erfährt die
Kirche nicht als rettende, nur noch als strafende Einrich-
tung. Gerettet wird sie in diesem entscheidenden Augen-

blick der drohenden Verzweiflung durch ihren Körper,
der sich verselbstständigt (wie bei den Reaktionen auf
Mephistopheles V. 3469–99) und ohnmächtig wird.
3834 *Fläschchen:* kleines Gefäß mit scharfem Riechsalz, das
jemand wieder aus der Ohnmacht aufweckte. Die Da-
menmode des 18. Jh.s mit Wespentaillen und Schnürlei-
bern bedingte Sauerstoffmangel bei Anstrengung oder
Aufregung.

Walpurgisnacht

Umstrukturierung der Hölle fällig

Entstanden erst in der 3. Arbeitsphase im Zuge der Einführung des Mephistopheles in das ›Gelehrtendrama‹ (*Vor dem
Tor* bis *Studierzimmer II*) und in den *Prolog im Himmel* –
die *Walpurgisnacht* ist eine Art ›Epilog in der Hölle‹, allerdings in einer vorläufigen, nur durch den alten Blocksberg
den echten Höllenberg des 4. Akts (vgl. V. 10072) ankündi-
genden Hölle. Anzeichen für die Konzeption verdichten
sich 1799, geschrieben ist die Szene wohl Ende 1800 bis Februar 1801, wo Goethe sich eine Menge Hexenliteratur aus-
lieh. So ist die Szene auch eine alte Radierung nach Michael
Herr 1626 (Abb. 9), in deren »Traum- und Zaubersphäre«
(V. 3871) Faust und Mephistopheles hineinwandern und in
deren wüsten Szenen, die sich verwirrend und verlockend
beleben, Mephistopheles den Generalangriff auf Faust
durchführt: eine zweite Verführung Adams soll mit ihm
durchgespielt werden, der Tanz mit der jungen Hexe hätte
ihn beinahe verführt, sich zu vergessen (vgl. V. 4114) und
damit seine Wette zu verlieren. Das hätte dann auch Sieg
Mephistos über den Herrn des *Prologs im Himmel* bedeutet, einen Sieg des Satansreichs, das sich auf dem Blocksberg

»zum letzten Mal« (V. 4093) in der altüberlieferten Weise
zeigt. Faust wird aber durch Proktophantasmist, rote Maus
und Gretchen-Idol im letzten Moment wieder zu sich gebracht, Mephistos Plan mit der Verführung des neuen
Adam geht schief.

Wenn nun Faust als Wettgegenstand zwischen Herr und
Satan nicht mit den alten Mitteln zu fangen ist, muss die
Hölle sich modernisieren. Der Prozess ist schon seit *Hexenküche* im Gang, wo Mephistopheles als Kapitalist und
Finanzminister von der »Kultur ... beleckt« (V. 2495) auf-
trat. In *Walpurgisnacht* ist der Blocksberg als ganzer schon
der Palast des Mammon (V. 3933), der vom Grund der
Hölle hochgestiegen ist. Dieser Konkurrent Satans (laut
John Miltons *Paradise Lost*, an das Goethe sich hier an-
schließt) operiert mit »Gold« als der höllischen Ordnungs-
macht, während Satan vorrangig auf »Blut« als Verführung
durch Sexualität und insgesamt durch die Triebnatur des
Menschen spezialisiert war. Gold beherrscht dann vom
1. Akt an den Zweiten Teil. So hat die Szene wahrhaft
Schlüsselbedeutung. – Die Szene wurde als »Hexenoper«
(A. Schöne, FA 7,2, S. 342) bezeichnet; sie steht durch den
alle Sinne bis zum Ekel reizenden und angreifenden Charakter und die schrille Musik (V. 4051) der Kleinoper des
Prologs im Himmel komplementär gegenüber. Wie dort der
Störfaktor Mephistopheles auftritt, so hier das Gretchen-
Idol. Fragmente weiterer Satanszenen (s. FD 1, S. 624–631)
wurden nicht ausgeführt.

BA vor 3835 *Walpurgisnacht ... Elend:* In der Nacht vor
    dem Tag der Hl. Walpurga, der Schützerin vor Hexen
    und Zauberei, am 1. Mai, fliegen die Hexen und Hexen-
    meister auf Besen, Ofengabeln, Böcken traditionell zum
    großen Hexensabbat und zur Satanshuldigung auf den
    Blocksberg (Brocken) im Harz. Die Gegend zwischen
    den Dörfern Elend und Schierke liegt südlich vom Bro-
    cken-Gipfel auf dem Anstieg.

Abb. 9 Matthäus Merian d. Ä.: Flugblatt »Zauberey«, 1626
Radierung nach Michael Herr
Szenenbild zu *Walpurgisnacht* (linke Bildhälfte)
und *Walpurgisnachtstraum* (rechte Bildhälfte)

3855 *Irrlicht:* vermutlich Sumpfgas-Flämmchen über Sümpfen und Mooren. Vgl. V. 4375 f.

3857 *fodern:* um 1800 noch gebräuchliche Nebenform zu »fordern«.

3871 *Traum- und Zaubersphäre:* Hinweis auf die doppelte Interpretierbarkeit des folgenden Geschehens als subjektive, auf zu viel »Blut« zurückzuführende Phantasterei und Halluzination (vgl. V. 4144–75 und Anm.) und zugleich als traditionell mythische Erscheinung des Reichs des Bösen, das durch Zauberei sicht- und erfahrbar wird. Ebenso muss man sich Faust mit einer Lupe die Radierung Abb. 9 betrachtend und sich zugleich hineinprojizierend vorstellen, wobei die alte Magie den Faust, der sich im Bild befindet, dreidimensional, mit allen Sinnenreizen überschwemmt. Es ist veraltete Magie, denn die alten Herrn V. 4072–95 und der Proktophantasmist gehören in die Zeit um 1800, ebenso Faust und Mephistopheles, denn sie kennen die lächerliche Geschichte des Proktophantasmisten; so ist Mephistos Ruf nach »Neuigkeiten« (V. 4112 f.) und Rede vom Ende (V. 4092–95) Hinweis auf eine Modernisierung des »Bösen« (vgl. V. 2509). – Die Trio-Besetzung der Sänger entspricht der Besetzung Faust/Mephistopheles/Homunkulus, die in die »Traum- und Zaubersphäre« der *Klassischen Walpurgisnacht* eindringt (V. 7040–79).

3880 *schnarchen:* »Schnarcher« heißen zwei Felsen zwischen Elend und Schierke, vgl. V. 7682. Der Wind erzeugt an den Granitklippen Geräusche.

3898 *Masern:* Baum- und Wurzelknorren.

3903 *Funkenwürmer:* Glühwürmchen, Leuchtkäfer.

3905 *Geleite:* Begleitung.

3912 *Zipfel:* Rock-, Mantelende.

3915 *Mammon:* hier noch im ursprünglichen Sinn des aramäischen Worts *mammon:* Reichtum, Besitz, Habe.

3916–31 *Wie seltsam glimmert ... Felsenwand:* In dieser Beschreibung Fausts ist bergmännisches Fachvokabular

verwendet: »glimmert« wohl nach »Glimmer«, einem im
Granit häufigen Mineral mit Perlmuttglanz, »wittert«
nach »Witterung« oder »Wetter« für austretende Gase
oder Dämpfe, »Schwaden« für giftige Gase; »Strecke« bedeutet hier nicht den in den Berg getriebenen Stollen,
sondern die von oben am rötlichen Schein sichtbare Er-
streckung einer Metall-»Ader« (ein Phänomen, über das
schon Paracelsus berichtet).

3933 *Herr Mammon prächtig den Palast:* Mt. 6,24 wird
Mammon als Herr, dem man nicht neben Gott dienen
kann, personifiziert und wird im Mittelalter zum Höllenfürsten befördert. Bei John Milton, *Paradise Lost* I,670–
730 lässt er dem Satan in der Hölle einen Palast aus purem
Gold gießen, in dem eine Beratung über das Vorgehen der
Hölle gegen den Himmel stattfindet (Book II). Man kann
Goethes *Faust* als Weiterschreibung Miltons betrachten:
nachdem Satan mit der Verführung der Menschen im
Paradies erfolgreich war und es jetzt mit Faust vergeblich noch einmal versucht (BA nach V. 4175), probiert
die Hölle die Strategie Mammons aus, der schon bei Milton gegen Satan, den Trieb-Verführer, und Moloch, den
Zerstörer (V. 10109), die Herrschaft über die Welt durch
Frieden und Geld verfochten hatte und der nun offenbar
zum Zuge kommen soll, wie der Zweite Teil belegt.

3936 *Windsbraut:* nach einer märkischen Sage ein Edelfräu-
lein, das als Wirbelwind ihr Unwesen treiben muss und
oft mit dem »Wilden Jäger« und seinem Heer auftritt.
Wovor er in *Wald und Höhle* floh (V. 3228–32), das erlebt
Faust jetzt in vollem Ausmaß.

3959 *Herr Urian:* Teufelname; vielleicht identifizierte Goethe auf der Radierung Abb. 9 die auf dem Berggipfel sit-
zende Musikantengestalt als den Teufel.

3961 *Es f–t die Hexe, es st–t der Bock:* Über die Auslassungen (sowohl im Erstdruck des *Faust* von 1808 als auch in
der hier zugrundegelegten Ausgabe letzter Hand von
1828) gibt Goethes Handschrift Auskunft: *farzt, stinkt.*

3962 *Die alte Baubo:* unzüchtige Alte aus der griechischen
Mythologie, gewissermaßen die Delegation aus der Klassischen in die Nordische Walpurgisnacht, so wie umgekehrt Mephistopheles dort.

3968 *Ilsenstein:* nordöstlich des Brockens.

3985 *Mit einem Sprunge:* obszöne Nebenbedeutung.

4008 *Die Salbe:* sog. Hexensalbe, aus halluzinierenden
Drogen hergestellt, vermittelt die Eindrücke des Fliegens,
der wilden Tanzbewegung, der sexuellen Ausschwei-
fung.

4016 *ruscht:* rauscht, macht Geräusche.

4023 *Junker Voland:* nach mhd. *vâlant*, Teufel.

4033 *hieselbst:* gerade hier (vgl. den Ausdruck »daselbst«).

4045 *kleine Welten:* Mikrokosmen, d. h. Kinder. Während
Faust auf Erkenntnis drängt (V. 4040), möchte ihn Mephistopheles in die Fänge einer Hexe bringen.

4063 f. *Galatag ... Knieband:* am offiziellen Festtag des
Hofes, wo man in Festkleidung mit Orden und Aus-
zeichnungen zu erscheinen hat; das Knieband ist der
»Hosenbandorden«, höchster britischer Orden.

4067 f. *tastenden Gesicht ... abgerochen:* In den Fühlhör-
nern z. B. der Weinbergschnecke sind licht-, berührungs-
und geruchsempfindliche Sensorien. Die Schnecke, die
wahrscheinlich ihre Fühlhörner bei der Berührung mit
Mephistopheles einzieht, reagiert wie Margarete mit ihrem Körper (V. 3469–99) und hat damit exakte Erkenntnis des Bösen, während der intellektuelle Zugriff von
Rätsel zu Rätsel weitergeschickt wird (V. 4040 f.).

4074 *umzirkt:* umgeben.

4084 *PARVENU:* Emporkömmling noch des Ancien Régime, der wie die übrigen abgehalfterten Größen die
die Welt »um und um« kehrende Revolution (V. 4086) bedauert.

4114 *nur nicht selbst vergesse:* Das darf Faust seit der Wette
keinesfalls.

4115 *Messe:* die in der engen Frankfurter Innenstadt abgehaltene Messe zeichnete sich durch Lärm, Gedränge, vielfältiges Angebot, Zerstreuung und Ablenkungen aus. Nicht zu übersehen ist auch der rituelle Aspekt der Veranstaltungen auf dem Blocksberg.

4119 *Lilith:* Die doppelte Erschaffung der Frau 1. Mose 1,27 und 1. Mose 2,22 gab in der jüdischen Bibelinterpretation Anlass zu Spekulationen über die von Jesaja 34,14 im hebräischen Text genannte Dämonin Lilith, eine männer- und kindermordende Verführerin. Auf Herrs/Merians Radierung Abb. 9 vielleicht die nackte Figur im Zentrum.

4125 *gesprungen:* getanzt.

4129 *einen Apfelbaum:* Doppelanspielung auf den Baum der Erkenntnis 1. Mose 3,1–7 und auf Hld. 7,9; zugleich werden dadurch die Versuchung durch die Schlange und die Erkenntnis des Bösen und Guten als Entdeckung der Sexualität interpretiert.

4136 *Einst hatt ... nicht scheut:* Über die Auslassungen (wie in V. 3961, s. Anm.) gibt Goethe handschriftlich Auskunft: *ungeheures Loch – groß – rechten Pfropf – das große Loch.* – In *Hexenküche* hatte Mephistopheles sich als Kavalier (»Ritter«) bezeichnet und der Hexe Wunscherfüllung in der Walpurgisnacht versprochen (V. 2511, 2590).

4144 *PROKTOPHANTASMIST:* eigentlich: Broktophantasmist, wörtl. ›derjenige, der mit dem Hintern phantasiert‹. Der Altaufklärer Friedrich Nicolai (1733–1811), der zeitlebens Gespensterglauben, Schwärmerei und Phantastik bekämpft hatte, wurde 1791 von Halluzinationen geplagt und kurierte sich dadurch, dass er »Blutegel sich an seinem Steiß« (V. 4174) vollsaugen ließ und die Gespenster damit auf ein Übermaß an Blut zurückführte. Die Heilmethode publizierte er 1799 und erregte damit allseitiges Gelächter. Das Ankämpfen des Proktophantasmisten gegen die Hexen und Dämonen, die dennoch da sind, unterstützt die psychologische Interpretation des ganzen

Geschehens (vgl. Anm. zu V. 3871) und entfernt Faust durch Nachdenken von Mephistos Plan.

4150 *schätzen:* beurteilen, kritisieren.

4153–55 *vorwärts gehn ... Mühle:* Die Aufklärung dreht sich nur noch im Kreis, während die Hölle, das Hexen- und Gespensterwesen (zu dem Faust sich hier zählt) Fortschritte machen.

4161 *dennoch spukt's in Tegel:* Ein Schabernack in einem Haus in Berlin-Tegel, der 1797 gespielt wurde und rasch aufgeklärt war, wurde von Nicolai trotzdem als Gespenster-Erscheinung besprochen.

4164 *ennuyieren:* stören, auf die Nerven gehen.

4167 *kann ihn nicht exerzieren:* Nicolais Geist exerziert alles, führt alles mit preußischem Soldatendrill durch; das gelingt ihm nicht bei den Geistern, die seinen Geist durch ihre faktische Anwesenheit beherrschen.

4169 *eine Reise:* Nicolai veröffentlichte seine Eindrücke und Ansichten in zahlreichen Reiseberichten.

4173 *sich soulagiert:* sich erleichtert.

4179 *rotes Mäuschen:* Motiv aus der Hexenliteratur, die Goethe für *Walpurgisnacht* studierte. Die Körperreaktion des Ekels trägt wie bei Margarete zum ersten Mal zu Fausts Rettung vor dem vollständigen Sieg Mephistos bei.

4183 *Mephisto:* einzige Nennung des Namens im gesamten *Faust*-Text, dazu noch in verkürzter Form: nur im Traum kennt er ihn.

4186 *mit geschlossnen Füßen:* durch Ketten verbundenen Füßen.

4190 *Idol:* Trugbild, auch von Schattenbildern der Toten in der griechischen Unterwelt gesagt. In seinem Traum antizipiert Faust also Gretchens Erscheinung als Tote, eine Projektion seines Gewissens, die dann in der Tat sein »Blut« erstarren lässt.

4194 *Meduse:* in der griechischen Mythologie eine der drei Gorgonen, Schwestern der Phorkyaden des Zweiten Teils

(V. 7967). Ursprünglich sehr schön, war sie von Athene
aus Zorn über die Befleckung ihres Tempels in ein geflü-
geltes Ungeheuer mit Schlangenhaar, glühenden Augen,
gefletschten Zähnen und herausgestreckter Zunge verwandelt worden und ließ jeden Betrachter zu Stein erstarren. Perseus tötete sie, ihr Haupt wurde an Athenes
Schild genagelt und hatte weiterhin die versteinernde
Wirkung.

4200 *sein Liebchen:* Mephistopheles war im Himmel, der
auf Liebe gegründet war (V. 347), der liebelose Störfaktor;
das Idol, das in jedem, der jemals geliebt hat, die Erinnerung an seine Liebe weckt, ist der himmlische Störfaktor
in der Hölle. Nicht eigentlich Margarete, sondern Faust,
durch seine erinnernd-antizipatorische Projektion Margaretes auf das Idol, rettet sich selbst.

4211 *Prater:* Vergnügungspark in Wien, seit 1766.

4212 *mir's nicht angetan:* mich nicht behext.

4214 *SERVIBILIS:* dienstbarer Geist.

4217 *Dilettant:* Liebhaber, der zwar Wohlgemeintes, aber
künstlerisch Unvollkommenes produziert. Goethes Zorn
auf die Dilettanten bezog sich darauf, dass sie ein Werk
nicht richtig anfangen und nicht fertig werden und dass
sie das Schwerste versuchen und ihre Kräfte nicht einschätzen können. Da Goethe das folgende Dilettantenstück geschrieben hat, bezieht er die zwei Kritikpunkte
auch auf sich selbst, und: das folgende, zwar künstlerisch
erbärmliche, Stück ist »das Schwerste«, mithin jedenfalls
etwas sehr Ernstzunehmendes.

Walpurgisnachtstraum

»Verfluchte Dilettanten!«

Entstanden 1797 aus einer Sammlung von Xenien (satirischen Sprüchen gegen Zeitgenossen und Zeiterscheinungen), die Goethe an anderer Stelle veröffentlichen wollte, dann um das Doppelte erweitert für den *Faust* verwendete. Durch den Titel und die Namen der Naturdämonen Oberon und Titania ist das Zwischenspiel (»Intermezzo«) auf Shakespeares *Sommernachtstraum* bezogen, wo mit dem von Handwerkern eingeübten Stück »Pyramus und Thisbe« ebenfalls ein von Dilettanten gemachtes und aufgeführtes Spiel wie ein lächerlicher Fremdkörper das Drama scheinbar unterbricht, unfreiwillig aber mitten ins Zentrum der Problematik führt. Denn Dilettanten sind Hobby-Künstler, die ihr Können nicht richtig einschätzen, das Schwerste probieren und nichts fertigkriegen – der Xenien-Autor Goethe zählt sich auch dazu (V. 4303–06).

BA vor 4223 *Walpurgisnachtstraum … Intermezzo:* Shakespeares *Sommernachtstraum* spielt zum großen Teil in einem Wald, daher die Szenerie (V. 4225 f.); dort wird nicht nur von Handwerkern für das Hochzeitsfest des Herzogspaars ein Stück vom traurigen, durch Missverständnisse und Wahnvorstellungen verursachten Tod zweier Liebender geprobt, sondern nach schweren Verwirrungen die Versöhnung zweier junger Paare und vor allem der Naturdämonen Oberon und Titania herbeigeführt, unter deren Streit die Natur insgesamt leidet. Das »interlude« der Handwerker ist zwar schlecht geschrieben, schlecht gespielt und für das Hochzeitsfest durch seinen tragischen Ausgang ungeeignet, aber es zeigt die Probleme und Gefahren um so genauer, die in den Beziehungen der Naturdämonen, des Herzogspaars und der Bürgerpaare trotz der schließlichen Versöhnung stecken.

So diskutieren die Sprüche von Goethes Dilettantenstück in ihren Angriffen auf Zeitgenossen und Zeiterscheinungen Grundprobleme des *Faust* wie die Geschichtlichkeit von Religionsvorstellungen (was heißt heute »böse« oder »Teufel«?), die Verstellung der Wirklichkeit durch »magische« Vorstellungen von Wirklichkeit, die Gefahr fundamentalistischer Ideologien, die gesellschaftlichen Folgen der Französischen Revolution, und so weiter. Diese Zusammenhänge lassen sich hier nicht darstellen, es folgen einige Namen- und Worterläuterungen.

4224 *Miedings wackre Söhne:* Johann Martin Mieding (gest. 1782) war Bühnenbildner am herzoglichen Liebhabertheater in Weimar.

4227 *HEROLD:* vgl. V. 5065 ff.

4231 *OBERON:* nach Alberich, dem Elfenkönig der nordischen Sagenwelt, bekannt aus Shakespeares *Sommernachtstraum*, Wielands Versepos *Oberon* (1780), Wranitzkys *König der Elfen, Oberon* (Singspiel, 1790).

4231 f. *Seid ihr ... Stunden:* wenn ihr hier seid, zeigt euch; vgl. V. 428 f. Dass Oberon den Durchblick nicht hat, den er haben sollte, zeigt Missstände im Natur- und Dämonenreich an; die neue Verbindung von König und Königin ist höchst problematisch (V. 4243–50), die Natur ist aus den Fugen.

4235 *PUCK:* im *Sommernachtstraum* Streiche spielender dienstbarer Geist Oberons, hier mit mephistophelischem »Pferdefuß«.

4239 *ARIEL:* in Shakespeares *Sturm* dienstbarer Geist des guten Zauberers Prospero, hier mit »himmlischen« Zügen, zu Titania passend.

4247 *TITANIA:* Feenkönigin, Oberons Frau, dem nordischen Elfenkönig durch südlichen Namen und Zuständigkeitsbereich entgegengesetzt (»Fee« von lat. *fatum*, Schicksal). Sie ist sozusagen das Makrokosmos-, Oberon das Erdgeistprinzip, oder das himmlische gegen das teuflische (V. 4274), oder das südliche gegen das nördliche, das weibliche gegen das männliche, das klassische gegen das romantische Prinzip. Was sich hier nicht verträgt, wenn es beisammen ist, soll im 3. Akt des Zweiten Teils »klassisch-romantisch« zusammengefügt werden (auch dieser 3. Akt hieß: »Zwischenspiel zu Faust«).

4251 *Fliegenschnauz und Mückennas:* die grotesken Musikanten über dem und um das Theater in der rechten Bildhälfte Abb. 9.

4271 *ORTHODOX:* Rechtgläubiger, der Schillers Gedicht *Die Götter Griechenlands* aus beschränkt christlicher Perspektive kritisiert hatte (nämlich: Friedrich Leopold Stolberg, 1750–1819).

4276 *skizzenweise:* Goethe war wie viele Zeitgenossen der Auffassung, dass ein Maler sich nur in Italien recht ausbilden könne.

4279 *PURIST:* der nur reine Ausprägungen einer Sache akzeptiert. Durch die Forderung nach Puder im Haar und auf der Haut widerlegt er sich selber; die folgende Hexe ist da eher Puristin.

4303 *XENIEN:* vgl. den Szenenkommentar. Xenien-Autor Goethe lässt seine Produkte nicht nur bei den Dilettanten mitspielen, sondern gibt auch seine satanischen Absichten damit zu.

4307–18 *HENNINGS ... Gipfel:* Der dänisch-holsteinische Staatsmann August von Hennings (1746–1826) hatte sich in seiner Zeitschrift *Der Musaget* (wörtl.: Musenführer) kritisch gegen die Xenien gewandt; seine Zeitschrift *Genius der Zeit* wurde 1801 in *Genius des 19. Jahrhunderts* umbenannt; der Ausdruck *CI-DEVANT* (wörtl.: vormals) bezieht sich auf diese Umbenennung und ›datiert‹ damit den Walpurgis-Komplex im *Faust*; da der Ausdruck auf die französischen Adligen des Ancien Régime spöttisch angewandt wurde, bezieht er sich zugleich satirisch auf den schwankenden politischen Kurs der Zeitschriften Hennings'.

4321 f. *Er schnopert ... Jesuiten:* Verfolgung der im Untergrund tätigen Mitglieder des zwischen 1773 und 1814 verbotenen Jesuitenordens.

4323 *KRANICH:* Kritik an Johann Kaspar Lavater (1741–1801), der bei aller Frömmigkeit sich auch von zweifelhaften Lehren und Gruppierungen täuschen ließ. Wegen seines Gangs nannte Goethe ihn »den Kranich«.

4330 *Konventikel:* fromme Gruppierung und Zusammenkunft religiöser Laien, denen in ihrer Gutgläubigkeit auch das Böse als ein »Vehikel«, ein Instrument der göttlichen Güte galt. Deshalb sind sie hier.

4340 *gäb sich gern das Restchen:* würde sich am liebsten gegenseitig umbringen (vgl. die Redensart »jemand den Rest geben«).

4342 *Orpheus' Leier:* Der griechische Sänger Orpheus konnte mit seinem magischen Spiel und Gesang Tiere zähmen; hier werden alle Instrumente, auch die Fiedel des *FIDELERS*, durch den Dauer-Grundton des Dudelsacks auf eine Tonart festgelegt.

4343–62 *DOGMATIKER ... am Platze:* Der Dogmatiker gewinnt seine Ansicht aus unbezweifelten Grundsätzen, der *IDEALIST* aus seiner Vorstellung, der *REALIST* aus seiner Erfahrung, der *SUPERNATURALIST* aus der Erscheinung von Unerklärlichem, das er als Offenbarung von Übernatürlichem (Gott) versteht, der *SKEPTIKER* aus der Beobachtung der unsicheren Erkenntnisgründe der andern. Jeder der Sprecher widerspricht nicht nur allen andern, sondern macht mit seinem Argument auch die eigene Position lächerlich.

4367 *Sanssouci:* wörtl.: Sorgenfrei, Name eines von Friedrich II. erbauten Schlosses, zugleich Inbegriff der Adels-Kultur des Ancien Régime in Deutschland nach der Revolution. Die *GEWANDTEN* aus dieser Gesellschaft haben sich nach der Revolution »um und um« gekehrt (V. 4086).

4371 f. *erschranzt ... befohlen:* »Schranzen« war der verächtliche Ausdruck für kriecherische Höflinge; »Gott befohlen« ist, wenn keiner außer Gott mehr hilft.

4377 *Galanten:* Die Elite der nachrevolutionären Gesellschaft glänzt zwar schön, stammt aber als »Irrlichter« aus dem Sumpf und stinkt (Methangas).

4379 *STERNSCHNUPPE:* ein früher mit Ordensstern ausgezeichneter Minister (vgl. V. 2227 f.).

4383 *DIE MASSIVEN:* der alles niedertrampelnde und sich zugleich intellektuell wähnende revolutionäre Pöbel, der als Masse auftritt.

4394 *zum Rosenhügel:* zum Schloss Oberons in dem romantischen Epos *Oberon* von Wieland. Ariels Verführung ist also, sich vor der schlimmen politischen Realität (V. 4367–86) in die schöne Phantasiewelt der Romantiker zu flüchten. Um so brutaler wirkt die graue prosaische Nüchternheit der folgenden Szene.

Trüber Tag. Feld

Stimmaufwand

Die Szene wird auf Anfang 1772, also in die früheste Zeit der erhalten gebliebenen Niederschriften (*Urfaust*) gesetzt; trotzdem enthält sie zusammenfassende Angaben über die wichtigsten Handlungselemente des *Faust I*: das Schicksal Gretchens, Mephistos Erscheinung, Verwandlungsfähigkeit, Verführung Fausts, den Großen Geist, der dem inzwischen zur Magie unfähig gewordenen Faust gegen Mephistopheles helfen soll, Fausts Schuldgefühl und gestorbene Liebe, sein Toben, Schreien, Beschimpfen und Stillerwerden, bis er nur noch »wild umher« blicken kann und Gretchen wenigstens retten will. – Die Prosa des *Urfaust*-Textes ist hier nicht wie in *Kerker* versifiziert, allerdings sprachlich überarbeitet.

1 f. *Erbärmlich ... lange verirrt:* Gretchen ist aus ihrer Stadt geflohen und wieder eingefangen worden oder wie Susanna Margaretha Brandt (eine Kindsmörderin, deren Prozess Goethe 1771/72 in Frankfurt beobachtete) wieder zurückgekehrt, weil sie kein Geld mehr hatte.

12 *Sie ist die Erste nicht:* Zitat aus den Prozessakten der Susanna Margaretha Brandt. Das wusste auch Faust, vgl. V. 3364 f.

14 *Hundsgestalt:* erst für den *Faust I* ausgeführt in *Vor dem Tor;* die spätere Rückverwandlung kommt nirgends vor. – Der Ausdruck »nächtlicherweise« deutet auf Mephistopheles als Teil der Finsternis (V. 1350) und zugleich auf die Dunkelheit, in der er seine Scherze trieb.

24 *des ewig Verzeihenden:* erstes Glaubensbekenntnis Fausts, wohl weil er jetzt merkt, dass er Verzeihung nötig hat.

35 *an den Schandgesellen mich schmieden:* vgl. V. 3241–46.

36 *sich letzt:* es genießt.

44 f. *Den unschuldig Entgegnenden:* Jetzt geht Mephistopheles zur rhetorischen Entlastung seiner selbst über, gibt sich keine Schuld am Schicksal Gretchens – und Faust weiß nichts zu antworten.

52 *Noch das von dir?:* nämlich der Vorwurf, Valentin ermordet zu haben. Auch da hat Faust kein Gegenargument, nur Flüche.

55 *alle Macht im Himmel und auf Erden:* Mt. 28,18: »Mir ist gegeben alle Gewalt im Himmel und auf Erden.«
Türners: des Turm- oder Gefängniswärters; »Turn« ist ältere Form, vgl. den Städtenamen »Solothurn«.

Nacht, offen Feld

Faust hat nichts mehr zu sagen

Entstanden im Kontext von *Trüber Tag. Feld.* Die kochenden Hexen schaffen eine Beziehung zu Shakespeares *Macbeth*, wo die Hexen am Anfang und gegen Ende auftreten, zunächst trügerische und dann niederschmetternde Voraussagen machen. In *Walpurgisnacht* versuchte die junge Hexe Faust ähnlich trügerisch abzulenken, hier könnte man Niederschmetterndes vermuten, aber Mephistopheles gehorcht Faust nicht mehr; er gibt vor, nicht zu wissen, was sie tun, und drängt einfach weiter. Faust ist machtlos geworden.

4399 *Rabenstein:* Bezeichnung für eine Hinrichtungsstätte außerhalb der Stadt, wo die Raben dann ihren Fraß finden. Gretchen wird nicht hier, sondern auf dem Marktplatz enthauptet (V. 4587–89).

Kerker

»Heinrich! Mir graut's vor dir«

Entstanden im Kontext von *Trüber Tag. Feld*, aber aus der Prosa in Verse gesetzt, weil Goethe die Szene »durch ihre Natürlichkeit und Stärke, im Verhältnis gegen das andere, ganz unerträglich« vorkam (5. 5. 1798 an Schiller). Faust will Margarete aus dem Gefängnis befreien, aber sie spürt, dass er es nicht aus Liebe, sondern aus schlechtem Gewissen tut und dass er ganz in der Hand des Mephistopheles ist. Im Bewusstsein, in drei Morde verwickelt zu sein, überlässt sie sich der weltlichen Gerichtsbarkeit und ruft das Gericht Gottes an; eine Stimme von oben heiligt sie, während Faust von Mephistopheles abgeschleppt wird.

4411 *Fort! Dein Zagen zögert den Tod heran:* Faust ermahnt sich, in seinem Rettungsunternehmen fortzufah-
ren, denn seine Scheu, Gretchen wiederzusehen, bedeute
Verzögerung, die ihren Tod näher bringe.

4412–20 *Meine Mutter ... fort!:* Lied des getöteten und zu
einem Vogel gewordenen Kindes aus dem Märchen vom
Machandelboom. Indem sie das Lied singt, gibt Margarete sich im Modell des Märchens der Anklage und der
Rache ihres eigenen Kindes hin.

4427 *dir Henker:* In ihrer Angst meint Margarete, der Henker hole sie schon, und erkennt Faust nicht. Indem Goethe »Henker« hier nicht zwischen Kommata setzt (das
würde deutlich machen, dass sie den Kommenden als den
Henker erkennt), lässt sich auch lesen, dass sie den Kommenden als »du Henker« anklagt.

4436 *der Kranz:* der Brautkranz, den sie bei der Hochzeit
getragen hätte (vgl. V. 3575).

4440 *mein Tage nicht:* noch nie.

4448 *Sie singen Lieder auf mich!:* Bei Skandalen und sensa-
tionellen Mord- und Unglücksfällen wurden von Bänkel-
sängern Lieder verfasst und auf den Märkten gesungen.

4450 *Wer heißt sie's deuten?:* das Märchen auf Margarete
beziehen.

4467 *Heulen und Klappen der Hölle:* »da wird sein Heulen
und Zähneklappen« (Mt. 8,12).

4479 *weile:* bleib, halte dich auf.

4487 *an deinem Halse so bang:* Sie spürt Mephistopheles
(in Faust) (vgl. V. 3469–99).

4515 *Was hast du getan!:* Sie denkt an die Ermordung Valentins.

4544–50 *Ich darf nicht fort ... Ich bleibe bei dir:* Nachdem
Faust sie während der ganzen Zeit der Schwangerschaft
allein gelassen hat, glaubt Margarete, dass er sie vielleicht
herausholen, dann aber wieder verlassen, der Armut und
der Verfolgung aussetzen wird; seine Versicherung, bei
ihr zu bleiben, nimmt sie nicht zur Kenntnis.

4590 *das Stäbchen bricht:* Zum Zeichen, dass das Urteil ge-
       sprochen ist und die Hinrichtung vollzogen werden soll,
       wurde ein Holzstäbchen durchgebrochen.

4592 *Zum Blutstuhl ... entrückt:* Die Kindsmörderin
       wurde vom Transportwagen gezerrt (»entrückt«) und auf
       einen Stuhl gebunden, der Scharfrichter schlug ihr mit
       dem Schwert den Kopf ab.

4611 *Ist gerettet!:* neu im *Faust I*; für die erste Weimarer In-
       szenierung dichtete Goethe einen Engel dazu und be-
       tonte damit, dass die nach Mephistos traditionell kirch-
       lichen Maßstäben »gerichtete« Margarete nicht als reuige
       Sünderin, sondern als Bekennerin ihrer Leib und Seele
       einschließenden Religiosität vom Himmel wie eine Hei-
       lige begrüßt wird.

Der Tragödie Zweiter Teil

Im Spannungsfeld der Göttinnen wird ein
Gescheiterter erlöst

Fünf weitere Versuche macht Faust, über die menschlichen
Grenzen hinauszukommen und sich göttliche Fähigkeiten
anzueignen: 1. Akt: Er will »alles leisten«, überall Erfolg haben; am Schluss will er sich aus der Realität in einen Film
versetzen: Explosion, Koma. 2. Akt: Er will »überall und
immer sein«, verdreifacht sich in dem in seinem Kopf spielenden welt- und zeitumspannenden Geschehen und verliert sich in jeder seiner Gestalten. 3. Akt: Er will die Fähigkeiten des Weltherrschers erwerben und spielt, immer noch
im Kopf, mit Mephistopheles und Helena ein Stück vom
schlechten und vom guten Herrscher; Helena hebt mit ihrer
Schönheit seine Macht über Menschen auf, und Mephistopheles bringt ihn dazu, die Herrschaft aufzugeben und sich
mit Helena zu verstecken, die ihn verlässt, als sich der gemeinsame Sohn Euphorion aus Langeweile zu Tode stürzt.
4. Akt: Er will höchsten Reichtum und höchste Lust und er-
strebt sie mit der Tat, die Urgewalten in Natur und Menschen zähmt. Die Manipulation der Massen verschafft zwar
den Sieg in einer Schlacht, restauriert aber zwei korrupte
Systeme staatlicher und kirchlicher Herrschaft und bringt
Faust nur einen wertlosen Küstenstreifen. 5. Akt: Die Manipulation der Massen als ausgebeutetes Arbeiterheer gewinnt
durch Eindeichung Land, das vielen Millionen paradiesischen Wohnraum gewähren sollte, wenn es nicht noch
durch einen Sumpf verpestet wäre; »Krieg, Handel und Piraterie«, Völkermord, brutale Deportation, Zerstörung und
rücksichtslose Ausbeutung in der »Kolonisation« gewinnen
den »Weltbesitz«, der durch die drohende Aufsässigkeit der
Knechte ebenso bedroht ist wie das eingedeichte Land
durch die Sturmflut. Faust, der hier »sich verehren will wie
Gott«, beginnt sich über Erreichtes und bloß Gewünschtes

zu täuschen, erzählt sein Leben um und entwirft schließlich eine Gesellschaftsutopie freier Menschen, für deren Verwirklichung er zuerst sich selbst und seine fürchterlichen Helfer beseitigen müsste. Aber das wäre der schönste Augenblick, zu dem er »Verweile doch, du bist so schön!« sagen könnte (V. 11582). Das sind aber die Worte, auf die Mephistopheles seit der Wette im Ersten Teil wartet: Faust sinkt tot um.

Damit hat Mephistopheles nur »halb gewonnen« (Goethe an Karl Ernst Schubarth, 3. 11. 1820), denn Faust hat zwar die Worte ausgesprochen, hat sie aber nicht zum gegenwärtigen Augenblick gesagt, in dem Mephistopheles ihn z. B. »mit Genuss« betrogen hat oder er sich selbst gefällt (V. 1692–97). Faust wird begraben; in einer komischen Szene suchen die Teufel seine Seele zu fangen, werden aber von rosenstreuenden Engeln mit Liebesflammen vertrieben, denen auch Mephistopheles verfällt; so können die Engel Fausts Seele stehlen und »erlösen«, d. h. alles Irdische von der reinen Energie ablösen. Mephistopheles versucht seinen Wettvertrag einzuklagen: vergeblich, denn der Herr aus dem *Prolog im Himmel* lässt sich nicht mehr blicken, eine Göttin und Herrscherin ist an seine Stelle getreten. Deshalb haben sich auch die Beurteilungsmaßstäbe im Himmel geändert: Faust der »Großverbrecher« (W. Böhm) wird nicht für das verurteilt, was er getan, nicht getan, veranlasst hat, für die Fehler und Irrtümer seines Strebens, sondern kann erlöst werden wegen der Lebensmühe, der Rastlosigkeit, der Anstrengung seiner immer höher ansetzenden, wenn auch immer scheiternden Versuche, die Grenzen der Menschheit zu überwinden. Alle diese Versuche verlaufen tragisch, weil Faust zwar dem »dunkeln Drang« (V. 328) zurück zu Gott folgt, dies aber bewusst strebend und deshalb jeweils einseitig irrend (V. 317) tut; diese speziell neuzeitliche Konzentration auf jeweils eine Entgrenzungsrichtung macht immer das übrige Menschsein, das nicht in gleicher Geschwindigkeit mitwächst, zum Hindernis, an dem sich die ganze Anstrengung totläuft. Auch der letzte Akt, in dem Faust sich verehren will wie Gott, endet noch einmal tragisch: alles, was Faust unterschied, Spur seiner Erdetage war, auf einen Denkmalsockel gestellt werden konnte, wird bis zum letzten »Erdenrest« (V. 11954) er-löst, abgelöst, »abgestreift der Erdensohn« (V. 617), sodass nur noch die »freie Kraft« (V. 618) übrig bleibt.

Wurde im Ersten Teil die Geschichte der Neuzeit von ca. 1500 bis ungefähr 1800 verfolgt, so weist die inflationäre Papiergeldausgabe im 1. Akt wieder auf ca. 1800, wo insbesondere Frankreich und Österreich mit ungedeckter Papierwährung ihre Kriegswirtschaft zu finanzieren suchten. Die Suche nach »Helena« im 2. und 3. Akt weist auf den sog. Philhellenismus der Jahre 1815–27, wo die europäischen Intellektuellen, um sich von der restaurativen Unterdrückung der freien Meinung im eigenen Land abzulenken, sich in den griechischen Freiheitskampf einmischten, um ihrerseits den Griechen die Restauration der alten attischen Demokratie aufzudrängen. Lord Byron, dessen Tod 1824 Goethe im Tod des Euphorion am Ende des 3. Akts abbildet, hatte Vermögen und Gesundheit in den Versuch investiert, diese Helena »Ins Leben ziehn« (V. 7439) zu können. Der 4. und der 5. Akt sind, wie oben angedeutet, durch Manipulation der Massen, Großprojekte der Landgewinnung (z. B. Bremerhaven 1827), Imperialismus und Kolonialismus der europäischen Mächte und utopische Gesellschaftsentwürfe (Saint-Simonisten um 1830), aber auch die ersten Arbeiterunruhen bestimmt: Goethe führt die Lesbarkeit des *Faust* als Deutung der neuzeitlichen Geschichte bis in das Jahr vor seinem Tod.

Die historisch zurückliegenden Szenen, z. B. Kaiser Karl IV. im 1. und 4. Akt, die Erinnerung an die Schlacht von Pharsalos im 2., der Trojanische Krieg und die Eroberung der Peloponnes durch die Kreuzritter im Mittelalter im 3. Akt, die Anklänge an die absolutistische Herrschaft im 4. und 5. Akt, sind erhellende Parallelfälle aus der Geschichte, die mit den modernen Phänomenen in wechselseitige Deutung gebracht werden. Man darf also den Zweiten Teil nicht als Reihe von Erlebnissen Fausts lesen; die fünf Akte sind, wie Goethe mehrfach betont hat, »für sich bestehende kleine Welten«, die in einem je eigenen Handlungsraum z. B. die tragischen Entgrenzungsversuche durchführen. Aber der fehlende Zusammenhang auf der Handlungsoberfläche wird ersetzt durch die beschriebene geschichtliche Entwicklungslinie, die natürlich nicht nur zeitgeschichtliche, sondern kulturelle, gesellschaftliche, wirtschaftliche Veränderungen betrifft, die z. T. weit ins 19. und 20. Jahrhundert hinein prognostiziert werden, zum Beispiel künstliche Intelligenz: »Und so ein Hirn, das trefflich denken soll, wird künftig auch ein Denker machen« (V. 6869 f.).

Entstehung des Zweiten Teils: Vom Helena-Akt wurden 269 Verse im Jahr 1800 geschrieben (s. FD 1, S. 576–585), die Planung des Ganzen und vielleicht Teile des Schlusses stammen ebenfalls aus dieser Zeit. Mit dem Schlussakt begann auch die letzte Arbeitsphase 1825–31, in der der *Faust* von 1827 an »das Hauptgeschäft« war. Ausgearbeitet wurde zuerst der 3. Akt, dann folgten 1. und 2. Akt, 5. und 4. Akt und die abschließende Füllung von Lücken. Veröffentlicht wurde 1827 der 3. Akt, 1828 der 1. Akt bis V. 6036; die ganze Handschrift wurde im Juli 1831 eingesiegelt und erst nach Goethes Tod gedruckt.

Erster Akt

Kollektivtäuschung durch Papiergespenst. Explosion
im Kino

Nachdem Faust in einem ›Heilschlaf‹ sich von den Vorwürfen befreit hat, die ihn wegen Margarete quälten, ist er konditioniert dafür, »den Cursum« in der »großen Welt« weiter »durchzuschmarutzen« (V. 2052–54): Mephistopheles und später Faust empfehlen sich am Kaiserhof als Alleskönner und führen zunächst bei einem Maskenzug an Fastnacht die gesellschaftsverändernde, alles umstrukturierende Gewalt des Geldes vor, die sogar den Kaiser und in ihm »das All der Welt« (V. 5873) scheinbar in Brand setzt. Mit dem Papiergeld, das Mephistopheles herstellen lässt, wird die marode Wirtschaft im schlecht verwalteten Reich des leichtsinnigen Kaisers plötzlich wieder flottgemacht. Da die Währung keine reale Deckung hat, beruht ihr Funktionieren auf kollektiver Täuschung, die sich rasch abnützt. Über den plötzlichen Reichtum begeistert, erhebt der Kaiser Faust und Mephistopheles gegen den Widerstand der Kirche in die Verantwortung für die Reichsfinanzen. Zugleich aber sollen sie ihn amüsieren: er will die antiken Musterbilder von Frau und Mann, Helena und Paris, sehen. Faust muss dafür den gefahrvollen Gang zu den Müttern tun, Göttinnen, die das Archiv der Gestalten der Welt verwalten. Mephistopheles unterhält die Hofgesellschaft, bis Faust zurückkommt und den »Raub der Helena« vorführt. Dabei aber verliebt er sich in das selbstgemachte Bild, wird eifersüchtig auf den Filmliebhaber, greift in das Projektionsgerät und löst eine Explosion aus, die ihn für zwei Akte ins Koma wirft. Die magische Täuschung durch das Papiergeld und durch das Kinobild der Helena werden parallelgesetzt. – Entstehung des Aktes in den Jahren 1827 und 1828.

Anmutige Gegend

Ohne Gewissen lebt sich's erfolgreicher

Faust, unruhig und von Vorwürfen wegen seiner Schuld an Margaretes Schicksal gequält, findet endlich Schlaf, der ihn vergessen lässt, sein Inneres von Vorwürfen und Gedanken an das Erlebte »reinigt« und ihn in einem irdischen Paradies im Hochgebirge erwachen lässt, gestärkt an Lebenskraft und Unternehmungsgeist, denn die seinen Schlaf umschwebenden Geister haben ihm eingeredet: »Alles kann der Edle leisten, / Der versteht und rasch ergreift« (V. 4664 f.). Gleich muss er eine erste Einschränkung hinnehmen: Sein Versuch, »Zum höchsten Dasein immerfort zu streben« (V. 4685), symbolisch direkt in die Sonne zu blicken und den »Gipfelriesen« entgegenzusteigen, misslingt wie seinerzeit das Anblicken des Erdgeistes; er muss wie dort (V. 708 f.) der Sonne den Rücken kehren und meint wie dort den Tod, so hier das Leben zu finden, indem er sich dem »farbigen Abglanz« der Welt zuwendet. Wieder muss er sich mit einem kompromisshaften Dasein begnügen, zu dem er dann am Kaiserhof erscheint.

Metrisch ist die Szene bedeutungsvoll: Ariel redet die Elfen fast durchweg in den ›romantisch‹ klingenden (vgl. *Zueignung*) gereimten fünfhebigen Jamben an und verwendet wie sie eine Gesangsstrophe, die Byron in seinem Faust-Stück *Manfred* für magische Geistergesänge entwickelt hatte (auch die Regenbogen-Szene nimmt eine Szene aus *Manfred* auf). Faust dagegen spricht Terzinen, das von Dante für die *Divina Commedia* entwickelte Vers- und Strophenmaß; an den Beginn von Dantes Werk erinnert der schaudernde Blick zurück in die Welt und der vergebliche Versuch, direkt der Sonne zu weiterzusteigen: der Bezug zu Byron und zu Dante begleitet Faust durch den ganzen Zweiten Teil.

BA vor 4613 *Anmutige Gegend ... Äolsharfen begleitet:*
Die »anmutige Gegend«, der *locus amoenus*, hat poetische Tradition bis in die Antike und ist die Landschaft,
die auch die in ihr auftretenden Menschen natürlich erscheinen lässt oder zur Natur zurückführt. Als Hochge-
birgslandschaft ist sie dem »gräßlich gähnenden Gestein«
(V. 10070) entgegengesetzt. Fausts Unruhe erinnert wie
auch andere Motive in dieser Szene an den Beginn des
Ersten Teils; während ihn dort die Verzweiflung über die
Sinnlosigkeit seines Tuns quält, so ist es hier der Vorwurf,
den er sich Margaretes, ihrer Mutter, ihres Bruders und
des gemeinsamen Kindes wegen zu machen hat. Von bei-
dem befreit die Magie – hier die Magie der »Natur« –, die
dort sein wissenschaftliches, hier sein sittliches Gewissen
amputiert. Von den Geisterchören schreibt Goethe in
einem früheren Entwurf: »Er ist umgeben von Geister
Chören, die ihm in sichtlichen Symbolen und anmutigen
Gesängen die Freuden der Ehre, des Ruhms, der Macht
und Herrschaft vorspiegeln. Sie verhüllen in schmei-
chelnde Worte und Melodien ihre eigentlich ironischen
Anträge. Er wacht auf, fühlt sich gestärkt, verschwunden
alle vorhergehende Abhängigkeit von Sinnlichkeit und
Leidenschaft. Der Geist, gereinigt und frisch, nach dem
Höchsten strebend« (FD 1, S. 586). Genauso zweideutig
ist die Figur des Ariel, ursprünglich aus Shakespeares
Tempest, die schon am Ende des *Walpurgisnachtstraums*
zur Flucht aus der harten politischen Realität in einen romantisch verschwebenden Traum eingeladen hat: Faust
erwacht zwar »frisch lebendig«, unternehmend und strebend, aber gewissenlos: schon die Maxime, durch Ergrei-
fen der sich bietenden Gelegenheit zum Erfolg zu kommen, ist sittlich neutral und rechtfertigt das Handeln nur
durch den Erfolg. – Zur Äolsharfe vgl. Anm. zu V. 28; die
Natur-Instrumente bekräftigen die »reinigende« Magie.
4617 *Elfen:* nordische Naturdämonen zwischen Böse und
Gut, vgl. das Wort »Albtraum«, »Erlkönig« (eigentlich:

Elfenkönig); die Verniedlichung zu Wald- und Blumen-
elfen stammt aus dem Rokoko.

4623 *grimmen Strauß:* heftigen Kampf.

4626 *Vier sind die Pausen nächtiger Weile:* Die Nachtwa-
chen des römischen Militärs waren in vier Vigilien à
3 Stunden eingeteilt; diese Einteilung wurde von der Kirche in die Ordnung der Gebete übernommen. Im Folgenden (V. 4628–33) werden sie als Phasen erquickenden
Schlafs neu gedeutet. »Pause« vielleicht nach ital. *posa*
›Ruhestellung‹.

4628–33 *Erst senkt ... heiligen Licht:* Ariels Anweisung für
die vier Schlafphasen: Einschlafenlassen, Vergessenheit
schaffen, Krampf lösen und stärken, dem Tageslicht zu-
rückgeben.

4629 *Tau aus Lethes Flut:* »Lethe« nach der griechischen
Mythologie der Fluss des Vergessens; ›Tau‹ ist Wasser
daraus.

4630 *Gelenk:* gelenkig, beweglich.

4635 *Plan:* ebene Fläche (vgl. das Wort »planieren«).

4647 *Glänzen ... klarer Nacht:* zweifach lesbar: bei klarer
Nacht; der klaren Nacht (sie lassen die Nacht noch klarer
erscheinen).

4652 *Fühl es vor!:* fühle (die Gesundheit) schon im Voraus.

4654f. *Hügel schwellen, / Buschen sich:* Dynamisierung der
Landschaft: die Hügel wölben sich erst, begrünen sich
mit Büschen, die schon Schatten zum Ausruhen bieten –
das ist der »neue Tagesblick« (V. 4653), der auch in der Saat
schon die Ernte sieht (V. 4656f.).

4662f. *Säume nicht dich zu erdreisten / Wenn:* zögere nicht,
keck und mutig zu handeln, wenn/wo/während ... (vgl.
V. 2017f.).

4664 *leisten:* nicht nur in der heutigen eingeschränkten Bedeutung von ›fertigbringen, vollbringen‹, sondern auch
›erbringen, herbeischaffen, beschaffen‹ (vgl. die Ausdrücke »eine Zahlung leisten«, »Versicherungsleistung«).

BA vor 4666   *Getöse ... Sonne:* vgl. Anm. zu V. 243–246.

4666 *Horen:* Verwalterinnen der Tages- und Jahreszeiten, Wächterinnen am Tor des Olymp.

4667 *für Geistes-Ohren:* Das heißt, dass auch der Zuschauer das Geschehen als »Geist« erfährt und erfahren soll.

4670 *Phöbus':* Beiname des Sonnengotts Apollon.

4674 *Unerhörtes hört sich nicht:* Was die Hörfähigkeit der Elfen übersteigt, darf auch nicht versuchsweise gehört werden (V. 4678).

4684 f. *ein kräftiges Beschließen ... zu streben:* Die Kraft zum Entschluss, weiter zu streben, kommt also naturhaft aus der Erde. Das Ziel, »zum höchsten Dasein«, kann subjektiv bedeuten, eine höchstmögliche Form menschlicher Existenz und Präsenz zu erlangen, oder objektiv, zu Gott als dem höchsten Dasein zu streben. Für Faust, der Gott zu werden strebt, läuft das auf dasselbe hinaus.

4691 *duft'gen Abgrund:* nebligen, dunstigen Abgrund.

4699 *Alpe:* Viehweide im Hochgebirge.

4706 *Erfüllungspforten findet flügeloffen:* Die Tore zu den Räumen, in denen die sehnende Hoffnung Erfüllung aller Wünsche finden könnte, sind mit beiden Türflügeln geöffnet.

4714 *in jugendlichstem Schleier:* Faust ist V. 4704 in die allegorische Deutung des Geblendetwerdens durch die Sonne übergegangen: Leben, Wahrheit, Gottheit sind wie das Licht dem Menschen unverschleiert unerträglich. In der Jugend ist der Blick noch von Natur »trüb« (V. 2), d. h. verschleiert, der Erwachsene mit seinem klareren Blick muss sich dem Abglanz, dem durch Wasserschleier farbig getrübten Licht (V. 4729, V. 29–32), zuwenden.

4727 *haben wir:* zweideutig, (1) ›ist uns erkennbar, zugänglich, gegeben‹, (2) ›besitzen wir‹. Der Versuch Fausts, den Abglanz der Helena wirklich zu besitzen, löst am Ende des Akts die Explosion aus.

Kaiserliche Pfalz

Saal des Thrones

»Hier aber fehlt das Geld«

Mephistopheles schleicht sich als Hofnarr beim Kaiser ein
und hat angesichts der Klagen sämtlicher Minister über den
desolaten Zustand des Reiches die Lösung parat: mit Geld
lässt sich alles reparieren, und er kann Geld beschaffen. Der
Kaiser will es sofort haben, ohne auch nur von fern daran
zu denken, dass er an seiner leichtsinnigen Regierungsweise
etwas ändern müsste. Mephistopheles braucht Vorberei-
tungszeit, die der Kaiser mit Karnevalveranstaltungen fröh-
lich verschwenden will. Faust tritt in der Szene nicht auf;
vielmehr handelt der frühere »Knecht« jetzt ohne Auftrag
und teilt dem »Herrn« die später zu spielende Rolle zu.

BA vor 4728   *Kaiserliche Pfalz ... ASTROLOG:* »Pfalz« ist
   eine Burg, die auf Reichsland gebaut ist. Da vieles, was
   zum Kaiser an historischen Andeutungen im Text verstreut ist, auf den Luxemburger Karl IV. (1316–78) weist
   (z. B. »Goldene Bulle« 1356 im 4. Akt), liegt die Burg
   Nürnberg, Kaiserpfalz seit 1138, als Schauplatz nahe.
   Hier wurde im Winter 1355/56 die Goldene Bulle vorbereitet; die Räumlichkeiten bei Goethe stimmen mit der
   Burg Nürnberg zusammen; der Aufenthalt Karls IV. fällt
   in die beginnende Fastnachtszeit. – Als *STAATSRAT*
   würde man heute den Ministerrat bezeichnen. *ASTRO-
   LOGEN* waren vom Spätmittelalter bis ins 17. Jh. offizielle Ratgeber vieler Fürsten; oft regierten sie das Reich
   durch ihre für jede politische oder militärische Entscheidung eingeholten Horoskope (vgl. V. 4763 f.). Auch die
   Hofnarren (eingeführt seit der Zeit der Kreuzzüge) ge-
   hörten im Spätmittelalter zu einem vollständigen Hofstaat.

4728 *Ich grüße die Getreuen, Lieben:* Eröffnungsformel
für die Sitzung (vgl. V. 4761), die wegen des Fehlens des
Narren gleich wieder unterbrochen wird.

4738f. *aufgeputzt ... jeder stutzt:* Die Narrenkleidung war,
wie noch heute bei Fastnachtskostümen, auffällig geschnitten und schreiend buntfarbig.

4741 *Hellebarden:* mittelalterliche Hieb- und Stichwaffe an
ca. 2 m langem Schaft. Heute noch bei der Schweizergarde
des Papstes.

4743–50 *Was ist ... hinweggebannt?:* Lösung des Rätsels
wohl: der Narr.

4754 *Da löse du! das hört' ich gern:* Der Narr soll sich an
der Lösung der Probleme der Staatsräte beteiligen, das
würde der Kaiser gern hören.

4755 *ging ... weit ins Weite:* Auch der Kaiser vermutet (vgl.
V. 4735, 4759), dass der fette alte Narr tot ist, drückt dies
mit einer ziemlich gleichgültigen Formulierung aus und
greift unbesehen nach dem nächsten, der sich ihm als
Narr anbietet. »Ich habe in dem Kaiser [...] einen Fürsten darzustellen gesucht, der alle möglichen Eigenschaften hat sein Land zu verlieren, welches ihm denn auch
später wirklich gelingt. Das Wohl des Reichs und seiner
Untertanen macht ihm keine Sorge; er denkt nur an sich
und wie er sich von Tag zu Tag mit etwas Neuem amü-
siere« (zu Eckermann, 1. 10. 1827).

4760 *ein Fass ... ein Span:* der eine fett, der andere (Mephistopheles) mager.

4767 *Schönbärte mummenschänzlich tragen:* »Schönbart/
Schembart« ist eine bärtige Fastnachtsmaske (von mhd.
scheme ›Maske‹). Der Überlieferung nach hat Kaiser
Karl IV. 1349 den Nürnberger Metzgern und Messer-
schmieden die Fastnachtslustbarkeit des Schembartlaufs
gestattet, einen prachtvollen Maskenumzug. »Mummenschanz« (vgl. die folgende Szene) ist zunächst ein zur
Fastnachtszeit von Maskierten gespieltes Glücksspiel
(›Chance von Vermummten beim Würfeln‹), dann ein auf

das Fastnachtstreiben insgesamt ausgedehnter Begriff. Einige der in der folgenden Szene auftretenden Masken, z. B. die wilden Holzfäller, traten in den historischen Nürnberger Schembartläufen auf.

4780 f. *Wenn's fieberhaft ... überbrütet:* wenn der ganze Staat krank ist und ein Übel noch größere Übel nach sich zieht.

4784 f. *Wo Missgestalt ... überwaltet:* wo eine schlechte Organisation/Institution in andere schlechte hineinregiert, wo Gesetzlosigkeit herrscht und auch noch behauptet, gesetzlich zu sein.

4795 *auf Schand und Frevel pochen:* sich dessen auch noch rühmen.

4798 *Wo Unschuld nur sich selber schützt:* Der Unschuldige, der sich zu verteidigen suchte, wird verurteilt.

4807 f. *dichtern Flor ... vor:* Er würde gern noch einen undurchsichtigen Vorhang vor das schwarz gemalte Bild ziehen. Die *Pause* nach seiner Rede bedeutet, dass der Kaiser auf die in des Kanzlers Schilderung enthaltenen Vorwürfe einfach nicht reagiert. Dann wird der Kanzler deutlicher.

4810 f. *Wenn alle ... zu Raub:* Wahrscheinlich denkt Goethe an den Anfangssatz der Goldenen Bulle, den er schon als Kind auswendig wusste, übersetzt: »Jede in sich zerstrittene Herrschaft wird untergehen, denn ihre Fürsten sind Diebsgesellen geworden.« Vgl. V. 4805 f.; mit der Majestät bedroht er die Herrschergewalt des Kaisers selbst. Weil Karl IV. dann in der Goldenen Bulle wesentliche Teile der kaiserlichen Macht an die Kurfürsten abtrat, wurde er von den älteren Kommentatoren dieses Vertrags durchweg für »des Reiches Erzstiefvater« gehalten.

4817 *uns auszudauern:* länger auszuhalten als wir.

4819 *Mietsoldat:* der von außen angeworbene Söldner.

4824 *gestört:* gestochen, darin herumgestochert.

4832 *Subsidien:* Hilfszahlungen.

4833 *Röhrenwasser:* Wasser aus (undichten) Leitungen.

4841 *Parteien, wie sie heißen:* ein damals relativ neuer Ausdruck in der Sprache der Politik. »Partei« im Sinne politischer Gruppierung wurde seit Beginn des 13. Jh.s in oberitalienischen Städten gebraucht.

4845 *Die Ghibellinen wie die Guelfen:* die dem Kaiser bzw. dem Papst treuen Parteien in den oberitalienischen Städten des Spätmittelalters. Vgl. V. 10772.

4858 *Welschhühner:* Truthühner.

4859 *Deputate:* Naturalien-Abgaben von Abhängigen, z. B. Leibeigenen.

4863 *Berg- und Jahresläufte:* Weinlagen und Jahrgänge.

4867 *Humpen ... Napfen:* »Humpen« ist ein großes Trinkgefäß mit Henkel und Deckel, »Napf« ein schüsselartiges Gefäß.

4868 *unterm Tische liegt der Schmaus:* als Erbrochenes.

4870 f. *Der Jude ... Antizipationen:* Der Geldverleiher wird seine Zinsen eintreiben und legt auf Jahre im Voraus Pfändungstermine für versäumte Rückzahlungen fest.

4874 f. *der Pfühl ... vorgegessen Brot:* »der Pfühl«: das Kissen; das Geld für das Brot wird einem Gläubiger geschuldet, der sein Brot damit zahlen würde, wenn er das Geld hätte.

4880 *Bereite Macht:* wo bereitstehendes Militär ...

4888 *Projekt:* Viele Fürsten ließen sich, besonders im 18. Jh., durch Scharlatane in kostspielige Wirtschaftsprojekte hineinschwatzen.

4891 *Estrich:* Fußboden.

4894 *Gold gemünzt und ungemünzt:* als vergrabener, eingemauerter Schatz von Goldmünzen oder als Bodenschätze, die in Bergwerken auszubeuten wären.

4896 *Natur- und Geisteskraft:* Was hier beim Magier subjektiv zusammentreffen muss, damit er die verborgenen Schätze aufspüren kann, entspricht Energie und Ordnung, Wirkenskraft und Samen (V. 384), Erdgeist und Makrokosmos, den zwei Seelen in Fausts Brust etc.; ge-

gen diese Grundlage der Magie muss sich der Geistliche
zur Wehr setzen, vor allem auch weil sein Einfluss dadurch infrage gestellt ist (V. 4903–16).

4909 *Dem Pöbelsinn:* aus der niedrigen Gesinnung.

4911 *Die Ketzer sind's! die Hexenmeister!:* Die von der
Kirche verfolgten Sektenbewegungen stellten die etablier-
ten Mächte des Staats infrage; nur unter diesem Machtge-
sichtspunkt – er ist tatsächlich das einzige, was den Geistlichen interessiert – sind sie mit den Zauberern und
Magiern vergleichbar.

4914 *schwärzen:* einschleusen, ihnen unerlaubt Eintritt verschaffen.

4915 *Ihr hegt euch:* Der Kaiser sucht Schutz und Hilfe bei
einem Bösen.

4924 *Fastenpredigt:* Die Aufrufe zur Buße und Reue während der Fastenzeit sind durch Wiederholungen gekennzeichnet, auf die der Kaiser in Mephistos Rede anspielt.

4931 *Schreckensläuften:* schlimmen Kriegszeiten.

4938 *Der Boden ist des Kaisers:* Nach alten Rechtsgrundsät-
zen (*Sachsenspiegel*, 1220–35, *Schwabenspiegel*, um 1275)
gehört dem Kaiser, was tiefer im Boden liegt als eine
Pflugschar geht.

4949 *In Kreis' um Kreise kennt er Stund und Haus:* astrologische Fachwörter.

4954 *bläst ein:* sagt heimlich vor, was der andere sagen soll.

4955–66 *Die Sonne ... heitre Welt:* Spiel mit den in der
Astrologie wichtigen Planeten, ihren lateinischen Namen
und Mythen und den in der Alchimie ihnen zugeordne-
ten Metallen, Sonne/Sol/Gold, Mond/Luna/Silber (Luna
»launet grillenhaft«, ist launisch und eigensinnig).

4974 *Kalenderei – Chymisterei –:* Von den Kalenderma-
chern wurde bis ins 19. Jh. hinein erwartet, dass sie
aufgrund astrologischer Berechnungen Horoskope für
den Tag, Wettervorhersagen und Handlungsempfehlun-
gen gaben. »Chymisterei« ist genauso abwertend für die
Goldmacherkünste der Alchimisten gesagt.

4976 *Gauch:* Kuckuck; Bezeichnung für verächtliche, betrügerische, auch närrische Menschen aufgrund des parasitären Brutverhaltens des Kuckucks.

4979 f. *Alraunen ... schwarzen Hund:* Alraunen sind zauberkräftige, insbesondere beim Schatzsuchen hilfreiche Wurzeln; einen schwarzen Hund hatte Faust als Begleiter (*Vor dem Tor, Trüber Tag. Feld*); auch Wagner soll vom Teufel in Gestalt eines schwarzen Hundes begleitet worden sein.

4987 f. *aus den untersten Bezirken ... Spur:* heute spricht man von »Erdstrahlen«.

4992 *der Spielmann:* Metapher für »Schatz«.

5010 *mit der Scholle:* beim Pflügen zusammen mit der Scholle.

5011 f. *Salpeter ... Rolle:* An feuchten Lehmwänden entstehen Ausblühungen von Kalk- und Kalisalpeterkristallen. Sie wurden zum Einpökeln von Fleisch, gegen Hautkrankheiten und Frostbeulen verwendet. Durch dieses Abkratzen der Wand konnten eingemauerte Schätze (hier: eine Rolle von Goldmünzen) zutage treten.

5023 *uraltes Nass:* in den verschütteten Schatzgewölben lagernder Wein.

5025 *Dauben:* Fassbretter.

5027–29 *Essenzen ... Graus:* Nicht allein Gold und Juwelen, auch die Konzentrate solch edler Weine umhüllen sich mit Finsternis und Hässlichkeit.

5031 *Am Tag ... Possen:* Was offen daliegt zu erkennen ist ein Leichtes.

5039–42 *Nimm Hack' ... vom Boden los:* Bauernarbeit hätte auch Faust verjüngt (V. 2354) – Mephisto empfiehlt sie immer, wenn er jemand den Geschmack daran verderben will. Andererseits mag hier auch an die äsopische Fabel vom Bauern gedacht sein, der seinen Söhnen einen Acker hinterließ, in dem ein Schatz liege. Sie graben, finden nichts, haben aber reichliche Ernte und erkennen die Weisheit des Vaters. »Goldene Kälber« stehen allerdings für falsche Götter (2. Mose 32; 1. Kön. 12,28); der Kaiser bemerkt weder die Empfehlung noch die Warnung.

5050–57 *Zerstreutes ... vertan!:* Erneut gibt Mephistopheles Ratschläge, die das Reich sanieren könnten: Konzentration der Kräfte, Versöhnung des Widerstreitenden, Ordnung an der Oberwelt, bevor man die Schätze der Unterwelt hebt, usw. – aber der Kaiser will sich nur amüsieren.

5063 *Stein der Weisen:* Mit dem Stein der Weisen behaupteten die Alchimisten wertlose Materie in Gold verwandeln zu können.

Weitläufiger Saal, mit Nebengemächern

Brandkatastrophe bei Maskenfest

Beim Maskenzug in den Räumen der Kaiserpfalz zeigen sich zunächst drei Gruppen angemeldeter Masken: (1) V. 5088 ff. sich Anbietende und Fangende: Gärtnerinnen, Gärtner, Mutter und Tochter, Fischer, Vogelfänger. (2) V. 5199 ff. sich Breitmachende und Aufdringliche: Holzhauer, Pulcinelle, Parasiten, Betrunkener, Poeten, Satiriker, Nacht- und Grabdichter. (3) V. 5299 ff. positiv oder negativ verstärkende Kräfte: Grazien, Parzen, Furien, Victoria (Sieg) mit Furcht, Hoffnung, Klugheit und Schlechtredner. Unangemeldet und unheimlich erscheint (4) V. 5500 ein Wagen, von Drachen gezogen, auf dem Faust als Reichtum, Mephistopheles als Geiz, der Knabe Lenker als Verschwendung/Poesie mit einer Kiste sitzen; hier wird mit der Macht des geistigen Scheins, der Illusion, experimentiert. (5) V. 5709 ff. wird mit der Macht des materialen Scheins, dem »goldnen Blut« in der Kiste, experimentiert: die Masken vergessen gierig ihre Masken. (6) V. 5801 ff. Mit

einem wilden Heer von Masken kommt der Kaiser als großer Pan (»das All der Welt«), blickt gierig in die zur Hölle
sich öffnende Kiste mit glühendem Gold; seine Bartmaske
fällt hinein, wird brennend herausgeschleudert und setzt
den Kaiser, »das All der Welt«, die Masken und die Dekora-
tion in Brand: Macht der materialen Not, auch wenn sie sich
zum Glück als Illusion herausstellt: (7) V. 5970 ff. Plutus/
Faust als Magier löscht alles und löst den Schrecken. – Die
Szene zeigt insgesamt die Kräfte, die eine Gesellschaft bilden, und führt das Umkippen der spielerischen in die real
wirkende Illusion als ihrer aller Voraussetzung, Chance und
Bedrohung vor.

Die Metrik ist außerordentlich reichhaltig; viele der Gesangsstrophen entsprechen den Zauberstrophen der Elfen
in *Anmutige Gegend*, andere Versarten charakterisieren oft
ironisierend ihre Sprecher.

BA vor 5065   *Mummenschanz:* vgl. Anm. zu V. 4767.

5065 f. *in deutschen Grenzen ... Totentänzen:* beschränkt
auf die Tradition der Fastnachtsbräuche (Teufelsmasken
in der alemannischen, Narrentänze in der Nürnberger
Fastnacht) und auf die spätmittelalterliche Totentanzma-
lerei. Der Herold ordnet das Fest und kündigt die Gruppen an.

5068 *Römerzügen:* Karl IV., wahrscheinlich mittelalter-
liches Vorbild des Kaisers, war seit 1346 römischer König
und setzte die intensive Italienpolitik seines Vaters fort.
Er führte am Prager Hof durch Import von Künstlern,
Dichtern, Gelehrten die in Italien schon blühende Renaissance mit ihren Festen ein.

5073 *an heiligen Sohlen:* mit dem Kuss des päpstlichen
Pantoffels.

5075 *die Kappe:* die Narrenkappe mit Eselsohren und
Schellen.

5083 *Zudringlich:* Die Gruppen (»Chor an Chor«) drängen
heran und wollen vom Herold angekündigt werden.

5090 *Junge Florentinerinnen:* In florentinischer Tracht spielen sie Gärtnerinnen, die dem prachtliebenden Kaiser nach Deutschland gefolgt sind.

5102 *bewitzeln:* mehr oder weniger geistreiche Bemerkungen dazu machen.

5112 *in Laub und Gängen:* in Lauben und Gängen des Saals mit seinen Nebenräumen.

5116 f. *Feilschet … kein Markten:* einkaufen, aber nicht um den Preis verhandeln.

5118 *mit sinnig kurzem Worte:* Die »Waren« stellen sich jetzt kurz vor.

5123 *Mark der Lande:* Hauptnahrungsmittel in den Mittelmeerländern, wo die Gärtnerinnen herkommen.

5128 *Ceres' Gaben:* die römische Göttin des Getreides und des Ackerbaus.

5130 *Das Erwünschteste dem Nutzen:* was dem Nutzen das Erwünschteste ist, d. h. das Nützlichste. Der Ährenkranz verbindet Schönheit und Nützlichkeit.

5133 *Wunderflor:* wunderbarer Blumenschmuck.

5137 *Theophrast:* Theophrastos (um 372–287 v. Chr.), Schüler von Platon und Aristoteles, Verfasser zweier botanischer Werke, in denen er Natur- und Kulturpflanzen beschreibt und klassifiziert.

BA vor 5144   *Ausforderung:* Herausforderung zum ›Kampf‹, die die Kunstblumen gegen die V. 5150–57 redenden Naturblumen aussprechen. Durch solche Kampfansagen (»Cartels«) brachten die Veranstalter von Maskenumzügen seit der Renaissance Dramatik in den Festablauf.

5156 *in Florens Reich:* im Reich der Blumen- und Wachstumsgöttin Flora.

BA zu 5158   *Theorben:* Groß-Lauten mit zusätzlichen, frei schwebenden Bass-Saiten; Instrument des 18. Jh.s.

5160 *nicht verführen:* wie im Paradies.

5163 *Pfirschen:* Pfirsiche.

5187 *Sponsierer:* Freier, Heiratskandidaten.

5194 *Dritter Mann:* Gesellschaftsspiel (auch: »den Dritten abschlagen«).

5195 *Wollten nicht verfangen:* waren erfolglos.

BA nach 5198 *Leimruten:* klebrig gemachte Zweige zum Fangen von Singvögeln.

5199 *Blöße:* Kahlschlag; hier vielleicht: freier Raum ohne Hindernis.

5206 *Bringt dies ins Reine:* macht euch das klar.

5209 f. *Wie kämen ... zu stande:* wie kämen sie zurecht.

5211 *witzten:* ihren Intellekt anstrengten.

5215 *PULCINELLE:* Spaßmacherfiguren aus dem Straßentheater der italienischen Renaissance (*commedia dell'arte*; Abb. 10).

5237 *PARASITEN:* wörtl.: Mitesser; Schmarotzerfiguren der altrömischen Komödie; sie machen sich an die Holzträger wegen ihrer Beziehungen zur Küche heran.

5244 *Doppelblasen:* Anspielung auf die äsopische Fabel, wo einer warm (für die kalten Finger) und kalt (für die heiße Suppe) aus einem Mund bläst. Anwendung auf die ›Doppelzüngigkeit‹ der Schmeichelei, die manchmal, »wie's einer fühlet«, auch schlecht ankommt und dann nichts nützt (»frommt«). Um den Holzfällern zu gefallen, argumentieren die Parasiten hier gegen ihr eigenes Verhalten.

5252 *Kohlentrachten:* Tragelasten der Kohleträger.

5255 *prudelt's:* brodelt es.

5270 *getan:* gut, in Ordnung.

5272 *Rümpfte:* zog ein verachtendes Gesicht.

5273 f. *wie sehr ... Maskenstock:* so stolz ich darauf war, nannte sie mich doch einen Kleiderständer.

5293 *Span:* wohl im Sinne von ›Brett‹.

5294 *Dem ist's getan:* der hat genug.

BA nach 5294 *Enthusiasten:* die begeisterten Hymnendichter unter den aufgezählten Poeten zwischen Empfindsamkeit und Spätromantik.

5295 *SATYRIKER:* wegen der vermuteten Beziehung zu »Satyr« zeitübliche Schreibung.

BA vor 5299 *DIE GRAZIEN:* Personifikationen der Schönheit und der Anmut, nach der griechischen Mythologie Töchter des Zeus; »Ihrer sind drey, weil die eine die Wohltat giebt, die andere sie annimmt, und die dritte sie wieder giebt oder vergilt« (Hederich, Sp. 1180).

BA vor 5305 *DIE PARZEN:* lat. *Parcae*, Töchter der Nacht, die über die Lebenszuteilung aller Menschen bestimmen. Klotho hält den Spinnrocken, Lachesis spinnt den Lebensfaden, Atropos schneidet ihn ab. Die Figuren ordnen die Zuständigkeiten im Zuge der Verharmlosung zum Zweck des Maskenfestes neu.

5321–24 *Zerrt ... zu der Gruft:* Die »Alte« Atropos hat Nutzloses überlang am Leben gelassen und Vielversprechendes verfrüht getötet.

5335 f. *Weife ... übereilt:* Den Garnhaspel für den normalerweise von Lachesis gesponnenen Faden hat sie noch nie zu hastig gedreht.

5339 *überschweifen:* den Haspel verlassen.

5344 *nimmt den Strang:* Der »Weber« (vgl. V. 508 f.) übernimmt das Garnbündel.

5349–52 *Die Furien ... Tauben:* Erscheinung und Verhalten dieser Furienmasken laufen der mythologischen Überlieferung genau zuwider. Ihre antiken Aufgaben der Rache geschehener Verbrechen durch Krieg, Seuchen, Tod sind hier modisch angepasst: Alekto sät Streit in der Liebe, Megära in Ehen, Tisiphone rächt Seitensprünge, die Asmodi, der Eheteufel (V. 5378), veranlasst.

5371 *durch Grille zu vergällen:* durch schlechte Gedanken zu zerstören.

5386 *Gischt:* blasentreibende Flüssigkeit, wohl wieder im Sinn von ›Gift‹.

5395–5402 *ein Berg ... zu sehr:* Goethes Bildvorstellung stammt wahrscheinlich von Andrea Mantegnas Gemälde »Julius Caesars Triumphzug«, von dem er Holzschnitt-Kopien von Andrea Andreani besaß: einer der Aus-

Abb. 10 Männlicher und weiblicher Pulcinella
Masken aus dem »Römischen Carneval«

schnitte zeigt eine Gruppe von Elefanten, geschmückt
und mit Teppichen behängt; auf dem Rücken des vorders-
ten sitzt ein junger Führer oder eine Führerin, die den
Elefanten mit einem Stäbchen lenkt. Die Victoria (V. 5455)
in ihrem Wehrturm hat Goethe hinzuerfunden.

5421 *von drüben droht Vernichtung:* Die Furcht, die überall Feinde wittert, sieht auch das Jenseits als feindlich.

5443 *Gemeinde:* die Versammelten oder die Menschheit allgemein.

5449 *Zinne:* der mit Schießöffnungen versehene Rand des
Wehrturms auf dem Rücken des Elefanten.

5451 *zum Gewinne:* zum Sieg, zum Erfolg jeder rühm-
lichen Unternehmung (vgl. V. 5464 f.).

5457 *ZOILO-THERSITES:* Name gebildet aus Zoilos,
einem böswilligen Kritiker des Homer aus dem 4. Jh.
v. Chr., und Thersites, einem hässlich-böswilligen Ver-
leumder der Helden vor Troja (*Ilias* II,212–277). Ein solcher Schlechtredner gehörte zu den Triumphzügen der
Feldherrn Roms; er musste durch seine hämisch herabset-
zenden Reden vermeiden, dass die Götter über den Übermut des Siegers zornig wurden.

5462 *Aar:* Adler.

5472 *frommen Stabes:* seines Heroldstabs, der die Würde
seines Amtes als Ordner des kaiserlichen Festes symboli-
siert. Da der Schlechtredner zur »Ordnung« des Tri-
umphzugs gehört und seine Verkehrung der Verhältnisse
(V. 5467–70) ›richtig‹ ist, missbraucht der Herold seinen
Stab, indem er den Schlechtredner schlägt. Aus dieser ersten folgenreichen Verwechslung von Maske/Rolle und
Wirklichkeit entfaltet sich mehr und mehr das Unheimliche der Szene.

5479 *Die Otter und die Fledermaus:* Giftschlange und (als
Vampir) blutsaugende Fledermaus; beide sind im Volksglauben mit dem Teufel im Bund. Wenn beide »zum
Verein« eilen, verbünden sich die teuflischen Mörder
wieder.

5499 *Weder wanke, weder weiche:* ich wanke und weiche
nicht.

5518 *Wie von magischer Laterne:* Laterna magica, Vorform
des Dia-Projektors, in ersten Entwicklungsstufen schon
im 16. Jh. (Abb. 11); die zuerst als körperloses Bild, dann

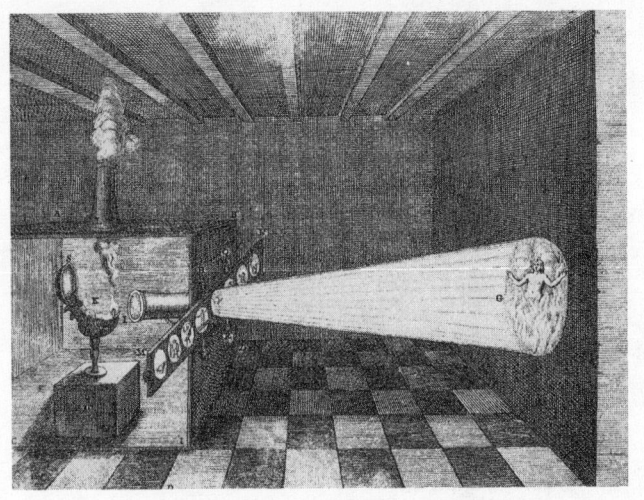

Abb. 11 Laterna magica mit Wechsel-Diapositiven, 1671

als realer Wagen auftretende Erscheinung lässt sich jedoch
nicht vollständig als Diaprojektion erklären; es handelt
sich um eine Art virtueller Realität, weshalb es den Herold auch schaudert.

5520 *KNABE (Wagenlenker):* In einer der Handschriften
heißt die Sprecherangabe »Euphorion als Wagenlenker«;
Goethe wollte also den später als Sohn Fausts und Helenas erscheinenden Euphorion hier schon nennen, unter-
ließ es aber, weil an dieser frühen Stelle der Name hätte
erklärt werden müssen. Gegenüber Eckermann bestätigt
Goethe aber (20. 12. 1829) die Identität und führt beide
Erscheinungen auf die Personifikation der Poesie zurück
(V. 5573). Wenn Goethe den Euphorion des 3. Akts aus-

drücklich mit Lord Byron (Abb. 12) identifiziert, liegt
nahe, das Porträt V. 5535–51 auf dieses poetisch »größte
Talent des Jahrhunderts« (zu Eckermann, 5. 7. 1827) zu
beziehen. – Sein poetisches Talent zeigt der Knabe gleich,
indem er die geflügelten Drachen (V. 5680 f.) in gespielter
Geringschätzung als »Rosse« bezeichnet, mit denen er
üblicherweise kutschiert.

5531 *wir sind Allegorien:* im Sinne von personifizierten
Abstrakta wie schon Furcht, Hoffnung etc.; neu ist, dass
die Allegorie sich selbst als Allegorie bezeichnet. Es
bleibt auch nicht bei e i n e r Bedeutung: der Knabe bezeichnet sich als Verschwendung, als Poesie, als Poeten,
als unermesslich reich und allseitig tätig, vor allem nimmt
er die Funktion des Herolds ein, sich und die anderen Figuren zu erklären. Damit durchstößt er seine Maske in
Richtung ›Realität‹, wie er nachher mit seinen falschen
Schmuckstücken nicht die Masken, sondern die Menschen unter den Masken reizt. Dies ist das Prinzip der
ganzen Gruppe.

5539 *Sponsierer:* vgl. Anm. zu V. 5187.

5551 *das A.B.C.:* die Anfangsgründe der Geschlechterbe-
ziehung.

5554 *milde:* wohl im Sinne von mhd. *milte*, Freigebigkeit
des Fürsten.

5565 *Schmuck des Turbans:* vielleicht inspiriert vom sagen-
haften Reichtum orientalischer Herrscher (die Szene verwendet mehrere Motive aus orientalischen Märchen).

5582 *ein Schnippchen schlagen:* mit den Fingern knipsen.

5594 *neue Pfiffe:* neue Tricks.

5603 *frevle Schmetterlinge:* mutwillige, irreführende
Schmetterlinge.

5607 *der Schale Wesen zu ergründen:* zentrale Aufgabe des
Akts – »farbiger Abglanz«, Masken, Allegorien, Papiergeld, »Fratzengeisterspiel« der Helena sind lauter »Schalen«, deren Wesen und vor allem soziale Wirkung der
Akt studiert.

Abb. 12 V. Camuccini: Lord Byron
Bildvorstellung zum Knaben Lenker (V. 5536–51)

5609 *schärferes Gesicht:* besseren Durchblick als der Herold hat.
5617 *die Palme:* Durch Lob des Herrschers und seiner Taten verschafft die Poesie den Sieg (»Palme«) und öffentliche Anerkennung.

5630 *Die größten Gaben:* Die Flämmchen, mit denen der Knabe das Pfingstwunder (Apg. 2,2) parodiert, wo sich der Heilige Geist den Jüngern mitteilt, sind die Fähigkeiten der produktiven Einbildungskraft, der verschwenderische Reichtum des poetischen Geistes, mit dem der Knabe dem Plutus dient.

5649 *Avaritia:* Habsucht, Geldgier, Geiz, die Mephistopheles als Sparsamkeit umdeutet. Das lat. Wort ist weiblich; die Zeitentwicklung macht, wie er provokativ sagt, den Geiz zur Männersache (V. 5665).

5656 *böser Zahler:* der seine Schulden nicht bezahlt.

5660 *erspulen:* mit Spinnen verdienen.

5670 *Schlappe:* Ohrfeige.

5671 *Marterholz:* Holzkreuz für die Kreuzigung; »dräun« ist ›drohen‹.

5690 *deiner Sphäre:* der Einsamkeit (V. 5696, vgl. V. 59–66).

5712 *goldnem Blute:* Gold und Blut sind, wie *Walpurgisnacht* gezeigt hat, die Entsprechungen von Ordnung und Energie, Makrokosmos und Erdgeist, im höllischen Weltreich. Faust wird mit dem Gold gleich Ordnung schaffen.

5732 *Rechenpfennige:* nachgemachtes Geld zu Lehr- oder Spielzwecken.

5761 *Unterpfand:* zur Garantie der Ordnung, dem neuen »Gesetz« (V. 5800).

5782 *dies Metall lässt sich in alles wandeln:* Geld als universale Tauschbasis aller Wertschöpfung.

5792 *übelfertig:* bereit, Übles zu tun.

5798 *Narrenteidung:* Narrenpossen und -geschwätz.

5804 *großen Pan:* Bedeutung hier kombiniert aus dem ungehobelten Waldgott und dem »All der Welt« (V. 5873).

5809 *was nicht ein jeder weiß:* dass der Kaiser in der Pansmaske steckt. Faust durchbricht nicht für die Maske, sondern für den Kaiser das »Gesetz«, lässt ihn auch noch in den Abgrund der Goldkiste schauen und löst damit das Unheil aus.

5819 *FAUNEN:* Wald- und Feldgötter, Beschützer der weidenden Herden, ständige Begleiter des Pan.

5829 *SATYR:* Berg- und Waldgott, oft im Gefolge des Dionysos. Die Charakterisierung des freien Einzelnen erinnert an Goethes Jugenddrama *Satyros oder Der vergötterte Waldteufel.*

5840 *GNOMEN:* Erd- oder Berggeister, bewachen die unterirdischen Schätze und können verschiedene Gestalten annehmen, hier die der Bergleute.

5845 *Leuchtameisen:* von den Gnomen erfundene Tierart.

5848 *Gütchen:* den Menschen wohlgesonnene Hausgeister.

5853 *Glück auf!:* Bergmannsgruß.

5860 *die drei Gebot':* nicht zu töten, die Ehe nicht zu brechen, nicht zu stehlen (2. Mose 20,13–15), wozu das Gold der sittlich neutralen Naturdämonen ebenfalls benutzt werden kann wie zum Bruch der anderen Gebote. Die Dämonen empfehlen ihren sittlichen Gleichmut auch den Menschen.

5864 *Die wilden Männer:* halbtierische, allwissende Elementargeister und Vegetationsdämonen des Waldes. Goethe bringt sie offenbar mit Riesen wie Rübezahl zusammen, der mit einer Fichte als Spazierstock porträtiert wird.

5884 *zu Mittage schläft:* die sog. panische Stille der Mittagsstunde.

5893 *niemand weiß wo ein noch aus:* der sog. panische Schrecken, wenn Pan durch plötzlichen ohrenbetäubenden Lärm ganze Heere in die Flucht jagt.

5903 *Troglodytisch:* als Höhlenbewohner, die dem Gold durch die feinen Adern nachgrabend im Berg hausen.

5917 *eräugnen:* das ›Ereignis‹ ist auch von der Herkunft des Wortes her, was sich den Augen zeigt. Der folgende Brand zeigt sich im wahren Sinne nur den Augen, wird aber von allen als wirklich erfahren und beklagt.

Abb. 13 Der brennende König Karl VI.,
Unfall bei einem Maskenfest 1394

Holzschnitt von Matthäus Merian in Johann Ludwig Gottfrieds
Historischer Chronica (1642)

5919 *Protokoll:* Die Hoffeste wurden meist genau beschrieben und in Kupferstichen festgehalten. Der Brand des Herrschers geht auf einen historischen Unfall bei einem Maskenfest Karls VI. von Frankreich 1394 zurück (Abb. 13).

5934 *Ungeschick:* Missgeschick, Unheil.

5977 *schwangre Streifen:* Nebelstreifen, voll von Feuchtigkeit.

Lustgarten

Geld-Schein

Der Kaiser ist begeistert über die imaginären Lust- und Schreckenserlebnisse, die ihm die beiden Magier beim Maskenfest bereitet haben. Die Staatsräte berichten beglückt über die Wirkungen des über Nacht eingeführten Papiergeldes, das dem Kaiser erst einmal erklärt werden muss. Es funktioniert aufgrund kollektiver Täuschung im Vertrauen auf die Unterschrift des Kaisers und dessen Glauben an die Versprechungen der Magier. Faust und Mephistopheles werden mit der Verwaltung der imaginären Bodenschätze im ganzen Reich beauftragt. Der Narr wird seinen Anteil an den Scheinen sofort in Grundbesitz anlegen: er ist der Klügste.

BA vor 5987 *Lustgarten:* Schlosspark der Renaissance mit Blumenrabatten und architektonisch-bildhauerisch behandelten Hecken.

5990 *Pluto:* lat. Form des griech. Hades, Unterweltgott, dessen Name nun den ähnlichen Plutus (›Reichtum‹) gewissermaßen aufsaugt und dem Höllenfürsten dessen Reichtümer zusätzlich zu seiner umfangreichen Mythologie verleiht.

6002 *Salamandern:* Vom Feuersalamander glaubte man, dass er im Feuer (über)leben könne; Salamander hießen deshalb Feuerdämonen (vgl. V. 1273).

6009 f. *lichtgrüne ... Purpursaum:* von Goethe in der *Farbenlehre* besprochene Lichtphänomene unter Wasser (HA 13, S. 349); Mephistopheles tut, als veranstalte das Meer extra für den Kaiser die Purpurumrandung, die auf die Toga der hohen römischen Staatsbeamten Bezug nimmt.

6022 *Nereiden:* Meerjungfrauen (vgl. Anm. zu V. 8044).

6025 f. *Thetis ... Peleus:* Die Meergöttin (Nereide) Thetis erhebt den Kaiser zum Geliebten (Peleus war ihr Gatte).

6027 *des Olymps Revier:* Um dem Kaiser auch das Reich der Luft zu unterwerfen, will Mephistopheles ihn auf den Thron des Zeus setzen.

6032 *aus Tausendeiner Nacht:* einer großen orientalischen Sammlung phantastischer Märchen, mit denen Scheherezade (vgl. V. 6033) den König, der sie töten lassen will, so fasziniert, dass er sie begnadigt, allerdings erst nach 1001 Geschichten.

6037 *MARSCHALK:* für die Versorgung des Hofs zuständig (vgl. V. 4852–75).

6045 *Abschläglich:* mit Abschlagszahlung auf den zu erwartenden Lohn.

6058 *Kronen:* Bezeichnung mehrerer europäischer Währungen.

6068 *sprach ... zu dir heran:* trat an dich heran und sprach dich an.

6071 *rein:* in Reinschrift.

6081 *Das Alphabet ... überzählig:* hat einen neuen Buchstaben.

6094 *Der Krämer schneidet aus:* Der Tuchhändler schneidet Stoffe vom Ballen ab.

6100 *Schedel:* von lat. *schedula* ›Blatt, Zettel‹.

6118 *Grenzenlosen:* Gemeint sind die grenzenlosen Bodenschätze oder vergrabenen Schätze; jedenfalls soll der Kaiser »grenzenlos Vertrauen« in ein bloß Versprochenes fassen, wie es ja schon die Papierscheine fordern.

6125 *Pokal und Kette:* die man gefunden hat, wenn man »eine Zeit« gegraben hat.

6134 *Kustoden:* Der Kaiser vertraut völlig darauf, dass Faust und Mephistopheles das Versteck vergrabener Schätze kennen, und erhebt sie zu den Hütern (lat. *custos*

›Wächter‹) dieser Schätze, zugleich mit dem Schatzmeister für die Reichsfinanzen verantwortlich.

6149 *BANNERHERR:* Träger einer Reichsfahne.

6153 *Flor:* (Blüten-)Pracht.

6168 *biete nur, das fehlt dir nie:* biete nur mit bei Versteigerungen, das kann dir nie schiefgehen.

6172 *Witz:* Intelligenz. Mephistopheles lobt ihn, ohne dass es andere hören (*solus*).

Finstere Galerie

Diebstahl bei den Müttern

Der Kaiser, reich gemacht, will jetzt amüsiert werden und verlangt Helena, die schönste Frau in der Vorstellung der Antike, und Paris, ihren Entführer, zu sehen. Mephistopheles will sich um den Auftrag drücken, weil er für die Heidenwelt nicht zuständig sei und weil er zwar weiß, wie man an die Bilder kommt, die Schwierigkeiten aber selbst nicht auf sich nehmen kann oder will. Faust, wenn er schon leichtsinnigerweise zugesagt hat, muss selbst ins Nichts zu den Müttern, den Verwalterinnen aller Gestalten der Welt, vordringen und dort mittels eines von Mephistopheles mitgegebenen Schlüssels einen glühenden Dreifuß stehlen; dieser wird es dann möglich machen, körperlose Gestalten auf einer Nebelwand zu sehen. Faust vermutet, dass ihn Mephistopheles zu viel weiter reichenden Absichten missbraucht, lässt sich aber auf das gefährliche Unternehmen ein: es geht Mephistopheles offenbar darum, zu dem der Hölle schon verfügbaren materiellen, sich in Gold und Blut äußernden Prinzip der »tiefsten Natur« (FD 1, S. 626) das Prinzip »Des ewigen Sinnes« mit seiner Äußerung in »Gestaltung, Umgestaltung« (V. 6287 f.) hinzuzugewinnen: das würde für die Hölle den Besitz der Schöpfermacht bedeuten. – Madrigalverse, Vierheber und durch dialogische Versbrechungen beschleunigte Fünfheber.

6178 *an den Sohlen abgetragen:* Im Lauf seiner langen Existenz hat Mephistopheles die Lust an »Spaß und Trug« längst abgenützt wie Schuhsohlen.

6180 *Wort zu stehn:* antworten zu müssen.

6184 *Paris:* Als Preis für ein Urteil, in dem der trojanische Königssohn und Hirte Paris die Aphrodite als schönste Göttin bezeichnet hatte, war ihm Helena, die Frau des spartanischen Königs Menelaos, zugesprochen worden. Der Raub der Helena löste den Trojanischen Krieg aus.

6200 *Kielkröpfigen Zwergen:* Kinder des Teufels mit Hexen.

6202 *Heroinen:* weibl. Form von »Heros«; die großen Heldenfrauen der Antike.

6208 *Wie man sich umschaut:* im Nu.

6213 *hehr in Einsamkeit:* erhaben. Einsamkeit ist auch die Sphäre des Dichters (V. 5695 f.); deshalb hieß es in einem Entwurf zu V. 6436, die bei den Müttern befindlichen Bilder des Lebens suche »getrost der Dichter auf«. Der Bereich der Mütter ist demnach als *poiesis*, Schöpfung überhaupt, zu denken.

6216 *Die Mütter:* Befragt, woher er die Vorstellung von den Müttern habe, antwortete Goethe, er habe bei Plutarch von Müttern als Gottheiten gelesen, alles andere sei seine Erfindung (zu Eckermann, 10. 1. 1830). An vielen Stellen der von Goethe gelesenen Literatur über Magie und andere Geheimlehren war jedoch von »Müttern« als Prinzipien der Gestaltung die Rede (vgl. FD 2, S. 639–642).

6228–38 *Du spartest ... übergeben:* Diese Belege für »Einsamkeit« aus Faust Leben, mit denen er auf *Hexenküche, Nacht, Wald und Höhle* anspielt, stimmen mit den aus dem Text bekannten Umständen und Begründungen nicht zusammen: Faust interpretiert wie im 5. Akt sein Leben um.

6249 f. *Mystagogen ... Neophyten:* Einweihende und Einzuweihende in antiken Mysterienkulten.

6253 *wie jene Katze:* nach La Fontaines Fabel *Der Affe und die Katze.* Es sind zwei Diebsgesellen, aber der Affe, um sich die Finger nicht zu verbrennen, lässt die Katze die Maronen aus der Glut holen, isst sie auf und lässt die Katze leer ausgehen. Die fürstenkritische Fabel wird schon seit dem 16. Jh. erzählt.

6256 *das All zu finden:* Was für Mephistopheles »Nichts« ist, hofft Faust aufgrund seines Zugangs zur Denkwelt der antiken Geheimlehren als das All zu finden, z. B. nach der Formel »Hen kai Pan« (Eins und Alles), wonach das All die gestaltete Entfaltung des Einen ist, das seinerseits Nicht-Etwas ist (vgl. V. 6243). Bestätigung kommt später (V. 6287–89).

6259 *Schlüssel:* symbolischer Gegenstand mit mehreren Lesarten, z. B. als Schlüssel des Abgrunds nach Offb. 11,7, dem das fürchterliche widergöttliche Tier der Weltzerstörung entsteigt – Helena, die Städtezerstörerin, Männer- und Völkerverderberin. Der Unterweltgott Pluto wird manchmal mit einem riesigen Phallus als Zepter oder mit einem kleinen Schlüssel abgebildet (Hederich, Sp. 2029); das mag Goethe die sexuellen Konnotate des Schlüssels nahegelegt haben, mit dessen Zeugungskraft die *poiesis* der Mütter (vgl. Anm. zu V. 6213) erschlossen wird.

6279 *das Getreibe:* Nebelbilder längst nicht mehr vorhandener Wesen und Dinge werden um Faust herumflattern und -schwimmen.

6288 *Des ewigen Sinnes ewige Unterhaltung:* zweifach lesbar: der ewige Sinn/Sinnende unterhält sich mit Gestaltung, Umgestaltung; Gestaltung, Umgestaltung unterhält/erhält/hält lebendig den ewigen Sinn.

6290 *Sie sehn dich nicht:* Die Mütter sehen nichts Reales und Materiales.

6301 *fortan, nach magischem Behandeln:* Das wird sich dann technisch als Raucherzeugung für die Diabilder einer Laterna magica herausstellen. Aber Mephistopheles erhofft sich »fortan« eine Benutzung des poetischen Dreifußes – in der Antike war er das Gerät des Dichtergottes Apollon – als gestalterische Ergänzung der ihm verfügbaren gestaltlosen Materie. Fausts närrischer Griff in den Apparat (V. 6562–65) macht ihm diese weiterreichende Hoffnung zunichte.

Hell erleuchtete Säle

Heilkunst

Fausts Rückkehr lässt auf sich warten, Mephistopheles ist beunruhigt, der Kaiser und seine Beamten drängen, wobei ihnen wie beim Geld jedes Mittel recht ist, wenn sich nur der Effekt zeigt. Dasselbe gilt für die Hofleute, die Mephistopheles von allerlei körperlichen und seelischen Wehwehchen heilen soll: sie kümmern sich nicht um die Herkunft und Art des Heilmittels. – Metrum: Madrigalverse.

6310 *zur Schmach:* Der Kaiser hat das Schauspiel versprochen, das Abendprogramm wurde darauf eingestellt. Es wäre peinlich, wenn es nicht zustande käme.

6318 *fertig:* zum Bedarfszeitpunkt bereit.

6325 f. *kohobiert ... distilliert:* Begriffe aus der Alchimie. »Kohobieren« bedeutet dort Reinigen durch mehrfache Destillation.

6329 *umschranzen:* nach Art von Höflingen (vgl. den Ausdruck »Hofschranzen«) umdrängen.

6357 *Scheiterhaufen:* der Inquisition, die nach Mephistopheles mit der Hölle zusammenarbeitet.
6363 *Strauß:* Kampf, Gefecht.
6373 *Teppiche spendiert:* Wandbehänge mit teuren Bildsti-
  ckereien (»Tapeten«, vgl. V. 6383 f.).

Rittersaal

»Fratzengeisterspiel«

Das Schauspiel beginnt, angesagt vom Astrologen, dem Mephistopheles einsagt, mit der Kulisse eines antiken Tempels.
Faust erscheint, vom Dreifuß gefolgt, aus dem er, mit dem
Schlüssel Weihrauch und anderes entzündend, Nebel auf-
steigen lässt. Aus ihm scheint Paris hervorzutreten, sogleich
vom Hof positiv und negativ kommentiert wie ein leibhafti-
ger Mensch, desgleichen Helena. Faust vergisst ebenfalls,
dass es sich um Dia-Projektionen handelt, von ihm selbst
gemachtes »Fratzengeisterspiel«. In seiner kopflosen Faszination und Eifersucht auf den Kino-Paris fasst er nach
Helena und kehrt den glühenden Schlüssel auf Paris: der
Rauch explodiert, zerstört wohl den Nebel-Apparat und
wirft Faust für zwei Akte ins Koma. – Metrum: Madrigalverse.

6378 *Verkümmert ... Walten:* Weil die Geister heimlich
  agieren, hat der Herold nichts anzukündigen. Er weicht
  auf die Beschreibung der Zustände im Saal aus.
6383 *Tapeten:* vgl. Anm. zu V. 6373.
6393 *hier ist Magie zur Hand:* was der Astrologe beschreibt, ist ein durchführbarer Bühneneffekt: Die Bild-
  teppiche werden durch einen Zugmechanismus von der
  dahinter liegenden Fläche weggerollt, die als Wand er-

scheint, aber die Rückseite der Kulisse mit dem Tempel ist. Diese spaltet sich in der Mitte und wird nach rechts und links im Bogen nach hinten geschoben, wobei der auf die Rückseite gemalte Tempel erscheint und ein Proszenium (Vorderbühne) entsteht, das vom Astrologen und von Faust betreten werden kann, der dann seinen Nebelapparat (vgl. Abb. 11) aufstellt und in Gang setzt.

6410 *plump und überlästig:* Der Spott des Architekten gotischer Kirchen (V. 6412–14) entspricht Goethes Erschrecken angesichts der dorischen Tempel in Paestum (HA 11, S. 219 f., vgl. dann aber ebd., S. 323) – Abb. 14.

6413 *Zenit:* Anblick der ›Himmelhöhe‹ einer gotischen Kirche beim Blick nach oben.

6415 *sterngegönnte Stunden:* die günstige Sternkonstellation.

6447 *Triglyphe:* an dorischen Tempeln ein Dreischlitz in den Köpfen der steinernen Deckenbalken.

6477 *Ambrosia:* Speise der Götter, die ihnen Jugend, Schönheit, Unsterblichkeit verleiht.

6483 *Feuerzungen:* Anspielung auf das Pfingstwunder (Apg. 2,1–4).

6484–86 *gesungen … erscheint … gehörte:* Vorzeichnung der Reaktion Fausts.

6495 *Die Wohlgestalt:* das Zauberbild in *Hexenküche*.

6500 *zolle:* abgebe, opfere, weihe.

6509 *Endymion … gemalt!:* Der schöne Hirte Endymion verliebte sich in Hera, die Gattin des Zeus, weshalb ihn dieser in einer karischen Höhle in Schlaf versenkte. Dort verliebte sich Selene (lat. Luna), die Mondgöttin, in ihn und zeugte mit ihm 50 Töchter.

6513 *DUENNA:* Hofmeisterin, Gouvernante.

6530 *Vom zehnten Jahr an:* vgl. V. 7426.

6531 *Gelegentlich:* wenn sich die Gelegenheit bietet.

6548 *Raub der Helena:* Paris soll Helena entweder aus dem Palast in Sparta geraubt haben, während Menelaos abwesend war, oder auf der Insel Kithera südlich der

Abb. 14 Paestum, Neptun-Tempel
(Kupferstich von Piranesi)
Bildvorstellung zum »Raub der Helena«

Peloponnes gelandet sein und Helena aus dem Artemis-
Tempel entführt haben; dorthin war sie aus Neugier gekommen, um den schönen Fremden zu sehen (Hederich,
Sp. 1219f.); dieser Version folgt Faust in dem von ihm in-
szenierten Spiel, auf das er nun selbst hereinfällt.
6555 *Doppelreich:* von Wirklichkeit und (Kunst-)Schein.
6565 *zu Schaden:* wegen des wahrscheinlich zerstörten
Dreifußes, vgl. Anm. zu V. 6301.

Zweiter Akt

Ausflug in die Welt im Kopf

Nach der Explosion am Ende des 1. Akts liegt Faust im Koma in seinem alten Studierzimmer, wohin Mephistopheles ihn gebracht hat. Das Gelehrtenquartett aus dem ›Gelehrtendrama‹ des Ersten Teils ist wieder beisammen; Wagner, mittlerweile hochangesehen, experimentiert; der damalige Schüler, jetzt mit Studienabschluss, will sich vom Studienberater Mephistopheles nichts mehr sagen lassen und meint, die über 30jährigen müsste man totschlagen, um für die tüchtigen Jungen Platz zu machen. Wagner will einen Menschen machen, produziert aber einen Geist in der Flasche, künstliche Intelligenz: Homunkulus. Dieser liest den Mythos von der Zeugung Helenas in Fausts Traum und erkennt, dass Faust nur im »Fabelreich« der Antike zu heilen ist. Mephistopheles wird durch die Aussicht auf Abenteuer mit thessalischen Hexen gelockt, Homunkulus selbst hofft auf die Möglichkeit, sich einen organischen Körper zu verschaffen.

Eine Ballonfahrt bringt sie in die (von Goethe erfundene) Klassische Walpurgisnacht, wo sie ihren Zielen nachgehen. Faust entwickelt poetische Kraft, Gestalten seiner Wünsche in die Gegend zu »schicken« (V. 7273) und sich selbst durch seine Er-Innerung virtuell in einen griechischen Halbgott (V. 7473) zu steigern, um Helena auf Augenhöhe gegenübertreten zu können; so steigt er in den Hades hinab, sie von der Unterweltgöttin loszubitten. Mephistopheles hascht vergebens nach lockenden Gespenstern, findet keine Hexen und sucht die störende Kulturdifferenz dadurch auszugleichen, dass er sich eine Maske uranfänglicher Hässlichkeit gibt: diese ist überall der Anfang der Ordnung und Schönheit der Kultur und Welt. Homunkulus wird mit seinem Entstehungs-Problem von einem zum andern geschickt, begehrt schließlich die Stellvertreterin der Schönheitsgöttin,

Galatee, lässt sein Glas an ihrem Muschelboot zerschellen und zerfließt in eine Wolke leuchtender Einzeller im Meer; diese werden den Weg durch die aufsteigende Entwicklungskette der Organismen machen. Faust im geistigen, Mephistopheles im gestalthaften, Homunkulus im existenziellen Sinn kehren also an die Anfänge der Welt zurück, um die Zeit und den Raum zu überwinden, überall und immer sein zu können. Während sie ihren Sehnsüchten nachgehen und virtuelle Realitäten erleben – das Ganze kann auch in Fausts Kopf spielend gedacht werden –, beachten sie nur am Rande, dass ein ungeheures Erdbeben die Welt verändert; die Folgen zeigen sich im 4. Akt.

Hochgewölbtes, enges, gotisches Zimmer

Ungeziefer

Mephistopheles hat den von der Explosion gelähmten Faust in sein altes Studierzimmer getragen, wo er alles unverändert vorfindet. Er zieht Fausts alten Mantel wie zur Schülerszene wieder an, dabei fällt und fliegt mengenweise Ungeziefer aus dem Pelz und verteilt sich im Raum. Er hat es seinerzeit ausgesät, so wie auch die mephistophelischen Zweifel-, Allmachts- und Destruktionsgedanken in den Köpfen. Um Publikum zu haben, läutet er; die Glocke löst einen ersten Stoß des Erdbebens aus und ruft Wagners Assistenten herbei, der nur ungern Zutritt zu dem experimentierenden Wagner verschaffen will. Der ehemalige Schüler ist nach seinem ersten Studienabschluss so anmaßend geworden, dass er Mephistos damals ins Stammbuch geschriebenen Spruch »Ihr werdet sein wie Gott …« wörtlich nimmt, Mephisto altershalber totschlagen möchte und nur existieren lässt, wem er selbst die Existenz verliehen hat.

6566–69 *verführt ... Verstande:* Die durch die Explosion verursachte Lähmung (»paralysiert«) führt Mephistopheles hier nicht nur auf physische Ursachen, sondern vor allem auf die kaum auflösbare Liebe zu Helena und die Verrückung des Verstandes durch diese Liebe zurück.

6574 *Die Dinte starrt:* die Tinte ist eingetrocknet.

6578 *in dem Rohre:* Verwendet wurde offenbar eine Rohrfeder.

6583 *Schnacken:* Späße, witzige Einfälle.

6587 *Rauchwarme:* wärmend, da aus Pelz (»Rauchwerk«) bestehend.

6588 *erbrüsten:* überzeugt von sich sein und sich ›in die Brust werfen‹.

6593 *Patron:* Arbeitgeber, vgl. V. 11170–72.

6606 *Flaus:* flauschiger Mantel.

6615 *Grillen:* Heimchen; zugleich auch »grillenhafte«, melancholische, zweifelnde, verneinende Gedanken.

6629 *Vliese:* Pelze.

6635 *Oremus:* (lat.) lasst uns beten!

6638 *Bemooster Herr:* Bezeichnung für einen Langzeitstudenten.

6650 *wie Sankt Peter:* nach Mt. 16,19: »Ich will dir des Himmelreichs Schlüssel geben, und alles, was du auf Erden binden wirst, soll auch im Himmel gebunden sein, und alles was du auf Erden lösen wirst, soll auch im Himmel los sein.« Der Witz entsteht hier, weil auch der Chemiker Wagner bindet und löst.

6651 *Das Untre so das Obre:* vgl. V. 5052; »so« ist ›ebenso wie‹.

6667 *die Sternenstunde:* die astrologische Konstellation.

6675 *des großen Werkes:* das *opus magnum*, die höchste Aufgabe der Alchimisten, den Stein der Weisen zu finden.

6681 *lechzt er jedem Augenblick:* sehnt er ihn als Augenblick der Erfüllung herbei.

6684 *beschleunen:* beschleunigen.

6685 *Posto hier gefasst:* ital. *posto* ›Stand, feste Basis‹.

6687 f. *Neusten ... erdreusten:* Der Baccalaureus – einer,
der die erste akademische Abschlussprüfung hinter sich
hat und bereits in der Lehre eingesetzt werden kann –
wird grenzenlos frech werden (»erdreusten« ist eine im
18. Jh. übliche Nebenform zu »erdreisten«), weil er sowohl hinsichtlich der neuesten Lehrmeinungen wie seines
Selbstbewusstseins zur Avantgarde gehört.

6699 *Bin verwegen, wie nicht einer:* so verwegen und kühn
ist sonst keiner. Aber Angst hat er vor dem Einsturz des
Gebäudes. Komischer Kontrast zu seinen folgenden All-
machtphantasien.

6704 *guter Fuchs:* naives Erstsemester.

6706 *Schnack:* s. Anm. zu V. 6583.

6707 *Bücherkrusten:* lebloses, verkrustetes Wissen enthal-
tende Bücher.

6712 *dunkel-helle:* im Dämmerlicht.

6719 *nicht verfangen:* nicht wirken.

6721 *Lethes trübe Fluten:* Lethe, Unterweltfluss des Vergessens, hat ihm schon jede Erinnerung geraubt: Frechheit für ›Altersschwachsinn‹.

6729 f. *Raupe ... Schmetterling:* Metamorphosen des
Schmetterlings von Raupe über Puppe (Chrysalide) zum
Schmetterling. Damit gehört der Baccalaureus zu dem
seinerzeit von Mephistopheles »gepflanzten« Ungeziefer.

6734 *Schwedenkopf:* kurzes, wellig nach hinten gekämmtes
Haar.

6736 *absolut:* Im Blick auf die besprochenen Haartrachten
würde »absolut« (von lat. *absolutus* ›losgelöst‹) eine
Glatze bedeuten; hinsichtlich philosophischer Ansichten
wird angespielt auf Fichtes Lehre vom absoluten Ich, das
in unbedingter Tathandlung sich seine Welt in ihrem Sosein gegenübersetzt. Fichtes Schüler missverstanden oft
Sosein (Beschaffenheit, Erkennbarkeit) für Dasein (Existenz). Zu diesen gehört der Baccalaureus, vgl. V. 6791.

6745 *gelben Schnäbeln:* Jungvögel mit gelbumrandeten Schnäbeln.

6748 *dünkeln:* Kontamination aus »Dünkel«, Arroganz, und »dünken«, jemandem so vorkommen.

6749 *Tropf:* einfältiger, untauglicher Mensch.

6756 *Monden ... Sonnen:* Monaten, Jahren; ironische Nachfrage.

6774 *zur schlechtsten Frist:* im unpassendsten Moment.

6802 *Philisterhaft:* studentischer Ausdruck für ›kleinbürgerlich, eng‹.

6807 *Original:* Selbstdenker, Genie.

6813 *Most:* vergärender Traubensaft.

Laboratorium

Künstliche Intelligenz

Wagner will nicht den Stein der Weisen (s. Anm. zu V. 6675), sondern einen künstlichen Menschen machen. Aber auch diesen alten Alchimistentraum verwirklicht er nicht einmal mit den Mitteln moderner Chemie, sondern stellt stattdessen mit Mephistos Beistand ein menschengestaltiges Geistlein her: Homunkulus. Diese künstliche Intelligenz liest des gelähmten Faust Traum von der Zeugung der Helena durch Leda und den Schwan und erklärt, dass Faust nur geheilt werden kann, wenn er in Griechenland, in der klassischen Walpurgisnacht, auf die Suche nach Helena gehen kann. Mephistopheles wird mit sexuellen Abenteuern gelockt; Homunkulus selbst hofft eine Möglichkeit der körperlichen Entstehung zu finden; Wagner muss zuhause bleiben und versuchen, Leben künstlich zu erzeugen.

BA zu 6819   *am Herde:* an der Feuerstelle seines noch mit
den alten Alchimistengeräten ausgestatteten Laborato-
riums.

6824 *in der innersten Phiole:* »Phiole« ist ein kugeliges
Glasgefäß mit langem Hals. Wie noch in der heutigen
Chemie werden mehrere Glasgefäße ineinander verwendet. Die beschriebenen Farberscheinungen von Finsternis
über Kohlenglut, Karfunkelrot, Blitze zu weißem Licht
zeigen die Vollendungsstufen des alchemischen Prozes-
ses an.

6840 *Der zarte Punkt:* der sog. ›springende Punkt‹, Ansatz
des pulsierenden Herzens im Hühnerei, wurde analog in
allen Organismen für den Anfang des Lebens gehalten.
Im Folgenden wird die organische Bildung eines Körpers
skizziert.

6852 f. *verlutieren ... kohobieren:* Alchimisten-Ausdrücke:
mit Lehm oder Pech ein Gefäß abdichten; mehrfach des-
tillieren.

6858–60 *probieren ... kristallisieren:* Durch planvolle Versuche sollen die organischen Bildungsprozesse ersetzt
und durch Prozesse wie die Kristallisation, die seither nur
in der anorganischen Chemie üblich waren, rekonstruiert
werden. Der Durchbruch von der anorganischen in die
organische Chemie gelang 1828 Friedrich Wöhler mit der
Harnstoffsynthese. Wagner ist also auch einer »von den
Neusten« (V. 6687), obwohl er mit uralten Instrumenten
arbeitet; der Traum der Herstellung eines künstlichen
Menschen ist allerdings ebenfalls uralt.

6864 *Kristallisiertes Menschenvolk:* Anspielung auf die zur
Salzsäule erstarrte Frau Lots (1. Mose 19,26).

6868 *des Zufalls künftig lachen:* wenn die Verfahren sicher
wiederholbar sind.

6869 f. *ein Hirn ... machen:* künstliche Intelligenz; Ansätze
dazu gab es in Rechenmaschinen und Schachautomaten.
Homunkulus ist schon so ein künstliches »Hirn«.

6889 *zur Arbeit schürzen:* eine Schürze anlegen oder ein

Abb. 15 Correggio: Leda mit dem Schwan
(Kupferstich von E. Desrochers; in Goethes Kunstsammlung)
Bildvorstellung zu V. 6903–17, vgl. V. 7271–7312

langes Gewand hochnehmen. Hier im Sinne von ›die Är-
mel hochkrempeln‹.

6903–20 *Schön umgeben! ... Szenen:* Faust träumt die Zeugung der Helena durch Zeus in Gestalt eines Schwans
und die Spartanerkönigin Leda am Fluss Eurotas bei
Sparta (Peloponnes); benannt werden nicht die mythologischen Figuren, sondern beschrieben wird das Bild von
Correggio zu diesem Thema (Abb. 15), das Faust in seinem Traum mit Leben und Handlung sowie mit Ton ver-
sieht. Der Dunst geht wohl auf die emotionale Erregung
des Träumers zurück (vgl. V. 2434 f.).

6924 *Im Nebelalter jung geworden:* Nach langer Vorge-
schichte in Vorderasien (vgl. V. 6863) hat der Teufel im
christlichen Mittelalter eine neue Karriere begonnen. Aus
dem Blick des Klassizismus der Renaissance erschien das
Mittelalter als finster und neblig.

6935 *der Bequemste:* der sich in alle Verhältnisse einfügen
kann.

6941 *klassische Walpurgisnacht:* von Goethe erfundene antike Parallelveranstaltung zur nordischen Walpurgisnacht.

6942 f. *Das Beste ... Elemente:* zweifach lesbar: (1) ›Das ist
das Beste ...! Bringt ihn ...!‹; (2) ›Das Beste, nämlich die
klassische Walpurgisnacht, bringt ihn zu seinem Element‹. Im ersten Fall ist die klassische Walpurgisnacht
das Element, d. h. die Lebenssphäre für Faust; im zweiten
Fall ist sie das Mittel, das ihn zur Begegnung mit Helena
bringt. Beides ist richtig.

6946 f. *Romantische Gespenster ... auch klassisch:* mit »romantisch« ist hier ›mittelalterlich-christlich‹ gemeint,
»klassisch« heißt zunächst ›antik‹; überlagert sind die Begriffe durch die Gegensätze modern/antik und sentimen-
talisch/naiv.

6949 *Mich widern:* sind mir widerwärtig.

6952–55 *Peneios ... Pharsalus:* Schauplatz der folgenden
Szenen ist Thessalien (Mittelgriechenland). Das Einzugs-
gebiet des (neugriech.) Pinios ist eine große, wasserreiche,
zum Teil sumpfige Ebene, die sich, nach Nordosten enger
werdend, zwischen den Bergen Olympos im Norden und
Ossa im Süden zum Meer hin öffnet. Westlich von La-
rissa durchbricht der Pinios die Küstenberge in einer
Schlucht (Tempe-Tal), die der Sage nach durch ein Erdbeben entstanden ist. Pharsalos, heute Farsala, liegt am
südwestlichen Rand der Ebene; am 9. August 48 v. Chr.
wurde hier Gnaeus Pompeius Magnus von Caesar entscheidend geschlagen. Die Akropolis von Alt-Pharsalos
erhebt sich ca. 100 m über das nach Norden sich erstre-
ckende Schlachtfeld.

6956 f. *Tyrannei und Sklaverei:* Tyrannei unter dem Triumvirat von Caesar, Pompeius und Crassus; »Sklaverei« unter der Militärdiktatur Caesars.

6961 *Asmodeus:* ein alttestamentlicher Dämon, galt als
Eheteufel.

6977 *thessalischen Hexen:* besonders mächtige – sie konnten den Mond vom Himmel herunterbeschwören – und
freizügige Hexen.

6983 *Den Mantel her:* der Sage nach Fausts Fluggerät. Mephistopheles benutzt aber einen Heißluftballon (V. 7035).

6990 *Lebenselemente:* Bausteine des organischen Lebens,
das Wagner z. B. dem Homunkulus nicht geben konnte.

6994 *Tüpfchen auf das i:* den ›springenden Punkt‹ (vgl.
V. 6840 und Anm.), auf den Homunkulus mit seinem
Wunsch nach einem Leib angewiesen ist.

Klassische Walpurgisnacht

Pharsalische Felder

*Umgang mit antiker Kultur – Entfremdung
oder Erinnerung*

Begleitet vom leuchtenden Homunkulus kommen Mephistopheles und der gelähmt schlafende Faust im Heißluftballon zum Fest der »Klassischen Walpurgisnacht« auf
dem ehemaligen Schlachtfeld der Schlacht von Pharsalus 48
n. Chr.; um ihnen nicht zu schaden, entfernt sich die thessalische Hexe Erichtho, die die gespenstische Wiederholung
des Kampfes um Freiheit und Tyrannis vor Augen hatte.
Faust wird bei Berührung des Bodens des »Fabelreichs«, in
dem er das Leben sucht, erfrischt und gekräftigt und beginnt sich »körperlich« in die Elemente, geistig in die my-

thischen Figuren der antiken Welt zu transformieren, die
ihn als seine eigenen Erinnerungen anblicken. Mephistopheles, der christliche Teufel, fühlt sich in dieser Welt heid-
nischer Sinnlichkeit »ganz und gar entfremdet« (V. 7081),
zankt sich mit den Greifen und kommt auch mit den Sphinxen erst zurecht, als er den schüchternen, hilfsbedürftigen
Gast spielt.

Erichtho benutzt jambische Trimeter, den reimlosen
Sprechvers der antiken Tragödie; die mythischen Figuren
benutzen wie die nordischen Gäste deren gereimte Madrigalverse, denn »Wir hauchen unsre Geistertöne / Und ihr
verkörpert sie alsdann« (V. 7114 f.): die Gäste leihen ihnen
die Sprache, die Reime und den Versuch des antikischen
Klangs.

BA vor 7005   *Klassische ... Felder:* vgl. Anm. zu V. 6941
und 6952–55.

7005 f. *Zum Schauderfeste ... Erichtho:* Zum Gedenken an
das Erdbeben, das in grauer Vorzeit die vom Peneios ent-
wässerte Sumpfebene der Pharsalischen Felder aus einem
See entstehen ließ, wurde in der Antike das Peloria-Fest
(griech. *pelória* ›das ungeheuer Riesenhafte, das unheimlich schreckhaft Große‹) mit Masken schauerlicher mythischer Gestalten gefeiert, auf das die ebenfalls in der Literatur erwähnte gefährliche thessalische Hexe Erichtho
hinunterblickt; wie ein helles, langsam verblassendes
Nachbild hat sie noch den sich in der Geschichte ständig
wiederholenden Kampf um die Macht im Auge – auch
das Erdbeben wird sich in diesem Akt wiederholen.

7022 f. *Magnus ... Cäsar:* Die vielfältige Parteienlandschaft
der Römischen Republik wurde erstmals durch einen
Einzelherrscher abgelöst, als Caesar den Gnaeus Pompeius Magnus, mit dem und mit Crassus er seit 60 v. Chr.
im Triumvirat geherrscht hatte, in der Schlacht von Pharsalus besiegte. – Seiner Glatze wegen trug Caesar gern einen Lorbeerkranz. Das »schwanke Zünglein« ist der Zei-

ger an der Waage des Schicksals, auf der die Gewalten
sich messen werden.

7028 *hellenischer Sage Legion:* die Heerschar antiker my-
thologischer Gestalten.

7034 *Meteor:* Himmels- oder Witterungserscheinung – hier
der von Homunkulus beleuchtete Heißluftballon.

7038 *frommt mir nicht:* bringt mir keinen Vorteil.

7053–55 *Deinen Ritter ... Fabelreich:* Mit »Ritter« spielt
Homunkulus auf die Helden der »romantischen« Ritterromane an (die auch Don Quijote den Kopf verdreht hatten); deren Haupthandlung bestand in der phantastisch-
abenteuerlichen Suche nach einer verschwundenen Geliebten, wobei häufig, wie hier ins »Fabelreich«, die
Wirklichkeitsebenen gewechselt werden mussten.

7062 *an meinem Teil:* an dem, was mich interessiert.

7071–79 *die Scholle ... der Flammen:* »Scholle«, »Welle«,
»Luft« und »Flammen« stehen für die vier Elemente der
Antike, mit deren Erinnerung/Erfahrung Faust nun den
›Körper‹ seiner Geistexistenz belebt. Denn er ist nicht
Antaios, riesenhafter Sohn der Erde, dem jede Berührung
mit seiner Mutter Kraft und Frische gab (Herakles
konnte ihn nur in der Luft erwürgen), sondern nur »An-
täus an Gemüte«.

7083 *Sphinxe ... Greife:* orientalische Mischwesen; Sphinxe
mit Löwenkörper und menschlichem Oberleib und
Haupt, von Goethe konsequent nach Gegensätzen gestaltet (z. B. männlich/weiblich, gutmütig/furchterregend).
Greife haben Löwenkörper, Raubvogelkopf und Flügel.

7088 f. *mit neustem Sinn ... überkleistern:* Der Baccalaureus war »von den Neusten« (V. 6687) und ließ deshalb
nur existieren, was er selbst gemacht hatte. Seit Adams
und Evas Feigenblättern ist die jüdisch-christliche Religion auf Scham aufgebaut; antike oder antikisierende
Skulpturen wurden deshalb an anstößigen Stellen mit
Gips überarbeitet.

7097 *Etymologisch gleicherweise stimmig:* d. h. ebenso

falsch. Die Etymologie sucht Herkunft und ursprüngliche Bedeutung von Wörtern zu erforschen.

7100 *Die Verwandtschaft ist erprobt:* Etymologisch stimmt sie auch nicht, denn griech. *gryps,* lat. *Gryphus* haben mit dem deutschen Verb *greifen* der Herkunft nach nichts zu tun.

7103 *Fortuna:* die Glücksgöttin.

7104–06 *AMEISEN … Arimaspen-Volk:* Antike Sagen berichten von goldschürfenden Riesenameisen, deren Schätze von Greifen bewacht werden, weil sich das räuberische Arimaspen-Volk ihrer bemächtigen will.

7109 *zur freien Jubelnacht:* Am Peloria-Fest durften Verbrecher nicht verhaftet und bestraft werden.

7113 *ich verstehe:* Obwohl die Sphinxe noch nichts gesagt haben, fällt Mephistopheles (wie später Faust, V. 7185) sogleich das Problem des Verstehens ein: Oedipus, nachdem er, ohne ihn zu kennen, seinen Vater erschlagen hatte, traf vor Theben auf die Sphinx, die jeden Passanten zwang, ihr Rätsel zu lösen. Konnte er es nicht, tötete sie ihn. Oedipus löste das Rätsel; die Sphinx stürzte sich vom Felsen, und Oedipus der Befreier erhielt die verwitwete Königin zur Frau – seine Mutter, was beide nicht wussten.

7114 f. *Wir hauchen … alsdann:* Die Sphinxe kommunizieren durch Gedankenübertragung und benutzen die Sprache des Partners, der sich deshalb gewissermaßen immer selbst versteht. Die Lösung des Sphinx-Rätsels (»der Mensch«) beruhte auch auf Selbsterkenntnis.

7122 f. *Sie zeugten … old Iniquity:* Die reisenden Briten würden bezeugen, dass in spätmittelalterlichen englischen Mysterienspielen eine Teufelsfigur namens ›altes Laster, Unrecht, Ungerechtigkeit‹ vorkam. Wie schon in *Studierzimmer I* will Mephistopheles seinen Namen nicht preisgeben.

7127 *Stern schießt nach Stern:* Es ist August, Zeit der Sternschnuppen, die eine nach der anderen herabschießen, der

Mond ist nicht voll – Mephistopheles gibt mit diesen oberflächlichen Beobachtungen auch keine Anhaltspunkte darüber, ob er astrologische Kenntnisse hat. Dank der besonderen Wahrnehmungsweise der Geister analysieren ihn die Sphinxe jedoch äußerst tiefsinnig (V. 7134–37, 7142–45).

7131 *Scharaden:* Rätsel, bei dem ein zusammengesetztes Wort erraten werden muss, indem man Wortteile davon erraten lässt, z. B. also »Menge« + »Abschiedsgruß« = »Scharade«.

7133 *dich innigst aufzulösen:* im Innersten zu analysieren.

7134–37 *Dem frommen … amüsieren:* Bei Fechtübungen ist der lederne Brustpanzer (Plastron) des Gegners die Fläche, auf der der Übende möglichst viele Treffer mit dem Stoßdegen (Rapier) landen soll. Griech. *áskesis* heißt ›(gymnastische) Übung‹; im religiösen Bereich ist Askese eine Übung etwa im Ertragen sinnlicher Reizungen durch Verzicht (z. B. Fasten), wogegen sich der christliche Teufel störend zur Wehr setzt und damit wie ein Plastron und Sparring-Partner wirkt. Den obersten Griechengott Zeus, dem jede Askese sinnlicher Enthaltsamkeit fremd ist, amüsiert das nur. Mit seiner Wette hat Faust sich nicht eine christliche, aber eine anthropologische Askese auferlegt (vgl. Anm. zu V. 1675); insofern ist das Rätsel der Sphinx eine Art Erläuterung des *Faust* und der Mephistopheles-Figur. – Dem »bösen« Manne ist Mephistopheles »Kumpan« (vgl. V. 6311) bei Untaten; auch das gilt für Faust, denn seine Taten, bei denen er mehr und mehr von Mephistopheles abhängig ist, werden immer verbrecherischer.

7140 *krauen:* zärtlich kratzen; hier ironisch.

7143 *Wird dich's doch selbst … treiben:* nach der Lehre von den Wirkungskreisen oder Sphären (vgl. Anm. zu V. 484).

BA vor 7152 *SIRENEN präludieren oben:* singende Jungfrauen auf einer Insel im Westmeer, die die Seefahrer anlockten und ins Verderben brachten; sie wurden in der

antiken Kunst als Raubvögel mit Mädchenköpfen dargestellt. Alle Sirenenstrophen sind als Gesang geplant, zu
dem hier das Vorspiel (Präludium) gegeben wird. Metrisch erinnern die Strophen an die Zaubergesänge in *Anmutige Gegend.*

7154 f. *die Allerbesten ... besiegt:* nach Homer, *Odyssee*
XII,39–54 ließ Odysseus (lat. *Ulysses, Ulixes*), als er an
der Insel der Sirenen vorbeifuhr, sich an den Mast binden,
den Gefährten und Matrosen aber die Ohren mit Wachs
verstopfen. Der Gesang bezauberte ihn vollständig, aber
zum Glück reagierten seine Begleiter nicht auf seine Bitten, ihn loszubinden.

7156 *verwöhnen:* schlechten Geschmack angewöhnen.

7172–74 *die saubern Neuigkeiten ... flicht:* schöne, ange-
nehme Neuigkeiten in der Musik: ironisch für die altertümliche, antike Instrumentalbegleitung der Singstimme
unisono, im Oktavabstand und mit minimalen umspie-
lenden Variationen: langweilig und eintönig, meint Mephistopheles.

7181 *tut mir G'nüge:* befriedigt mich vollauf.

7182 *Im Widerwärtigen:* in dem, was dem eigenen Kultur-
geschmack entgegengerichtet ist. Faust anerkennt im Gegensatz zu Mephistopheles das Fremde.

7185–88 *Ödipus ... bewahrt:* s. Anm. zu V. 7113, 7154 f.,
7104–06.

7189 *Vom frischen Geiste fühl ich mich durchdrungen:*
Faust findet nicht nur sein Wissen bestätigt, sondern sein
Schauen als Angeschautwerden »versetzt« ihn (V. 7184) in
die mythische Existenzform der Sphinxe, Greifen usw.

7192 *frommen:* nützen, Vorteil bringen.

7198 *Herkules:* Der Halbgott Herakles (lat. Hercules), berühmtester aller griechischen Heroen, war beliebt wegen
seiner Kraft, Schönheit und seines Charakters (Tapfer-
keit, Ausdauer, Edelmut). Um Unsterblichkeit zu erlangen, hatte er im Dienste seines Onkels (nicht Bruders,
V. 7389!) Eurystheus zwölf Aufgaben zu lösen, um die

Welt von Ungeheuern zu befreien. Die Sphinxe hat er allerdings nicht erschlagen.

7199 *Chiron:* einer der Kentauren (Pferdmenschen), besonders heilkundig und gelehrt, war Erzieher vieler mythischer Helden (vgl. V. 7337–96).

7202 *nicht fehlen:* nicht fehlgehen, misslingen, nämlich bei den Sirenen Wissen zu sammeln wie Odysseus (dagegen vgl. Anm. zu V. 7154 f.).

7219 *Alcides':* »Alcides« war ein Beiname des Herakles.

7220 *Stymphaliden:* Raubvögel wie V. 7222 beschrieben oder mit eisernen Flügeln, Schnäbeln und Krallen, die am See Stymphalis in Arkadien lebten; nach der Sage schossen sie ihre Federn wie Pfeile ab. Eine der zwölf Arbeiten des Herakles war ihre Ausrottung.

7227 *Lernäischen Schlange:* eine vielköpfige Wasserschlange in einer Quelle bei Argos, die Herakles ebenfalls töten sollte. Hieb er ihr aber einen Kopf ab, wuchsen zwei neue nach; er löste das Problem durch Ausbrennen der Stümpfe.

7232 *Chorus:* Chor, Schar.

7235 *Lamien:* blut- und sexgierige Gespenster, die sich die Gestalt attraktiver Frauen gaben, um junge Männer anzulocken.

7237 *Satyrvolk:* Satyrn sind Wald-, Berg- und Felddämonen mit Ziegenhörnern und Bocksfüßen, rötlichem Fell und kleinem Pferdeschweif, ausgelassene Begleiter im Gefolge des Dionysos, vor denen keine Frau sicher war. Die Sphinx bezeichnet Mephistos Pferdefuß spöttisch als Bocksfuß.

7245 *Sitzen vor den Pyramiden:* Gemeint ist die Sphinx von Gizeh. Pyramiden und Sphinx waren nach astronomischen Daten ausgerichtet und deshalb spätägyptisch dem Zeitgott geheiligt.

Peneios umgeben von Gewässern und Nymphen

Faust macht sich eine Helena, »wie er's braucht«

Erste Stöße kündigen das Erdbeben der Folgeszene an. Das Nachzittern des Schilfs und das Plätschern des Wassers am Peneios deutet Faust als menschenähnliches Schwatzen und Scherzen und projiziert nun bewusst und poetisch das in *Laboratorium* geträumte Bild von der Zeugung Helenas (Verführung Ledas durch Zeus als Schwan) in die ›falsche‹ thessalische Landschaft. Er lässt die virtuelle Realität des Bildes wieder zusammenbrechen, als die Erde erneut dröhnt und er ebenso poetisch produktiv daraus den Hufschlag des Kentauren Chiron macht, der ihn aufsitzen lässt, ihm von den griechischen Heroen erzählt, die er erzogen hat und die Faust er-innernd in sich aufnimmt, schließlich auch von Helena, die er getragen habe. Faust wird klargemacht, dass eine mythologische Frau wie Helena keine Biographie hat: »Der Dichter bringt sie, wie er's braucht zur Schau« (V. 7429). Da Faust sich nun selbst als Dichter erfahren hat, dichtet er sich eine Helena, die nicht bloß Figur in einer Dichtung, sondern selbst Dichterin ihrer selbst ist und sich, wie sie's braucht, zur Schau bringen kann. Da Faust sich durch die Er-Innerung der antiken Heroen und Halbgötter selbst zum mythologischen Halbgott gesteigert hat (V. 7473), können er und Helena einander mit gleichen Voraussetzungen begegnen. Chiron hält ihn für verrückt und bringt ihn zwecks Heilung zu Manto, die ihn aber nicht in Kur nimmt, sondern in die Unterwelt einlässt, wo er Helena losbitten kann.

Sprechvers ist der Madrigalvers, jedoch mit vielen Fünfhebern, die trotz Reimung sich den Langversen der griechischen Tragödie nähern. Die Liedstrophen sind sehr variabel: erste Nymphenstrophe Adoneen mit Auftakt (vgl. V. 1447–1505), Fausts sieben Schweifreimstrophen kunstvoll, die zweite Nymphenstrophe kehrt Fausts Reimordnung um,

benutzt seine Trochäen von V. 7295–7306. Der ungeordnet
gereimte Kurzvers-Dialog zwischen Chiron und Manto
weist auf die Chorlieder des 3. Akts voraus (ist allerdings
gereimt). Metrisch durchdringt sich also ›Klassisches‹ und
›Romantisches‹.

BA vor 7249   *PENEIOS ... NYMPHEN:* Der Hauptfluss
der thessalischen Ebene fließt durch das Tempe-Tal nach
Nordwesten ab. Thessalien galt als Ursprungsland der
griechischen Kultur, ist von Goethe für Fausts aneig-
nende poetische Rekonstruktion der Antike und der Zeugung der sinnlichen Schönheit (Helena) mit Bedacht gewählt. Wichtig für das sich ankündigende Erdbeben: das
Tempe-Tal wurde durch ein Erdbeben gebildet, das sich
in gewissem Sinn wiederholen wird. – Nymphen sind
Naturgöttinnen: Najaden in Quellen, Bächen, Flüssen;
Nereiden im Meer; Oreaden in Bergen, Dryaden in Bäumen. Die Nymphe Daphne, Tochter des Peneios, wurde
von Apollon begehrt und verwandelte sich in einen Lor-
beer-Busch, weshalb der enttäuschte liebende Dichtergott
den Lorbeerkranz trägt. Faust projiziert dagegen den
spartanischen Mythos von der Verführung Ledas durch
den Schwan in die Landschaft: misslingende und gelun-
gene Verführung, Zeugung und Verlust der Geliebten –
auch sein Verhältnis zu Helena bleibt ambivalent.
7250 *Rohrgeschwister:* Rohr, dem Schilf verwandt, hat stei-
fere, weniger bewegliche Blätter.
7253 *Unterbrochnen Träumen zu:* die Geräusche sollen
ihm die durch das Erdbeben unterbrochenen Träume zu-
rückbringen.
7254 *Wittern:* (fernes) Donnern, Ankündigung des Gewit-
ters, hier des Erdbebens in der nächsten Szene.
7260 *ein menschlich ähnlichs Lauten:* Faust deutet Donnern, Rede des Peneios und Antwort der Pflanzen nach
seinem Begehren um.
7271–73 *Ich wache ... schickt:* Faust projiziert wachend

und bewusst die Gestalten des in *Laboratorium* schon
einmal geträumten Correggio-Gemäldes von der Verführung Ledas durch den Schwan (Abb. 15) in die ›falsche‹
Landschaft und beschreibt das sich in die Landschaft
Thessaliens bauende und sie transformierende Bild in sieben poetischen Schweifreimstrophen – Fausts erstes Gedicht. Zum »Walten«, der aktiven Verselbstständigung
der poetisch geschaffenen Figuren, vgl. schon V. 5. Entsprechend ist der Dichter aktiv-passiv, spaltet sich in Ich
und Du, wie ihm ja aus der Landschaft die eigene Schöpfung entgegentritt.

7294 *die hohe Königin:* die spartanische Königin Leda,
Gattin des Königs Tyndareos; ihre vier Kinder waren
Helena, Klytämnestra, Kastor und Pollux (die beiden
sog. Dioskuren). Nach verschiedenen Überlieferungen
war Zeus, in einen Schwan verwandelt, deren Vater.

7302 *Brüstend:* sich in die Brust werfend.

7317 f. *dieser Nacht … zugebracht:* Die Nymphen vermuten eine Botschaft an die Festgesellschaft der Klassischen
Walpurgisnacht: es ist das Erdbeben.

7321–30 *Dorthin mein Blick! … zu sagen:* Faust verlässt
sein projiziertes Gemälde, die virtuelle Realität verschwindet, die alte Landschaft ist schlagartig wieder da.
Neuer produktiver Blick: aus dem Dröhnen der Erde,
wohl einem zweiten Grollen des Erdbebens, macht er einen Reiter, daraus einen Kentauren, daraus den Kentauren Chiron. Kentauren sind Mischwesen aus menschlichem Oberleib und Pferdeleib; Chiron ist der Sohn des
Titanen Kronos mit der Sterblichen Philyra.

7339 f. *Kreis der edlen Argonauten:* Jason, von seinem
Onkel Pelias an der Übernahme der Herrschaft in Iolkos
so lange gehindert, bis er das Goldene Vlies (Widderfell)
aus Kolchis (heute etwa: Georgien) geholt habe, ließ ein
hervorragendes Schiff namens »Argo« bauen, machte
eine Ausschreibung zur Teilnahme und wählte aus den
Bewerbern eine in den Berichten zwischen 44 und 68

schwankende Zahl von Helden aus (»Argonauten«, Seefahrer auf der »Argo«); viele von ihnen hatte Chiron erzogen.

7340 *des Dichters Welt erbauten:* dem Publikum des Dichters zur Erbauung dienten.

7341 *an seinem Ort:* dahingestellt.

7342 *Pallas ... als Mentor:* Mentor war Sohn des Alkinoos, als Freund des Odysseus dazu bestimmt, dessen Sohn Telemachos zu erziehen. Die Göttin Pallas Athene begleitete in Mentors Gestalt den Sohn auf der Suche nach dem Vater.

7352 *Den Wurzelweibern und den Pfaffen:* Die Naturheilkunst Chirons wurde nicht in den offiziellen Ärzteschulen, sondern im Volk und in einigen Klosterapotheken weitergereicht.

7362 *Halbgöttlich:* vgl. Anm. zu V. 7321–30.

7365 *hehren:* erhabenen, herrlichen.

7368 *genügen:* den Bedarf des Ganzen erfüllen.

7369 *Dioskuren:* Kastor und Pollux, Brüder der Helena, einer sterblich, der andere unsterblich.

7372 *Boreaden:* Kalais und Zetes, Söhne des (Nordwind-) Gottes Boreas und der Oreithyia, hatten blaues Haar und waren an Kopf, Schultern und Füßen geflügelt.

7374 *Jason:* vgl. Anm. zu V. 7339 f.

7375 *Orpheus:* Sohn und Schüler des Dichtergottes Apollon und der Muse Kalliope, berühmtester Sänger, Magier und Dichter, der die Natur bewegen und beruhigen konnte und selbst die Unterweltgöttin Persephone so rührte, dass sie ihm erlaubte, seine verstorbene Gattin Eurydike mit zur Oberwelt zu nehmen. Weil er sich zu zeitig nach ihr umsah, verlor er sie jedoch wieder. Auf der Argonautenfahrt hielt er durch seinen Gesang zwei Felsen am Bosporus auseinander, die üblicherweise zusammenklappten und durchfahrende Schiffe zwischen sich zertrümmerten.

7377 *Lynceus:* wörtl.: der Luchsäugige (griech. *lynx,*

Luchs), für seine Scharfsichtigkeit berühmt. Faust stellt ihn im 3. und 5. Akt als Wächter an.

7381 *Herkules:* vgl. Anm. zu V. 7389–92.

7383 f. *Phöbus ... Hermes:* der Dichter- und Sonnengott Phoibos Apollon, der Kriegsgott Ares, der Botengott Hermes.

7389–92 *Dem ältern Bruder ... himmelein:* Für seinen Großonkel (nicht: Bruder!) Eurystheus musste Herakles, Sohn des Zeus und der Alkmene, um Unsterblichkeit zu erringen, zwölf schwierige Arbeiten vollbringen, von denen zwei schon genannt sind (Anm. zu V. 7220, 7227). Als Sühne für einen Totschlag musste er drei Jahre der kleinasiatischen Königin Omphale als Sklave dienen. – Gäa (griech. Gaia) ist die Erde; also: die Erde bringt keinen zweiten wie ihn hervor. – Hebe (wörtl.: Jugend), Tochter des Zeus und der Hera, dient den Göttern auf dem Olymp und schenkt ihnen bei Festen den Nektar ein. Sie wurde Herakles im Olymp zur Frau gegeben, als dieser in die Unsterblichkeit einging.

7395 *auf ihn pochen:* stolz sind auf ihre Skulpturen von Herakles.

7403 *Die Schöne ... selig:* Die schöne Frau und die Schönheit überhaupt sind nur auf sich selbst bezogen und selbstgefällig.

7420 *Eleusis:* Stadt westnordwestlich von Athen, Sitz der berühmten eleusinischen Mysterien. Der letzte, längs des Meers hinführende Teil des »heiligen Wegs« von Athen nach Eleusis war bis in römische Zeit sumpfig. Chirons Rolle als Träger der Helena ist mythologisch nicht belegt.

7426 *Erst sieben Jahr! ... Philologen:* Wie die Philologen seiner Zeit schwankte auch Goethe in den Handschriften zwischen sieben (V. 7426), zehn (V. 6530) und dreizehn Jahren (V. 8850), gestattete den Herausgebern der Buchausgabe allerdings die Angleichung von V. 7426 auf zehn Jahre.

7433 f. *G'nug, den Poeten ... keine Zeit gebunden:* Faust braucht nicht wie ein üblicher Dichter eine Helena-Gestalt für eine seiner Dichtungen, sondern möchte mit Helena zusammenleben. Er dichtet sich also eine Helena, die »durch keine Zeit gebunden«, also Poetin ihrer selbst ist und die sich, wie sie's braucht, zur Schau bringen kann.

7435 *Achill auf Pherä:* Achilles, Zentralgestalt von Homers *Ilias*, liebte schon während seines Lebens Helena sehnsüchtig und durfte nach beider Tod mit ihr auf der Insel Leuke leben und einen Sohn Euphorion mit ihr haben. In Perai stieg Herakles in den Hades hinab und entriss dem Unterweltgott mit Gewalt die Alkestis, die für ihren Mann Admetos freiwillig in den Tod gegangen war. Den Mythos der Sehnsucht und den Mythos der Gewalt legt Faust hier übereinander, um Helena »sehnsüchtigster Gewalt« ins Leben zu ziehen (V. 7438), Achill und Herakles zugleich zu sein.

7437 *gegen das Geschick:* entgegen dem oder über das hinaus, was Menschen vom Schicksal zugestanden wird.

7444 *streng umfangen:* gefesselt.

7450 *bei Manto vorzutreten:* sie aufzusuchen. Manto, berühmte Seherin und Dichterin, war Tochter des Sehers Teiresias. Indem Goethe Manto zur Tochter des Heilgottes Asklepios (lat. Aesculapius, V. 7451) macht, vereinigt er in ihr Prophetie, Dichtung und Heilkunst.

7454 *verwegnen Totschlag:* vgl. V. 1055.

7455 *Sibyllengilde:* die Zunft der weissagenden Frauen.

7456 *Nicht fratzenhaft bewegt:* ohne den üblichen Hokuspokus.

7460 *niederträchtig:* nach Niedrigem strebend, Helena wie im 1. Akt nur »haben« zu wollen.

7465 *Rom und Griechenland im Streite:* In der Schlacht von Pydna 168 v. Chr. besiegte der römische Konsul Aemilius Paullus den König Perseus von Makedonien und unterwarf damit den letzten Rest vom Reich Alexanders

des Großen der Römischen Republik. Pydna liegt jedoch
nördlich des Olymp, d. h. nicht zwischen Olymp und
Peneios (V. 7466). Vielleicht kontaminiert Faust wieder
verschiedene Überlieferungen.

7473 *Halbgötter:* Faust wird von Manto weissagend als
Halbgott anerkannt; seine in dieser Szene systematisch
betriebene Er-Innerung antiker Helden und Halbgötter
hat ihn neben seiner ›romantischen‹ Existenz zu einem
mythischen Heros gemacht.

7487 *Asklepischer Kur:* vgl. Anm. zu V. 7450.

7490 *Persephoneien:* Persephone (griech. Persephoné, Per-
sephoneia oder Persephassa, lat. Proserpina), Tochter des
Zeus und der Demeter, war wie ihre Mutter ursprünglich
Göttin des Wachstums, wurde jedoch vom Unterweltgott
Hades geraubt und zu seiner Frau und Unterweltgöttin
gemacht.

7491 *Olympus:* Berg in Thessalien, als Sitz der olympischen
Götter gedacht.

7493 *den Orpheus eingeschwärzt:* Sie hat ihn heimlich ein-
schleichen lassen. Zu Orpheus vgl. Anm. zu V. 7375.

Am obern Peneios wie zuvor

Naturfels und Gebild des Wahns

Das losbrechende Erdbeben erzeugt einen Berg, auf dem
sich im Zeitraffer Vegetation, Kleintiere, Zwerge, ein Pyg-
mäenvolk ansiedeln, das Ameisen und Zwerge versklavt
und um der Federn willen ein Reihervolk in der Nähe aus-
löscht, wofür die Kraniche als Verwandte der Reiher Rache
schwören. Später kehren sie zurück und bekämpfen die
Pygmäen. Aber ein Meteorit zerstört den Berg, das »Gebild
des Wahns«, und vernichtet die Kämpfenden. In dieser

Handlung spiegelt sich Mephistos Abenteuer mit den Lamien, Gespenstern mit attraktiven Gestalten, die sich bei
der Berührung grässlich verwandeln. Endlich, nachdem er
sich lang hat narren lassen, sucht er nach ›Naturfels‹, Dauer-
haftem unter den geologischen, menschlichen, kulturellen
Wahngebilden; er scheint eine Brücke zwischen heidnisch-
antiker und nordisch-christlicher Kultur in seiner Identität
als Sohn des Chaos zu finden, während sein Versuch einer
antik-nordischen Maske (Phorkyas) Täuschung bleibt. In
diesen Handlungen spiegelt sich drittens die Suche des Homunkulus nach Entstehung, seine Frage um Rat bei zwei
Theoretikern der geologischen, kosmologischen, historischen und soziologischen Entstehung und das Versagen beider Theoretiker angesichts der geologischen und soziologischen Folgen des Erdbebens und des Meteoritenfalls, zu
schweigen von der Lösung seines speziellen Problems.
Geologische und soziologische, kulturelle und geschlechter-
spezifische, theoretische und individuell-praktische Probleme verschränken und spiegeln sich hier gegenseitig;
durchgängig geht es um das Verlässliche und Nachhaltige
unter den flüchtigen Wahngebilden und Masken der Wirklichkeit.

Liedstrophen am Anfang gehen im Bild und im Vers in
eine aristophanische Komödie über, etwa die 1780 von
Goethe übersetzten *Vögel* mit ihrer Staatsgründung. Die
Lamien haben eine Tanzstrophe, die Dialoge sind im Madrigalvers gehalten.

BA vor 7495   *Am obern Peneios:* Da Faust von Chiron
»durch Kiesgewässer« (V. 7464) bis zum Olympus gebracht worden ist, springt jetzt die Szene an den Ausgangspunkt der vorigen zurück.
7498 *Dem unseligen Volk zugut:* Hier wird die soziologische Dimension der Vorgänge vor allem in dieser Szene
deutlich; die Sirenengesänge verführen das unglückliche,
gedrückte Volk.

7500 *Führen wir mit hellem Heere:* wenn wir in großer Menge fahren würden.

7505 *Wasser staucht:* staut sich.

7511 *Blinkend wo:* wo blinkend.

7513 *Luna doppelt:* der Mond im ruhigen Wasser gespiegelt.

7519 SEISMOS: griech., wörtl.: Erdbeben; der Erderschütterer Poseidon trug diesen Beinamen; bei Goethe ist er Dämon des Erdbebens und des Vulkanismus allgemein. Latona (Leto) auf der Flucht suchte zur Geburt von Apollon und Artemis eine Ruhestätte. Seismos hob für sie die Insel Delos aus dem Meer. Vgl. Abb. 16.

7533–35 *Delos ... trieb:* vgl. Anm. zu V. 7519.

7538 *Atlas:* der Riese, der die Erde auf den Schultern trägt.

7540 *Grieß ... Letten:* grobkörniger Sand und Lehm. Die Nennung der Schichten zeigt in der soziologischen Sinndimension des Textes, dass alle Volksschichten von einer solchen Revolution betroffen sind.

7545 *Karyatide:* Dachgebälk tragende Figur anstelle einer Säule.

7559 *Der Nacht, des Chaos:* in der griechischen Mythologie die uranfänglichsten Mächte.

7560 *Titanen:* Kinder des Himmels (Uranos) und der Erde (Gaia).

7561 *Mit Pelion und Ossa als mit Ballen schlug:* Seismos will am Kampf der früheren Göttergeschlechter (Titanen, Giganten) gegen die olympischen Götter teilgenommen und die genannten Berge wie im Schlagballspiel umhergeworfen haben. In diesem Kampf ging es um die Weltherrschaft, Seismos wird mit seinem Spielvergleich als leichtsinnig charakterisiert.

7564 *Parnass:* Gebirge mit Doppelgipfel nördlich von Delphi, dem Apollon und den Musen geweiht.

7775 *Emporgebürgte:* als Berg Hochgetriebene.

7578 *Wald verbreitet sich:* Hier beginnt bereits die Vegetation sich des neuen Bergs zu bemächtigen, es folgen

kleine und größere Tiere, Däumlinge und Pygmäen –
ein Schöpfungsberg, wie ihn Carl von Linné in seinem
Systema Naturae (1735) zur Veranschaulichung der drei
Reiche der Natur verwendet hat.

7585 *Imsen:* Allomorph zu »Emse«, »Ämse«, »Ameise«.
Das Wort »Allemsig« (V. 7598) hat etymologisch nichts
mit »Ameise« zu tun.

7601 *Berg:* Abraum, taubes Gestein, das sie nicht beachten
sollen.

7606 *PYGMÄEN ... Platz genommen:* von griech. *pygmaíos*
›faustgroß, daumenlang‹. Sagenhaftes Zwergenvolk, das
der Sage nach periodisch durch Kraniche bedroht wird.
Vgl. Abb. 17. Wie (nach Goethes Meinung) die vulkani-
schen Erscheinungen aus dem Nichts kommen und zufäl-
lig-unberechenbar sind, so auch die Pygmäen, die über
ihre Herkunft und das Ziel der Besiedelung keine Auskunft geben können.

7619 *Stern:* Schicksal.

7622 *DAKTYLE:* von griech. *dáktylos* ›Finger‹. Geister oder
Götter, von denen wenig bekannt ist. Goethe sieht darin
Däumlinge (V. 7875), während griechisch mit dem Namen auf ihre Fingerfertigkeit als Schmiede und Handwerker angespielt wird.

7629 *Schnelle für Stärke:* Wer nicht stark ist, muss schnell
sein.

7649 *Hochmütig brüstende:* Die Reiher werden nur wegen
der schönen Federn getötet, aber der Generalissimus
braucht ihren Hochmut als ›moralische‹ Begründung.

Abb. 16 Raffael: Paulus im Gefängnis zu Philippi
(Kupferstich von P. S. Bartoli nach dem Bildteppich im Vatikan;
in Goethes Sammlung)
Bildvorstellung zu Seismos

7658 f. *nicht zeitig ... geschmeidig:* Die versklavten Imsen und Daktyle denken bereits an Aufstand; da es noch zu früh ist, ducken sie sich.

7660 *DIE KRANICHE DES IBYKUS:* Anspielung auf Schillers gleichnamige Ballade und die dort ausgeführte Idee, dass die dem Apollon geweihten Kraniche die Rache des Mordes am Friedlich-Schönen um der »missgestalteten Begierde« willen (V. 7666) in Gang setzen.

7671 *Reihenwanderer:* Kraniche fliegen in keilförmiger Formation. Der Solidaritätsaufruf wird befolgt (vgl. V. 7884).

7677 *nicht just:* nicht geheuer, vertraut.

7680–82 *Frau Ilse ... Elend an:* vgl. V. 3968, 3879 f.

7691 *Abenteuer:* hier: seltsame Erscheinung.

7693 *der galante Chor:* die Lamien.

7702 *Uns nach zu ziehen: Faust II* arbeitet das weibliche Prinzip als das Ziehende, das männliche als das Drängende heraus. Auch Mephistopheles ist dem (Hinab-)Ziehen ausgesetzt.

7710 f. *Mannsen ... Hansen:* »Mannsen« ist verstümmelt aus »Mannesnamen«; die »großen Hansen« waren im 16./17. Jh. die mächtigen, vornehmen Männer (vgl. auch Anm. zu V. 2727). Erste Verführung des Mephistopheles durch die »Liebe«.

7715 f. *Geschnürten Leibs ... erwidern:* Sie bringen dem Blick eine modisch moderne Erscheinung entgegen.

7724 *Hexen:* Täuschung: Lamien sind Gespenster.

7732 *EMPUSE:* furchteinflößendes Gespenst, erscheint in vielen Gestalten. Den Lamien ist sie verhasst, weil sie sich ungescheut zu ihren »Metamorphosen« bekennt (V. 7759).

7736 *Mühmichen:* Tantchen (vgl. Anm. zu V. 334 f.).

7750 *eräugnen:* sich den Augen zeigen; etymologisch korrekte Schreibung des Wortes (vgl. Anm. zu V. 5917).

7759 *Metamorphosen:* Verwandlungen.

7774 *Lacerte:* Eidechse; in Goethes *Venetianischen Epi-*

Abb. 17 Pygmäe im Kampf mit einem Kranich
(griechische Vase)
Bildvorstellung zu V. 7884–95

grammen 67–70 für die leichten Mädchen verwendet.
»Besen- und Hexengesicht (christlich-nördlich), Lacerte
(römisch), Thyrsusstange (griechisch), Bovist (orienta-
lisch) sind hier Ausdrücke für das Dirnenwesen vom
Harz bis in den Orient« (MA 18,1, S. 890, Kommentar).

7777 f. *Thyrsusstange ... Pinienapfel:* hölzerner Phallus mit
Pinienzapfen, Utensilien des Dionysoskults.

7784 *Bovist:* bauchiger Pilz, der nach der Reife seine Spo-
ren als braunen Staub ausbläst, wenn er gedrückt wird.

7793 f. *vertrackt ... abgeschmackt:* widerwärtig; ge-
schmacklos.

7797 *Maskenzügen:* Gesichtszügen von Masken.

7811 *OREAS:* vgl. Anm. zu BA vor V. 7249; die Bergnym-
phe des Urgesteins.

7814 *Des Pindus letztgedehnte Zweige:* Das Pindus-Ge-
birge verläuft von der griechisch-albanischen Grenze

südöstlich bis Korinth und begrenzt Thessalien im Westen. Einzelne »Zweige« (z. B. das Tempe-Gebirge) durchziehen die Ebene von Norden nach Süden.

7816 *Pompejus floh:* nach der verlorenen Schlacht von Pharsalus, vgl. Anm. zu V. 7022 f.

7842 *auf deine eigne Hand:* selbst, ohne um Rat zu fragen.

7851 *ANAXAGORAS (zu Thales):* vorsokratische Philosophen. Thales von Milet (um 625–547 v. Chr.) lehrte, das Wasser sei der Ursprung alles Seienden; Anaxagoras (um 500–428 v. Chr.) lehrte, der Kosmos bestehe aus Elementarteilchen, die Sonne sei ein feuriger Klumpen, die Sterne bestünden aus Steinen und seien nicht die Götter, als die sie verehrt würden. Im Streit der beiden spiegelt Goethe den zeitgenössischen Streit um die Bildung der Erdoberfläche zwischen Neptunisten und Vulkanisten – langsame Abtragung und Sedimentierung durch Wasser, oder plötzliche Umgestaltung durch vulkanische Ausbrüche; geschichtsphilosophisch: Evolution oder Revolution.

7865 f. *Plutonisch … Äolischer Dünste Knallkraft:* Der Unterweltgott Hades, lat. Pluto, hatte das Feuer im Erdinnern zu verwalten, das auch, wie man meinte, explosive Gase erzeugte. Mit diesen hatte allerdings Aiolos, der Gott der Winde (vgl. »Äolsharfe« V. 28), nichts zu tun.

7869 *Was wird dadurch nun weiter fortgesetzt:* Im Vulkanismus sieht Thales zufälliges, grund- und zielloses Geschehen.

7872 *führt … geduldig Volk am Seile:* hält es zum Narren.

7873 *Myrmidonen:* wörtl.: Ameisenleute; nach der Sage aus Ameisen entstandene Menschen, die die von einer Epidemie entvölkerte Insel Ägina wieder besiedelten.

7884 *die schwarze Kranichwolke:* s. Anm. zu V. 7671.

7897 *Reiherstrahl:* die schopfartig verlängerten Nackenfedern mancher Reiher-Arten.

7900 *Die Unterirdischen:* vgl. V. 7865–68.

7905 *Diana, Luna, Hekate:* dreigestaltige mächtige Göttin, als Mondgöttin (lat. Luna) im Himmel, als Jagdgöttin

(lat. Diana) auf der Erde, als Unterweltgöttin (griech. Hekate oder Persephone) gedacht Göttin der Fruchtbarkeit,
des Zauber- und Hexenwesens. Die thessalischen Hexen
sollen fähig gewesen sein, den Mond herunterzubeten,
wie es Anaxagoras scheinbar gelingt.

7915 *rundumschriebner Thron:* die Mondscheibe; tatsächlich fällt ein glühender Meteorit. Anaxagoras soll den Fall
eines Meteoriten vorhergesagt haben.

7917 *Ins Düstre rötet sich:* wird dunkelrot.

7927 *Windgetüm:* Neubildung Goethes (analog zu »Ungetüm«): gewaltiger Wind.

7939 *aus dem Mond gefallen:* eine der Theorien über den
Ursprung der Meteoriten führte sie auf die Tätigkeit von
Mondvulkanen zurück.

7950 *Wundergäste:* Homunkulus wird bestaunt werden.

7953–55 *Harz ... Schwefel:* Im heimatlichen Harz-Berg-
land erinnert den Teufel der Harzgeruch der Tannen an
das in der Hölle verwendete Pech; am liebsten ist ihm der
Schwefel.

7958 *Höllenqual:* Fälschlich vermutet er einen Betrieb wie
in der christlichen Hölle.

7959 *DRYAS:* vgl. Anm. zu BA vor V. 7249. Sie warnt Mephistopheles vor dem Rückfall in seine kulturell verengte
Perspektive. Aber wie an V. 7958 sichtbar, würde er sich
selbst eliminieren, wenn er sie aufgäbe. Deshalb kommt
es mit den Phorkyaden nur zu einer klassisch-romanti-
schen Scheinlösung.

7967 *Phorkyaden:* auch Graien, drei Schwestern, die das
hohe Alter verkörpern; sie lebten in einer Höhle, weder
von Sonne noch Mond beschienen, und waren die Wächterinnen der Gorgonen (z. B. Medusa), ihrer Schwestern.
Sie besaßen gemeinsam nur ein Auge und einen Zahn und
liehen sich diese gegenseitig aus, um zu sehen bzw. zu
essen.

7972 *Alraune:* vgl. Anm. zu V. 4979 f.

7981 *Fledermaus-Vampyren:* blutsaugende Fledermäuse (Vampire).

7989 f. *Ops ... Rhea ... Parzen ... Chaos:* Mephistopheles fälscht schmeichlerisch die Verwandtschaftsverhältnisse. Die Parzen sind Töchter der Nacht, Enkelinnen des Chaos. Die Phorkyaden und Gorgonen sind Töchter des Meergotts Pontos, der seinerseits Urenkel des Chaos ist. Die griechische Rhea, lat. Ops, ist eine Titanin, Gattin des Kronos und Mutter des Zeus.

8006 *Doppelschritt:* Geschwindmarschtritt der Heere.

8016 *In zwei ... zu fassen:* Tatsächlich sprechen manche Mythologien nur von zwei Phorkyaden.

8027 f. *Des Chaos vielgeliebter Sohn! / Des Chaos Töchter:* Als »vielgeliebter Sohn« des Chaos wäre er Eros, Gott der Liebe, ja sogar Eros phanes, der zweigeschlechtliche, vielgestaltige Schöpfer der Erde, des Himmels, der Sonne und des Mondes. Faust hat ihn im christlichen Kontext seinerzeit »Des Chaos wunderlicher Sohn« genannt (V. 1384) und ihn so mit Luzifer, dem aus Hochmut von Gott abgefallenen Weltschöpfer, gleichgestellt. Hier könnte also eine Brücke zwischen den Mythologien konstruiert werden. Sofern aber die Konstruktion auf der Behauptung der Phorkyaden, sie seien Töchter des Chaos, und auf der Imitation ihres Profils beruht, ist sie Täuschung.

8029 *Hermaphroditen:* zweigeschlechtliches Wesen, vgl. die vorige Anm.

8033 *Im Höllenpfuhl die Teufel zu erschrecken:* Im 3. Akt erscheint Mephistopheles als Phorkyas der Helena und ihrem Mädchenchor, die für das »Stück« aus dem Hades geholt werden, der nach Mephistos Terminologie die »Hölle« der Griechen ist. Damit spielt der 3. Akt, analog zum *Walpurgisnachtstraum* der nordischen *Walpurgisnacht*, auf einer Bühne der *Klassischen Walpurgisnacht*, wie ja analog zum Untertitel *Intermezzo* des *Walpurgisnachtstraums* der Separatdruck des Helena-Akts als *Zwischenspiel zu Faust* angekündigt wurde (s. FD 1, S. 592, 594, 605).

Felsbuchten des Ägäischen Meers
Selbstschöpfung und Selbstzerstörung

Um für das kommende Meeresfest mit Galatee eine besondere Überraschung zu haben, holen die Nereiden und Tritonen die Kabiren herbei, mächtige, in Seenot rettende Götter (damit den Sirenen entgegengesetzt), die ständig im Werden sind, sich selbst schaffen und umschaffen – damit sind sie Götter des Grundprinzips, das für Welt, Götter und Menschen (besonders Faust) im *Faust* gilt. Auf den Rücken einer Schildkröte gesetzt, werden wenigstens drei der sieben oder acht Kabiren das Meeresfest anführen, das im Preis der allschöpferischen und allverwandelnden Liebe endet. Gegensätzlich gespiegelt in dieser Handlung ist das Geschehen um Homunkulus, der auf der Suche nach Entstehung zunächst zu Nereus gebracht wird; dieser verweigert den Rat und schickt ihn zu Proteus, der einen ambivalenten Rat gibt: Homunkulus müsse, um Leiblichkeit zu erlangen, im Meer anfangen und die Kette der Evolution bis zu höheren Arten wieder durchwandern. Dass er dabei seine Identität verlieren und sich in einen Schwarm von Einzellern auflösen wird, sagt er nicht. Hat Faust sich eine totale klassisch-romantische Geist-Identität, aber ohne Leiblichkeit, aufgebaut, hat Mephistopheles uranfängliches Schöpfertum nur in einer maskenhaften Scheinbeziehung erlangt, so wird Homunkulus nach Proteus' Rat eine neue Welt organischer Wesen aller Gattungen beseelen, aber seine Identität als Geistwesen Homunkulus verlieren.

Die Gesangsstrophen der Sirenen und der Meergötter spielen am Anfang und in der Mitte der Szene mit den Schweifreimstrophen Fausts: auch dieses Fest ist eine Art Projektion eines oder mehrerer Gemälde, worauf Goethe durch die Strophen (und die entsprechende Musik) aufmerksam macht. Im Übrigen wird Madrigalvers verwendet.

BA vor 8034   *Felsbuchten ... im Zenit verharrend:* Kultur-
philosophen wie Montesquieu und Herder rühmten die
Eignung des insel- und buchtenreichen Ägäischen Meers
für die Ausbildung einer Hochkultur. Deshalb gipfelt der
Akt in dieser Landschaft. Der in der Überschrift eigens
genannte, unbeweglich im Scheitelpunkt des sichtbaren
Himmels verharrende Mond bedeutet die Große Göttin,
die in ihrem Luna-Aspekt das Fest beherrscht und be-
schützt.

8034   *SIRENEN:* vgl. Anm. zu BA vor V. 7152. Die Sirenen
fungieren wie der Herold der *Mummenschanz* und werden am Ende wie er durch ein feuriges Wunder über-
rascht.

8038   *Zitterwogen:* Genitiv Plural: der Zitterwogen Glanz-
gewimmel.

8042 f.   *Dir ... gnädig!:* sei uns, die zu jedem Dienst bereit
sind, gnädig. Um die Gnade der nächtlichen Großen Göttin wird hier, um die Gnade der mit dem »neuen Tag«
(V. 12093) verbundenen Mater Gloriosa wird am Ende
gebetet. Wie im Ersten Teil zwischen Herr und Satan ein
System von Männergottheiten, so entfaltet sich im Zweiten Teil ein System von Frauengottheiten.

8044   *NEREIDEN und TRITONEN:* griech. Nereides, die
fünfzig Töchter des Meergotts Nereus und der Nymphe
Doris, unter ihnen herausragend die »wohlgestaltete Galatea« (Hesiod, *Theogonie*, V. 250). Die von Goethe vor-
genommene Unterscheidung der anmutigen, mütter-
lichen Doriden innerhalb der 50 Nymphen ist mythologisch nicht vorgegeben. Tritonen (griech. Triton, wörtl.:
Rauscher) sind Söhne des Meergotts Poseidon und der
Amphitrite, Doppelwesen aus Mensch und Fisch, mit
Pferdehufen und Muscheltrompeten, für Wasserfahrten
zuständig. Die Nereiden fordern die Sirenen auf, mit lau-
terem Gesang auch das Volk der Meerestiefe zu rufen; sie
selbst sind mit dem Schmuck derer geschmückt, die von
den Sirenen angelockt, in der Bucht gescheitert sind und

deren Blut die Sirenen ausgesaugt haben. So glänzend
schön und verführerisch alles ist, so grauenhaft ist es zugleich: auch Homunkulus wird am Ende zwar nicht von
den Sirenen, aber von Proteus verführt (V. 8469) und von
Galatea sogar zur bewussten Selbstzerstörung betört.

8059 f. *behagen sich ... ohne Leid:* fühlen sich in ihrem mit
dem Wasser bewegten (schwankenden) Leben wohl.

8071 *Samothrace:* griech. Samothrake, südlich von der thra-
kischen Küste im Ägäischen Meer gelegene Insel, Haupt-
stätte des Kultes und der Mysterien der Kabiren.

8074–77 *Kabiren ... was sie sind:* mächtige, aber durch
keine ausführliche Mythologie bestimmte Gottheiten, die
im ganzen Mittelmeerraum verbreitet verehrt wurden,
vor allem als Retter in Seenot (ausgleichender Gegensatz
zu den Sirenen). Ihre Siebenzahl ist relativ sicher; ein ach-
ter, verborgener soll sie als Einheit zusammenfassen.

8082 *Nereus:* griech. Nereus, als vorolympischer Gott eine
der ältesten Meergottheiten. Er stellte gegenüber dem
jüngeren, wilderen Poseidon die freundliche Seite des
Meers dar, beruhigte Wasser und Winde und deutete die
Zukunft.

8085 *Sauertopf:* mürrischer, schwer zugänglicher Schwarz-
seher.

8089 *Dafür:* mehrdeutig: davor, deshalb.

8096 f. *Gebilde, strebsam ... selbst zu gleichen:* verdichtete
Formulierung der tragischen Anthropologie des *Faust*.

8105 *Sie ... gar:* sie ergibt sich ganz und gar deinem Rat.

8108 *sich grimmig selbst gescholten:* sich durch ihren
schlimmen Ausgang selbst verurteilt hat.

8116 *Trojas Gerichtstag, rhythmisch festgebannt:* in Homers Epos *Ilias*, dessen auf Trojas Untergang bezügliche
Passagen Nereus dem Paris schon prophetisch rezitiert
haben soll, ehe dieser Helena raubte.

8122 f. *Ulyssen ... Graus?:* Dass Nereus auch dem Odysseus prophezeite, ist mythologisch nicht überliefert. Auf
seiner in der *Odyssee* erzählten lang verzögerten Rück-

fahrt von Troja wurde Odysseus von der Zauberin Kirke auf ihrer Insel magisch festgehalten; der einäugige Riese (Zyklop) Polyphem sperrte ihn mit seinen Gefährten in eine Höhle, bis Odysseus ihm mit einem glühenden Pfahl das Auge ausbrannte.

8130 *Quentchen:* geringe Menge (als Gewicht 1,667 g).

8134 *Humor:* gute Stimmung, die bei ihm selten ist.

8137 *Grazien ... Doriden:* Grazien sind die Göttinnen der Anmut; zu Doriden vgl. Anm. zu V. 8044.

8141 *Neptunus' Pferde:* lat. Neptunus (griech. Poseidon) ist der jetzt herrschende Meergott; er trat häufig als Pferd oder mit Pferden auf.

8145 f. *Galatee ... Kypris:* Das wichtigste Heiligtum der Göttin der Schönheit Aphrodite (lat. Venus) befand sich in Paphos auf Zypern; deshalb der Beiname der Aphrodite »Kypris«. Von Goethe erfunden ist, dass Aphrodite sich »von uns abgekehrt« hat und von Galatee beerbt wurde – Folge der Einführung des Christentums, auf die auch später (V. 8371) Bezug genommen wird und die nur die minderen Götter, Naturgeister und Gespenster übrig gelassen hat. Dass die Nereide Galatee (griech. Galateia, wörtl.: die Milchweiße) Aphrodite beerbt, liegt an einer seit der Antike lebendigen Tradition von Gemälden über Galateias Fahrt mit dem Muschelwagen der Aphrodite. Goethe besaß einen Kupferstich von Raffaels *Triumph der Galatea* (Abb. 18), den er V. 8143–49 und 8424–28 sprachlich darstellte.

8152 *Proteus:* griech. Proteus, einer der bedeutendsten Meergötter, wahrsagend, sich in unzähligen Verwandlungen zeigend und verbergend. Dies gab zu vielen Deutungen Anlass; so wurde er als Zeit, als Materie, von Goethe als Prinzip der Metamorphose verstanden.

8158 *Du bist einmal bedürftig:* du brauchst nun einmal ...

8162 f. *Als wie nach Windes Regel / Anzögen:* wie wenn sie nach Maßgabe des Windes heranziehen würden.

Abb. 18 Raffael: Der Triumph der Galatea
(Kupferstich von D. Cunego nach dem Wandgemälde;
in Goethes Kunstsammlung)
Szenische Vorstellung zu V. 8424–87

8170 *Chelonens:* griech. *chelóone* ›Schildkröte‹: eine Nymphe, die durch Hermes in eine Schildkröte verwandelt worden war. Sie dient jetzt als Transportpalette für die Kabiren (s. Anm. zu V. 8074–77).

8182 *Wir stehen euch nach:* wir sind schwächer als ihr.

8198 *west:* lebt, existiert.

8200 *gewärtig:* zur Verfügung, bereit.

8206–09 *Wir sind gewohnt ... es lohnt:* Das Unerreichliche ist das Lohnende und wird von den Sirenen überall angebetet, wo es sich erfahrbar macht.

8212–18 *Die Helden ... Kabiren:* Sinn: Die Argonauten haben für ihre Eroberung des Goldenen Vlieses nicht so viel Ruhm erhalten wie die Nereiden und Tritonen für die Einholung der Kabiren.

8220 *irden-schlechte Töpfe:* in der phönizischen Tradition wurden die Kabiren als schlichte Tongefäße gezeigt.

8233 *gestaltet stockt:* sich in feste Gestalt begeben hat.

8243 *Weltweise Kniffe:* raffinierte Tricks.

8250 *am greiflich Tüchtighaften:* am Körperlichen. Formulierung im Goetheschen Altersstil, wörtl. ›das zum Angefasstwerden hervorragend Taugliche‹: sein Körper soll der geistigen Sonderform des Homunkulus voll entsprechen – was dann gründlich versäumt wird.

8253 f. *Jungfernsohn ... bist du schon:* wie ein uneheliches Kind zur Welt gekommen, ehe die Erzeuger es wollten. Anspielung auch auf Jesus.

8258 *So wie er anlangt wird sich's schicken:* es wird so oder so passen, wie immer er am Ende seiner Entwicklung festgelegt sein wird.

8266 *Es grunelt so:* Wachstumsgeruch, nach frischem Grün duftend.

8274 *Dreifach merkwürdiger Geisterschritt!:* Proteus – Thales – Homunkulus verhalten sich wie Gott – Mensch – Kunstwesen oder wie Vielgestalt – bestimmte Gestalt – werdende Gestalt. – »merkwürdig«: bemerkenswert.

Telchinen von Rhodus

Liebestod

Proteus nimmt Homunkulus mit zu einer Landzunge, wo er das Meeresfest aus nächster Nähe beobachten kann. Szenen mit Telchinen (Erzgießern und Schmieden), Doriden und ihren geretteten Geliebten spielen sich ab, bevor Galatee, die Königin des Festes, vorbeigezogen wird. Sehnsucht des Nereus nach seiner Tochter, übermächtige Liebe des Homunkulus, der sein Glas am Muschelwagen der Galatee zerschellt und sich ins Meer ergießt. Das »Wunder« des Meeresleuchtens wird als Verbindung von Feuer mit Wasser gedeutet und die schaffende Liebe als Uranfang der Welt gepriesen, zu dem Homunkulus nun zurückgekehrt ist. In der Liebe als absolutem Ursprung vereinigen sich die drei Hauptfiguren wieder (vgl. V. 7065–68): Faust ist auf der Suche nach Helena, Mephistopheles hat sich als Eros phanes entdeckt, Homunkulus hat sich in sehnsüchtiger Liebe selbst hingegeben. Mit ihnen sind ihre angestrebten Ziele präsent: mit Faust die geschichtliche Einheit aller Kultur, mit Mephistopheles die Einheit des schöpferischen Prinzips aller Gestalten, mit Homunkulus die Einheit aller organischen Leiblichkeit. Mit den Zielen muss auch das tragische Scheitern aller drei Figuren erkannt werden: Fausts Einheit ist »nur gedacht« (vgl. V. 7946), Mephistos Einheit nur Maske, Homunkulus' Einheit ohne geistige Identität nur im Sinne der belebten Materie werdend; den Figuren fehlt jeweils eine Qualität der anderen, weil sich die tragische Grundstruktur des ganzen *Faust* – Unbedingtheit und Beschränkung – auch hier durchsetzt.

Die Metrik der Szene ist außerordentlich variantenreich; die bunte Individualität der Äußerungsformen hat ihr Gegengewicht in dem überwältigenden chorischen Unisono des Schlusses. Hervorstechend sind die daktylischen Verse der Telchinen, die vierfache reiche Reimung im Lobgesang des Thales, die tänzerische Qualität mancher Madrigalverse. Die ganze Szene ist als Opernfinale zu hören.

BA vor 8275   *TELCHINEN ... handhabend:* griech. Telchínes, Söhne der Thálassa (Meer), mythische Ureinwohner der Insel Rhodos, Schmied- und Magier-Dämonen mit flossenartigen Händen, Erzieher des Meergotts Poseidon, dem sie auch seine dreizackige Harpune schmiedeten; sie erfanden den Bronzeguss und gestalteten erste Götterbilder. – Hippokampen sind Mischwesen aus Pferd und Fisch.

8276 *begütet:* besänftigt.

8285–88 *Euch ... regt!:* Als dem Sonnengott Helios Geweihte und Gesegnete des Tages werden die Telchinen von den Sirenen begrüßt, auch zu einer Nachtzeit, in der der Mond verehrt wird.

8290 *den Bruder:* Der Sonnengott Apollon war Bruder der Artemis (Diana).

8292 *Päan:* Hymnus auf Apollon.

8300 *als Riesen:* der sog. Koloss von Rhodos, 302–290 v. Chr. als Siegesdenkmal errichtet, eines der sieben Weltwunder der Antike.

8306 *Das:* das Telchinen-Volk.

8312 *wieder eingeschmolzen:* Der Koloss von Rhodos stürzte nach einem Erdbeben 226 v. Chr. um und wurde noch bis ins Mittelalter von arabischen Kaufleuten verschrottet.

8330 *strebe nicht nach höheren Orden:* Während Thales die steigernde Entwicklung der Arten vom Anfang der Schöpfung bis zum Menschen im Blick hat und nur die lange Zeit veranschlagt, empfiehlt Proteus nun eine Entwicklung in die Mannigfaltigkeit der Arten auf relativ niederer Komplexitätsstufe: den Menschen hält er für eine Sackgasse der Entwicklung. Allenfalls einen wie Thales lässt er noch gelten (V. 8335).

8343 *Paphos:* vgl. V. 8147 und Anm. zu V. 8145 f.; Tauben
sind Vögel der Aphrodite. Da sie nun erscheinen und Galatee ankündigen, ist das Fest »vollendet«.

8348 *Mondhof:* helle Korona um den Mond bei dunstiger
Witterung.

8359 *PSYLLEN* und *MARSEN:* Schlangenbeschwörer, die
Psyllen aus Nordafrika, die Marsen aus dem Apennin,
Plinius der Ältere (*Naturgeschichte* XXVIII) erwähnt sie
aber zusammen als zyprische Urvölker; ihnen konnte
Goethe die Bewahrung des Muschelwagens der Aphro-
dite zudichten.

8371 f. *Weder Adler ... noch Mond:* Adler und geflügelter
Löwe sind Wappentiere von Byzanz bzw. Venedig;
Kreuz und Halbmond stehen für Christentum bzw. Is-
lam – die sich bis in die Neuzeit bekämpfenden Mächte
im Mittelmeerraum.

8374 *wegt:* bewegt.

8386–90 *Galatee der Mutter Bild ... Anmutigkeit:* Die
»Mutter« ist hier einerseits Aphrodite, deren Stelle und
Erbe Galatee vertritt, andererseits wohl auch die Große
Mutter, die als »Diana, Luna, Hekate« hinter den schönen und hässlichen, freundlichen und hexenhaften Frau-
engestalten der antiken Mythologie steht. Galatee wird
mit den Eigenschaften Helenas, Schönheit und Anmut,
göttliche Erhabenheit und menschliche Liebenswürdig-
keit, ausgestattet (vgl. V. 7403 und 7440–43).

8411 *Was Zeus allein gewähren kann:* Unsterblichkeit (vgl.
V. 8406).

BA vor 8424 *GALATEE auf dem Muschelwagen:* vgl.
Abb. 18, Anm. zu V. 8145 f.

8455 *Auch noch so fern:* auch wenn es noch so weit entfernt
ist.

8460 *reizend schön:* vgl. V. 7443, 8390.

8469 *von Proteus verführt:* Es handelt sich offenbar um
eine Verführung, denn Homunkulus wählt nicht den von
Thales empfohlenen entelechischen Entwicklungsweg,

sondern den von Proteus empfohlenen Weg »in Läng und
Breite« (vgl. Anm. zu V. 8330): Galatee bleibt unberührt
und ungerührt, Homunkulus ist als identische Entelechie
verloren, in »Wirkenskraft und Samen« (V. 384) aufgelöst.
Ähnlichem Scheitern bei Helena hat Faust dadurch vor-
gebeugt, dass er sie zur Poetin ihrer selbst machte und sie
nun mit Mephistos Hilfe in eine Situation bringen muss,
in der sie seinem Begehren zustimmt.

8479 *Eros der alles begonnen:* Eros phanes (vgl. Anm. zu
V. 8027 f.). Zur verabredeten (V. 7065–68) Vereinigung
von Faust, Mephistopheles und Homunkulus vgl. den
Szenenkommentar.

8483 *dem seltnen Abenteuer:* Begrüßt wird das feurige
Wunder, welches Homunkulus verursacht hat, eine Aus-
nahmeerscheinung in den jährlichen Walpurgisnächten.

8487 *Element' ihr alle vier:* Neben Feuer, Wasser, Lüften
sind noch Grüfte als Repräsentanten der Erde gepriesen
worden. Wasser und Feuer sind durch den Eros des Homunkulus verbunden, Grüfte verbinden als unterirdische
Hohlräume Erde und Luft und deuten auf den Tod, während der Samen des Homunkulus auf Geburt, vielleicht
eine neue Schaumgeburt, deutet, in der einst Aphrodite
aus dem Samen des Himmels entstand – Fausts Helena
als neue Aphrodite? Die vier Elemente, die hier abschlie-
ßend alle gepriesen werden, sind die Substanzen, aus denen der schaffende Eros alles hervorgebracht hat: die
Klassische Walpurgisnacht ist mit dem Elementargesche-
hen um Homunkulus an den Uranfang der Schöpfung
zurückgekehrt.

Dritter Akt

Helena. Klassisch-romantische Phantasmagorie.
Zwischenspiel zu Faust

Dies war der Titel der Separatveröffentlichung des 3. Akts im 4. Band der sog. Ausgabe letzter Hand (1827). Als Zwischenspiel hat er, zumal nach einer »Walpurgisnacht«, denselben Status wie der *Walpurgisnachtstraum*, d. h., er bringt die Handlung des Wettkampfs zwischen Faust und Mephistopheles nicht weiter, obwohl beide in dem Akt vorkommen. Aber dieser Akt ist ein »Stück« (BA nach V. 10038), und Faust wie Mephistopheles spielen darin Rollen – Faust könnte sogar den ominösen Satz vom schönen Augenblick äußern und spielt auch damit (V. 9381 f., 9418), ohne dass Mephistopheles im Sinne der Wette zugreifen dürfte. Sie sind aber nicht nur Schauspieler, die einen vorgeschriebenen Text spielen, sondern sind zugleich Dichter und Regisseure der Handlung; auch Helena, die drei verschiedene Rollen als antike Heroine, mittelalterliche Minneherrin und arkadische Rokokoschäferin spielt, ist von Faust ja als Poetin ihrer selbst erdichtet worden, die sich wie sie's braucht zur Schau bringt. Auch sie reagiert nicht nur auf die Spielzüge der beiden Regisseure, sondern entscheidet selbstständig (V. 9071, 9256, 9356–58), vor allem beendigt sie von sich aus ihren Auftritt (V. 9939–44). Weil Faust durch dieses dramatische und dramaturgische Handeln für ihn unangreifbar ist, setzt Mephistopheles alles daran, Helena zu vertreiben; über sie hat er jedoch ebenfalls keine direkte Gewalt, weil er als christlicher Teufel »Heidenriegel [...] vorgeschoben« findet (V. 6971).

Es bleibt ihm also nichts übrig, als Helena dasselbe anzutun, was ihm in der *Klassischen Walpurgisnacht* widerfuhr, nämlich sie sich »ganz und gar entfremdet« vorkommen zu lassen (V. 7081) in kulturellen Umständen, die sie »selbst aus unserer Mitte treiben« müssen wie Mephistopheles bei den heidnischen Sphinxen (V. 7143). Diese Umstände sind die Bedingungen der christlich-abendländischen Neuzeit, und so sucht Mephistopheles Helena aus ihrer mykenischen Kultur über das Mittelalter bis in die Neuzeit zu treiben, eine »Verbarbarisierung« (Schiller; vgl. Brief an Goethe, 13. 9. 1800), die sie und vor allem ihr überlebendiger Sohn Euphorion (V. 9739 f.) nicht mehr ertragen. Diese Zeit- und Kulturreise über 3000 Jahre nach Goethes Rechnung ist die »Phantasmagorie«, das phantastische Ineinandergleiten verschiedenartigster Wirklichkeiten. Faust, der sich durch seine antikischen Er-Innerungen in der *Klassischen Walpurgisnacht* eine antik-moderne, klassisch-romantische Identität verschafft hat, fängt Helena jeweils da auf, wohin sie vor den Drohungen der fürchterlichen Phorkyas geflohen ist: als mittelalterlicher Kreuzfahrerfürst in der Festung Mistra bei Sparta, schließlich als arkadischer Schäfer in einem unzugänglichen Felsenkessel Arkadiens, unzugänglich vor allem deshalb, weil es sich nicht mehr um die reale karge Landschaft in der Mitte der Peloponnes handelt, sondern um die von Dichtern entworfene literarische Landschaft eines idealen, zeitlosen Urzustandes der Welt und der Menschheit. Hier aber ist es für den Chor und den Sohn Euphorion langweilig, während rings der Befreiungskampf der Griechen von der osmanischen Herrschaft tobt. Die Schönheit Helenas, mit der sie zu wirken gewohnt ist, wird hier von niemand gesehen und ist vom glücklichen Faust unzugänglich verwahrt wie ein teures Gemälde in einem Safe (vgl. V. 3940). Im Egoismus seiner Schönheitsverehrung arbeitet Faust also ganz gegen seinen Willen (V. 9439 f.) Mephistopheles in die Hände und verliert Helena wie Euphorion. Sofern Helena für ihn die Schönheit war, die der Welt ihren Sinn gab (vgl. V. 6487–92), ist die schöne, sinnvolle Welt von nun an für ihn verschwunden. Er umarmt noch die Wolke, die sich aus ihren Gewändern bildet und ihn fortträgt – das erinnert an den Mythos von Ixion, der statt der Hera, die er vergewaltigen wollte, eine Wolke umarmte und furchtbar dafür bestraft wurde: war auch Fausts Helena ein Gespenst, eine falsche Helena, wie Euripides in seiner Tragödie *Helene* von der trojanischen Helena zu erzählen weiß?

Vor dem Palaste des Menelas zu Sparta

Flucht aus der eigenen Kultur

Helena, nach langer Irrfahrt von Troja her bei Sparta gelandet, wurde von Menelaos mit zweideutigem Auftrag, alles für ein Opfer vorzubereiten, vorausgeschickt, wird aber von Phorkyas, der fürchterlichen Hausverwalterin, nicht in den Palast, ihr Elternhaus und ihren Sitz als Königin, eingelassen. Die gefangenen Trojanerinnen ihres Chors duellieren sich mit Phorkyas in Beschimpfungen. Unschlüssig, zu welcher Seite sie sich halten soll, wird sie von Phorkyas ebenfalls angegriffen, die ihr mit Vorwürfen ihrer vielen Männerbekanntschaften ein biographisches Identitätsbewusstsein einimpft, eine moderne, reflexive Qualität, die sie als mythologische Frau nie hatte. Da sie nun als ›Lebendige‹ mit sich als Toter konfrontiert wird, die mit dem toten Achill zusammenlebte (V. 8876–79, vgl. V. 7435 f.), oder als in Ägypten und zugleich gespensterhaft in Troja existierend, wird sie sich selbst zum Götzenbild (Idol), ihr neugewonnenes, überfordertes Identitätsbewusstsein verlässt sie.

Nach ihrem Erwachen schmeichelt ihr Phorkyas, identifiziert aber sie und den Chor als Schlachtopfer des Menelaos, der kein Opfertier genannt hatte. Sie kann nicht glauben, dass ihr Gatte sich gegen sie wenden würde, wird aber an seine unmenschliche Grausamkeit, Brutalität und Rachsucht erinnert. Zunächst hatte sie ja auch dieses mögliche Schick-

sal erwogen und den Göttern anheimgestellt (V. 8579–86);
mit ihrem neuen, selbstbestimmten Bewusstsein nimmt sie
es nicht mehr hin. Phorkyas, nach Rettung befragt, weist
auf einen aus Norden eingedrungenen Eroberer, der mit
seinem ganzen Volk jedenfalls weniger »grausam« und
»menschenfresserisch« ist als die Griechen vor Troja. Obwohl sie nur weiß, dass er gut aussieht und im Übrigen
einer fremdartigen Bau-, Herrschafts- und Gesellschaftskul-
tur angehört, entschließt Helena sich, aus ihrer eigenen Kultur zu fliehen, deren archaische Barbarei sie durch Phorkyas' Bewusstseinsattacken plötzlich erkennt. Zugleich
flieht sie aus der Nachahmung einer (fragmentarisch blei-
benden) attischen Tragödie in das Fragment eines mittelal-
terlich-romantischen Ritterstücks.

Die Metrik ist von den Sprechversen der attischen Tragödie bestimmt, dem jambischen Trimeter und, für die
beschwingteren Passagen, dem trochäischen Tetrameter
(z. B. V. 8488 bzw. V. 8909), die Goethe mit gezielt einge-
setzten Variationen nachbildet. Der Chor variiert das Chor-
lied (Stasimon) der attischen Tragödie, das in der Normal-
form aus Strophe, gleichgebauter Antistrophe und anders
gebauter Epode besteht (vollständiges Beispiel V. 8610–37).
Die Versbehandlung der Phorkyas als des christlichen
Teufels ist deutlich nachlässiger als die der ›griechischen‹
Figuren.

BA vor 8488   *Vor dem Palaste des Menelas zu Sparta:* Der
Ort ist höchst bedeutsam, denn von ihm ging das Geschehen um den Trojanischen Krieg und seine Folgen aus.
Helena hatte unter 40 Bewerbern Menelaos, Königssohn
aus Mykene und Bruder des Agamemnon, gewählt (zu
einer anderen Version vgl. V. 8856); ihr ›weltlicher‹ Vater Tyndareos hatte ihm das Königreich Sparta und
den Palast vererbt. Zum Lohn für das Urteil des Paris
hatte Aphrodite diesem trojanischen Prinzen Helena, die
schönste Frau, versprochen; während einer Abwesenheit

des Menelaos entführte Paris Helena nach Troja: Anlass des zehn Jahre währenden Trojanischen Kriegs, von dem Menelaos in Goethes Fiktion mit Helena und einem Chor gefangener Trojanerinnen zurückkehrt – Goethe verwendet die Form »Menelas« aus rhythmischen Gründen in Anlehnung an die französische Tradition. Die Szene ist gespickt mit Zitaten und Motiven aus der antiken griechischen Literatur, dazu gehört auch Panthalis als Begleiterin der Helena (vgl. Anm. zu V. 8825).

8488 *Bewundert ... Helena:* Die Selbsteinführung im Prolog ist häufig bei Euripides. Über Bewunderung und Schelte spricht sozusagen das zeitlose mythische Substrat »Helena« bezüglich dessen, was viel spätere Dichter über sie schreiben werden (dagegen bringt sie sich schon V. 8489 in einer bestimmten Situation »zur Schau«). Die Unterbrechung des monologischen Prologs durch Chorstrophen ist unüblich, markiert aber die gedanklichen Partien (vgl. Szenenkommentar zum Aufbau).

8490 *trunken:* schwindlig.

8491–93 *phrygischen Blachgefild ... Buchten:* Troja lag im Westen Phrygiens (nördliches Kleinasien) am Hellespont und blickte nach Homer auf eine weite Ebene hinab, wo die Kämpfe stattfanden. Helena vergleicht das windgepeitschte Meer mit einer Pferdemähne; zu Poseidon vgl. Anm. zu V. 8141; Euros ist der Ostwind; die »vaterländischen Buchten« sind in der Nähe der Eurotas-Mündung etwa beim heutigen Gythion zu denken.

8498 *Von Pallas' Hügel:* von einem Tempelberg der Pallas Athene, vielleicht der Akropolis von Athen.

8499 f. *Klytämnestren ... Pollux:* vgl. Anm. zu V. 7294.

8503 *Weiteröffnen:* zweifach lesbar – die Tore wurden weit eröffnet (wie V. 8506) oder wurden weiter als sonst geöffnet.

8511 *Cytherens Tempel besuchend:* Nach einer der Versionen raubte Paris Helena, als sie im Artemis-Tempel auf der Insel Kithira opferte – nach Hederich (Sp. 1219 f.) war sie *pro forma* pflichtgemäß, tatsächlich aus Neugier auf den trojanischen Prinzen dorthin gekommen.

8515 *Sage ... Märchen:* Lügenhaftes ist eingemischt worden. Helena hat hier noch ein festes, wenn auch geschöntes (V. 8511) Bild von sich.

8523 *Schöne:* Schönheit.

8528 *ein Opfer:* Helena war allgemein verhasst.

8535 *im hohlen Schiffe:* im geräumigen Schiff; stehende Wendung in *Ilias* und *Odyssee.*

8543–48 *Du aber ziehe ... angebaut:* Sie soll am fruchtbaren Ufer dem Flusslauf des Eurotas entgegen nach Norden bis Sparta ziehen. Lakedämon, Sohn des Zeus, hatte das Land kultiviert und ihm den Namen gegeben.

8551 *Schaffnerin:* Hausverwalterin.

8566 *Schönheit in dem Kampf:* Der Chor fingiert einen Wettstreit zwischen Helenas Schönheit und dem Schmuck.

8573 *das flache Rund:* Platte als Opfergerät, wie Dreifuß, Kessel, Schalen.

8578 *Sorge:* zweideutig: Fürsorge und Befürchtung.

8579 f. *nichts / Lebendigen Atems zeichnet mir:* benannte mir kein Opfertier.

8586 *die Sterblichen wir ertragen das:* wir, die Sterblichen, ertragen das. Was sie hier noch fromm als von Göttern gesandt hinnimmt, erscheint ihr unter Phorkyas' Einfluss als Brutalität eines Barbaren.

8592 *Königin schreite dahin:* zweifach lesbar: ›als Königin‹ und Anrede ›Königin!‹.

8601–03 *Schauen ... uns Glücklichen:* grammatisch aufgelöst: schauen wir nicht (1) die Sonne, (2) das Schönste, nämlich dich, die uns Glücklichen huldvoll gesonnen ist?

8609 *kindisch:* zweifach lesbar: ›als Kind‹ und ›gedankenlos, leichtsinnig‹.

8622 *der Entbundene:* der von Zwang und Fesseln Befreite.

8649–52 *Doch das Entsetzen ... des Helden Brust:* das Ent-

setzliche. – »Ein Grauen für die Rede, Grauen für den
Blick / Treibt aus des Gottes Heiligtum mich wieder
aus. / Mich aufrecht noch zu halten, schwindet mir die
Kraft. / Die Hände, nicht die raschen Füße tasten vor. /
Entsetzte Greisin ist ein Nichts, dem Kinde gleich«
(Aischylos, *Eumenides* 34–38, übers. von Emil Staiger;
Schilderung des Eindrucks der grauenhaften Eumeniden).

8653 *die Stygischen:* die Götter der Unterwelt, von der
fürchterlichen Seite gesehen. Styx ist einer der vier Unter-
weltflüsse, der Fluss des Hasses.

8659 *Auf Weihe will ich sinnen:* Sie plant eine kultische
Reinigung des Palastes von den finsteren Mächten.

8664 *ihr Gebilde:* vgl. V. 8649–52. Sie hofft hier noch,
Phorkyas sei ein momentanes Trugbild.

8674 *dem Schoße des Herdes:* Die Feuerstelle wird als Mittelpunkt des Hauses betrachtet.

8680 *Des Gatten Vorsicht:* vgl. V. 8551.

8682 *Dräun:* Drohen.

8685 *Thalamos:* Prunkbett.

8687 *das Wunder:* hier: das Monstrum.

8691 f. *das Wort ... aufzubaun:* Helena kann Phorkyas
durch die Sprache nicht als Gestalt vorstellbar machen.

8695 f. *der Schönheitsfreund, / Phöbus:* Apollon hier als
Sonne und als Führer der Musen und ihrer schönen Künste.

8707 *Ilios':* Trojas.

8711 *Mit des eignen Sturmes Wehn:* Durch die aufsteigende
Hitze und die am Boden nachströmende kühlere Luft
(Konvexion) erzeugen Großfeuer ihre eigenen Sturm-
winde.

8714 *Lohe:* loderndes Feuer.

8735 *Graien:* vgl. Anm. zu V. 7967.

8750 *entgegenest:* gegenübertrittst.

8755 *Scham und Schönheit nie zusammen:* vgl. z. B. Ovid,
Epistulae XVI,288: »Lis est cum forma magna pudicitiae«
(»Großer Streit tobt zwischen Scham und Schönheit«),
ähnlich Juvenal, *Satiren* X,297.

8758 f. *wo sie immer irgend auch des Weges sich / Begeg-nen:* wo sie sich auch immer begegnen.

8762 *Orkus:* Unterwelt.

8772 *Mänadisch wild:* Mänaden oder Bacchantinnen waren Priesterinnen des Dionysos-Kults, rasende Frauen, efeu-bekränzt, mit Thyrsusstab, Lärminstrumenten, wohl un-ter Drogen stehend.

8783 *Erobert, marktverkauft:* eroberte, auf dem Sklaven-markt verkaufte (Ware).

8784 *gegenwarts:* in Anwesenheit.

8795 *grinse:* zeige ihnen die Zähne, vgl. V. 1294.

BA nach 8811 *Choretiden:* Mitglieder des Chors gefange-ner Trojanerinnen.

8812 *Erebus:* Gott der Finsternis, der neben Nacht, Tag und Aether aus dem Chaos geboren wurde.

8813 *Scylla:* Seeungeheuer an der Meerenge von Sizilien, dem Odysseus knapp entkam.

8817 *Tiresias:* vgl. Anm. zu V. 7450.

8818 *Orions Amme … Ur-Urenkelin:* Sie sei also fünf Ge-nerationen älter als jener mythische Urjäger.

8819 *Harpyen:* ekelhafte geflügelte Mischwesen, blutgierig, fressen alles an, kotzen es sofort wieder aus und be-schmutzen alles.

8825 *das Rätsel hebt sich auf:* Panthalis gedenkt, die Schaff-nerin als Phorkyade zu entlarven; diese hätte zu entgeg-nen, dass Panthalis, die ›Allblühende‹, eine aus dem Ha-des geholte Tote ist.

8829 *unterschworner:* unter der Haut weiterschwärender und -eiternder Streit.

8839 *War ich das alles?:* Phorkyas hat den ersten Ansatz (modernen) reflexiven Bewusstseins und Identitätszwei-fels bei Helena erzeugt; in diese Wunde bohrt sie nun tie-fer und tiefer.

8846 *In Lebensreihe:* in biographischer Reihenfolge. Phor-kyas weiß, dass sie Helena damit in eine Identitätskrise treiben kann.

8848 *Theseus:* athenischer Königssohn, entführte die junge
Helena, die im Artemis-Tempel tanzte, auf die Burg des
Aphidnos, der als Freund des Theseus die Entführte be-
wachte. Ihre Brüder Kastor und Pollux befreiten sie (vgl.
V. 7415–25).

8855 *Patroklus:* Freund Achills, des Peliden (Sohn des Peleus und der Thetis).

8864 *mir freigebornen Kreterin:* Mephistopheles erfindet
eine Vergangenheit seiner Figur: Menelaos, der sich sein
Erbe auf Kreta erkämpfen musste, nahm sie als Gefan-
gene mit und setzte sie, da Helena die »halbe Witwen-
schaft« zu langweilig geworden war, als Hausverwalterin
während des Trojanischen Krieges ein.

8872 *ein doppelhaft Gebild:* Helena real in Ägypten, als
Gespenst in Troja.

8874 *nicht gar:* nicht vollständig. »Aberwitz« ist Geistes-
verwirrung.

8879 *Idol:* griech. *eídolon* ›Bild, Schattenbild, Traumbild,
Gespenst‹: Helena ist jetzt gespalten in ein Ich und seine
nicht mehr dauernde, mit dem Ich verwachsene Gestalt,
die sich durch ihre gleichzeitige Doppelerscheinung an
verschiedenen Orten als trügerisch erweist. Zunächst leidet sie daran; ihr verwirrtes Identitätsbewusstsein zieht
sich durch eine Ohnmacht von der Gestalterscheinung
zurück. Nach ihrer Erholung kann sie frei über ihre Gestalt verfügen, bringt sich wie sie's braucht zur Schau (vgl.
»Seele«/»Gestalt« V. 8904–07).

8887 *wohltätig erscheinend:* in Parenthese zu setzen.

8889 f. *des drei- / köpfigen Hundes:* Kerberos, Wachhund
am Eingang des Hades.

8896 *Letheschenkenden:* Das Wasser dieses Unterweltflus-
ses bewirkt Vergessen des Erlebten.

8907 *Gestalt aller Gestalten:* einerseits Form des Superla-
tivs, andererseits Rückverweis auf V. 6487–90, wo Helena
zum Prinzip aller Gestaltung überhaupt erhoben wurde.
Mit ihrem Verschwinden am Ende des 3. Akts erstarrt die

in »Gestaltung, Umgestaltung« (V. 6287) begriffene Welt zu »Eisgebirgen« (V. 10053).

8937 *Ungetüm:* Sammelbezeichnung für die Zwerggestalten.

8957 *Parzen ... Sibylle:* Phorkyas wird nun als Schicksalsgöttin, die den Lebensfaden abschneiden kann, und als Sibylle umschmeichelt – weissagende und vom Gott begeisterte Frau.

8962 *Schmerz empfind ich:* Der Schmerz kann sich nur auf die von Phorkyas erschlossene und zuvor schon erwogene (V. 8528) Absicht des Menelaos, Helena zu opfern, beziehen. Blieb sie zunächst in Unterwerfung unter den Götterwillen unbesorgt (V. 8582 f.), bezieht sich ihr Schmerz jetzt auf den brutalen Barbaren Menelaos.

8969 *Rhea:* vgl. Anm. zu V. 7989 f.

8973 *Zuhörend leben wir indes:* solange wir zuhören, leben wir.

8978 f. *seiner Schwelle heilige Richte leicht ... überschreitet:* Der Tadel richtet sich gegen Helena wie gegen den unsteten Menelaos, der die Schwelle als Symbol für Recht und Pflicht des Hausherrn nicht achtet.

8987 *starrt:* gestapelt ist und nicht im Gebrauch bewegt wird.

8994 f. *das Tal-Gebirg ... hinter Sparta nordwärts:* Gemeint ist Mistra, eine 7 km westlich von Sparta an einem Vorberg des Taygetos-Gebirges gelegene Kreuzritterburg (1249) und Stadt, die bis zur Einnahme durch die Türken 1460 politischer und geistiger Mittelpunkt der Peloponnes war.

8998 *An Rohren ... nährt:* Schilfrohr und Schwäne charakterisieren den Eurotas schon in der Antike.

9000 *aus cimmerischer Nacht:* Die Kimmerier sind ein sagenhaftes Volk am Eingang der Unterwelt, das nie von der Sonne beschienen wird. Goethe meint die von Norden seit etwa 2000 v. Chr. in Wellen einwandernden Völkerschaften und die seit 1205 die Peloponnes von Westen her erobernden Kreuzfahrer (vgl. V. 9454).

9004 *zwanzig Jahre:* nach Goethes Zeitrechnung etwa 2400 Jahre.

9015 *menschenfresserisch:* Nur Achill zeigt im Zorn kannibalische Gelüste (*Ilias* XXII,346 f.); allerdings kamen grausame Brutalitäten bei beiden Kriegsparteien vor (vgl. V. 9054–58).

9020 *Zyklopisch wie Zyklopen:* Zyklopen sind einäugige Riesen; Phorkyas legt nahe, dass man mit einem Auge nur plumpes Mauerwerk aufwälzen könne. Die mörtellose, exakte Fügung der Zyklopenmauern beachtet Phorkyas nicht.

9029 *Altane:* Balkone.

9047 f. *Du fällst / Ganz aus der Rolle:* vgl. V. 6473–78. Einerseits steht es der Dienerin nicht zu, über Intimitäten der Königin zu plaudern. Andererseits kann die erst nach Helenas Entführung nach Sparta gekommene Kreterin das nicht wissen – die Schauspielerin der Helena ermahnt den Schauspieler der Phorkyas, im Rahmen der Rolle zu bleiben. Auch das Versprechen »Sogleich umgeb ich dich mit jener Burg« (V. 9050) enthüllt momentan die magische Gewalt der Phorkyas und widerspricht ihrer Rolle als Dienerin.

9056 f. *der starrsinnig Witwe dich … kebste:* Nach dem Tod seines Bruders Paris erstritt sich Deiphobos allen Warnungen zum Trotz die Witwe Helena und machte sie zu seiner Zweitfrau (Kebse).

9075 *die Königin:* Schon einmal, mit Paris, hatte sie die Verantwortung der Königin vernachlässigt. Tut sie es jetzt wieder, auch unter Menelaos' Bedrohung, gerät sie in ethischen Konflikt.

9087 *Niederträchtiger List:* Anspielung auf das Trojanische Pferd, eine Holzskulptur, in deren hohlem Bauch griechische Krieger verborgen waren.

9102 *Tod verkündenden:* Von den Schwänen wurde gesagt, sie sängen im Sterben ihr Schwanenlied.

9108 *Unsrer Schwanerzeugten:* Helena. Anspielung auf Leda und den Schwan.

9117 *Hermes voran:* als Totengeleiter in den Hades »zurück« (V. 9118), aus dem sie als Schauspielerinnen des Chors geholt worden sind: in diesem Übergang sprechen nicht die Figuren des »Stücks«, sondern die Schauspielerinnen.

Innerer Burghof

»Aber ruhig besitzt er's nicht«

Helena und ihr Chor finden sich im schluchtartigen Innenhof eines fremdartigen Gebäudes, aber die Furcht des Chors ist unbegründet: mit ihrer sieghaften Schönheit legt Helena sogleich die Befehlsgewalt Fausts lahm – der Turmwärter versäumt die Meldung der Gäste und beginnt um die schönste Frau zu werben, sodass auch Faust nichts übrig bleibt, als ihr gleich die ganze Herrschaft zu übertragen. Sie nimmt ihn gnädig zum Mitregenten, man kommt sich rasch näher, Helena beginnt in Reimen zu sprechen und bekundet Glück über ihr Da-Sein. Phorkyas stört das gemeinsame Glück, kündigt erneut Menelaos an; Faust muss seine Schöne beschützen und gewinnt dadurch Macht zurück: er lässt ein Heer aufmarschieren und verteilt die Peloponnes auf die Feldherrn, die Menelaos in sein Piratendasein zurückdrängen sollen. Helena aber, die eigentlich in Sparta als Königin residieren soll, malt er Arkadien vor, eine geographisch im Zentrum der Peloponnes liegende dürftige Landschaft, die aber von den Dichtern als ideale Urlandschaft der »ersten Welt« mit friedlichen Hirten ohne Feinde, der Ununterschiedenheit von Göttern und Menschen und dem Prinzip »Erlaubt ist, was gefällt« imaginiert worden ist.

Dies wäre der fiktive Raum, in dem er mit Helena ohne
Trennendes und ohne Feinde leben könnte. Ohne Helenas
Zustimmung oder Widerrede spricht er sein poetisches Zauberwort »Arkadisch frei sei unser Glück!«, worauf sich
schlagartig die Szene wandelt. Erneute Flucht also, diesmal
aus dem mittelalterlichen Ritterdrama in eine rein literarische Landschaft, einen imaginären Raum, in den ein Menelaos nicht eindringen kann. – Die Metrik ist außerordentlich
variabel und spiegelt die Differenz der Kulturen sowie ihre
schrittweise Annäherung. Dass Helena reimt, ist vor dem
Singen gereimter Verse in der nächsten Szene der vorletzte
Schritt ihrer Entfremdung von der ursprünglichen antiken
Kultur.

BA vor 9127   *reichen phantastischen Gebäuden des Mittelalters:* vgl. Anm. zu V. 8994 f. und 9146.
9127 *Vorschnell und töricht:* Die Endungen »-es« dieser
beiden Adjektive werden bei »wahrhaftes« nachgeholt.
Panthalis meint die Furcht der Chormädchen, in den Hades zurückgeführt worden oder wenigstens gefangen zu
sein.
9134 *Hochsinnig:* in ihrem hohen, erhabenen Geist.
9135 *Pythonissa:* Wahrsagerin, Zauberin, Hexe.
9144 *sonder:* ohne.
9146 *aus vielen einsgewordnen Burg:* Mit dem Begriff des
Gotischen und der gotischen Bauweise verband der zunächst an klassizistische Formen gewöhnte junge Goethe
»alle synonymische Missverständnisse, die mir von Un-
bestimmtem, Ungeordnetem, Unnatürlichem, Zusam-
mengestoppeltem, Aufgeflicktem, Überladenem jemals
durch den Kopf gezogen waren« (HA 12, S. 10 f.).
9147 *halb:* halber, um … willen.
9153 *sittig:* sittsam, wohlerzogen.
9163 *in ähnlichem Fall:* vgl. V. 7758 f.; haben die Chormädchen Mephistos Abenteuer mit den Lamien beobachtet?
9172 *Über:* darüber, über dem zeltartigen Schmuck. Der

Aufbau der Sitze mit Baldachin lässt sich von den Stufen bis zum Sitzkissen (»Pfühl«) schrittweise nachvollziehen.

9185 *Vorübergänglich:* Wortkontamination aus »vorübergehend«, »übergänglich«, »vergänglich«.

9190 *gehaltnem:* verhaltenem, zurückhaltendem.

9195 *Der Pflicht verfehlend mir die Pflicht entwand:* Indem der Turmwärter die Ankunft Helenas nicht pflichtgemäß rechtzeitig ankündigte, machte er es Faust unmöglich, seiner Pflicht feierlicher Begrüßung nachzukommen.

9199 *seltnem Augenblitz:* seltener Sehschärfe. Auch V. 9230 wird die Sehschärfe als vom Auge ausgehender Lichtstrahl bezeichnet.

9208 *schuldigster Empfang:* zu dem Faust verpflichtet gewesen wäre.

9234 *Wüsst ich irgend mich zu finden?:* könnte ich irgendwie mich zurechtfinden (in dem, was sonst hell und deutlich sichtbar war, nun aber von der Sonne und Seinsweise Helenas verfinstert und überstrahlt wird).

9243 *das beschworne Horn:* das Wächterhorn, auf das er seinen Diensteid geschworen hat.

9254 f. *Einfach ... Not:* Einfach erscheinend verwirrte sie Heiratskandidaten und Entführer, doppelt (als Gespenst in Troja und ›real‹ in Ägypten) verwirrte sie die Griechen, dreifach erscheint sie in einem Stück wie Euripides' *Helene,* wo der Figur Helena dieser Doppelmythos vorgehalten wird, vierfach ist sie in dem mit Faust gespielten Stück, wo sie kulturfremd auftritt und doch Helena sein soll – einfach, doppelt, euripideisch dreifach oder wie? – und schon das Unglück voraussieht, das sie bringen wird.

9260 f. *den Bogen ... Verwundet:* Zur Allegorie der Augen, die unter bogenförmigen Brauen verwundende Pfeile versenden, vgl. die Vorstellung des Eros/Cupido mit Pfeil und Bogen.

9262 *Allwärts:* nach allen Richtungen.

9264 *Was bin ich nun?:* Identitätskrise wie bei Helena (V. 8839) und Lynkeus (V. 9277).

9269 *Im Wahn das Meine:* Faust hatte fälschlich angenommen, er selbst und sein Besitz gehöre ihm. Zum Kompliment tritt hier die Erfahrung der seine Macht untergrabenden magischen Herrschaft der Schönheit Helenas hinzu.

9271 *Dich Herrin:* dich als Herrin, oder: dich, Herrin ...

9281 *Von Osten kamen wir heran:* Anspielung auf die Wanderungswellen und Invasionen seit der Völkerwanderung. Die Rede des Lynkeus spiegelt neben der schenkenden Huldigung der orientalischen Liebesdichtung die Umwertung aller Werte, die die räuberischen Barbaren im Kontakt mit der Schönheit der griechischen Kultur erfahren.

9310 *Tropfenei:* Perle als Teil eines Ohrgehänges oder Ohr-Nasen-Kettchens.

9326 *lose:* losgelassen.

9327 *bar:* rein, echt.

9340 f. *Paradiese / Von lebelosem Leben:* Paradiese waren die Parks altorientalischer Herrscher, in denen sie mikrokosmisch ihr Reich zu vergegenwärtigen suchten, indem sie Pflanzen und Tiere aus allen Regionen darin ansiedelten. Hier soll ein metallisch-mineralischer Mikrokosmos aufgebaut werden.

9349 *Dieser Schönheit Übermut:* Übermütig herrschende schöne Frauen sind topisch in orientalischer und mittelalterlicher Liebesdichtung. Der Übermut des Abstraktums »Schönheit« weist wohl auf die *vis superba formae*, die übermütige Gewalt der Schönheit (vgl. HA 12, S. 471).

9358 *Beruft:* ruft nach, fordert.

9363 *Grenzunbewussten Reichs:* Die Herrschaft der Schönheit wirkt über Staatsgrenzen hinweg, ohne dass dies ins Bewusstsein tritt.

9367 *Unterricht:* Unterrichtung, Erklärung. Was sie im Folgenden beschreibt, ist der in der griechischen Dichtung nicht zugelassene Reim; sie deutet ihn als sprachliche Liebeserklärung. Zu den folgenden End- und Bin-

nenreim-Experimenten vgl. die ebenfalls kulturentfrem-
dende Alexandriner-Bastelei mit Margarete V. 3179–84.

9386 *Gönnet sie:* wenn sie jetzt gewährt ...

9396–9400 *Und wie ... gleiches Recht:* Grammatik des Satzes: und wie den Hirten, so vielleicht auch Faunen, ertei-
len sie gleiches vollständiges Recht über ihre Glieder, wie
es eben die Gelegenheit bringt. Faune sind Wald- und
Feldgötter, Beschützer der Herden, ähnlich den Satyrn
menschlich-tierische Mischgestalten.

9419 *Buchstabiert in Liebesfibeln:* Um Helena werben
Faust und Lynkeus in den Formen und Formeln der Lie-
beswerbung aus der griechischen, orientalischen, mittelalterlichen, humanistischen Tradition; sie benutzen gewissermaßen diese Lehrbücher.

9430 *Wie Deiphobus:* vgl. V. 9054–58.

9441 *eitles Dräun:* leere Drohung.

BA vor 9442 *Signale ... Heereskraft:* Die Explosionen deuten auf Geschütze, wie sie seit dem 14. Jh. militärisch verfügbar waren; Zinken (Cornetts) sind Holzblasinstru-
mente mit Grifflöchern und Trompetenmundstück. Hat
Lynkeus von Lanzen und ungeordnetem »Volksgewicht«
gesprochen, deuten die moderne Bewaffnung und der
Kolonnentritt auf die gedrillten Heere des 18. Jh.s –
Phantasmagorie der Militärgeschichte wie bei Helena der
Literaturgeschichte.

9454 *Pylos:* Hafenstadt an der Westküste der Peloponnes;
Heimat des homerischen Nestor.

9459 *Menelas dem Meer zurück:* vgl. Anm. zu V. 8978 f.

9466–73 *Germane ... groß:* Die Ansiedelung dieser Ger-
manenstämme auf der Peloponnes ist nicht historisch; die
Zuteilung der Landschaften und altgriechischen Reiche
auf der Peloponnes geschieht im Uhrzeigersinn von Korinth bis Argolis; Sparta und Arkadien im Zentrum werden Faust und Helena vorbehalten.

9512 *Nichtinsel:* Die Peloponnes, durch die Landbrücke

von Korinth mit dem Festland verbunden, ist eine Halb-
insel.

9518 *Eurotas' Schilfgeflüster:* Eurotas ist der Fluss bei
Sparta, mythischer Ort der Verführung Ledas durch Zeus
als Schwan.

9520 f. *dem Geschwister ... überstach:* Sie blendete die Augen der Geschwister.

9526–61 *Und duldet auch ... Welten sich:* Faust entfaltet
hier den Mythos von Arkadien, einer idealen Landschaft
des Goldenen Zeitalters am Beginn der Welt, den Vergil
in seinen *Bucolica* nach poetischen Schilderungen der
Goldenen Zeit und der Idealisierung der Landschaft Arkadien durch den Historiker Polybios ausgemalt hatte.
Auch diese Dichtungstradition reicht von Hesiod über
Rom, die Renaissance (Sannazaro, Tasso) bis in die Schä-
ferdichtung des Rokoko.

9558 *Apoll den Hirten zugestaltet:* Weil er die Zyklopen
getötet hatte, musste Apollon ein Jahr lang die Rinder des
thessalischen Königs Admetos hüten.

9565 *Der ersten Welt:* Da Helena Tochter des Zeus und der
Leda ist, gehört sie der ersten Welt nicht an. Mit ihrer
sterblichen Mutter soll sie die ganze Vergangenheit, ihr
Schicksal, das durch sie veranlasste Unheil vergessen, weil
nur in diesem Rückgang auf die »Natur im reinen Kreise«
Faust und Helena sich ohne Unterschied der Kulturen,
der Geschichten, der Gottheit und Menschheit begegnen
können.

Der Schauplatz verwandelt sich durchaus.
Schattiger Hain

Bild im Safe

Faust hat mit dem magisch wirkenden Wort »Arkadisch
frei sei unser Glück!« (V. 9573) sich, Helena, Phorkyas und
den Chor in eine imaginäre Landschaft versetzt, die nur in
der Literatur vorkommt (vgl. Anm. zu V. 9526–61) und die
von keinem Menelaos mehr gestört werden kann, zumal
Phorkyas mitgefangen ist. Es ist ein Gefängnis, dessen
Windstille den Chor einschläfert, den Teufel zum Kräuter-
weiblein macht, die nur durch ihr öffentliches Gesehenwer-
den wirkende Helena wie ein teures Bild in einen Safe
sperrt und dem »überlebendigen« (V. 9739) Sohn Euphorion kein Tätigkeitsfeld, der in ihm verkörperten Poesie
keine Bodenhaftung und keinen Wirkungskreis gewährt.
Alle müssen rührselig singen, was den Chor und Helena
vollends ihrer angestammten Kultur entfremdet. Als Euphorion sich im Wahn, fliegen und sich am griechischen
Freiheitskampf beteiligen zu können, in den Tod stürzt,
beendet Helena von sich aus das Zusammenleben mit
Faust, das ihr die Kultur, die Sprache, die Identität geraubt
und eine moderne Bewusstseinsspaltung injiziert hat. Faust
ist ganz verstummt und lässt sich von der Wolke ihrer
Kleider emportragen; sie tragen ihn, solang er glaubt, keine
Wolke umarmt zu haben. Der Chor löst sich, statt Helena
wieder in den Hades zu folgen, in die irdischen Elemente
und Kräfte auf.

Die Szene hat drei in sich wieder gegliederte Teile: Phorkyas über Euphorions Geburt und erste Taten, der Chor
übertrumpft sie mit dem Mythos von den Streichen des
kleinen Hermes. – Kleinoper *Helena* mit Tod Euphorions
und Verschwinden Helenas. – »Bacchanal«; die Chormädchen lösen sich in rauschhafter Befreiung in die Elemente

auf. Im ersten Teil werden antike Metren verwendet, der zweite ist ein gereimtes Opernlibretto, im dritten werden wieder antike Metren verwendet.

BA vor 9574 *Der Schauplatz verwandelt sich durchaus:* d. h. vollständig, gemäß der Regiebemerkung und im Sinne von Fausts vorwegnehmender Beschreibung.

9578 *Ihr Bärtigen:* Anrede an das Publikum, typisch für die attische Komödie, die wie das Theater überhaupt Männersache war.

9586 *Höhlen:* Die arkadischen Hochtäler weisen Höhlen auf, durch die das von den kahlen Bergen kommende Wasser abfließt. Den Chormädchen unglaublich ist die Beschreibung unterirdischer Weltenräume mit Natur und Architektur, obwohl sie doch gerne Unglaubliches hören möchten (V. 9583).

9603 *Genius ohne Flügel:* Genien, in der Antike geflügelt vorgestellt, sind schützende und leitende Geister. – Zu den Faunen vgl. Anm. zu V. 9396–9400.

9604 *der Boden gegenwirkend:* Euphorion erhält also Schnellkraft aus dem Boden wie Antaios (vgl. Anm. zu V. 7071–79); durch die Verbindung Fausts mit der sinnenhaften Schönheit ist sein Sohn mehr als ein »Antäus an Gemüte« (vgl. V. 9611).

9620 *ein kleiner Phöbus:* Apollon, der Sonnengott (griech. Phoibos, wörtl: der Leuchtende) und zugleich Dichtergott mit der Leier.

9623 *wie leuchtet's ihm zu Haupten:* die Aureole (vgl. BA nach V. 9902); die Heiligenscheine in der christlichen Ikonographie sind Aureolen.

9630 *Kretas Erzeugte:* vgl. Anm. zu V. 8864. Hinzu kommt hier das alte Sprichwort, dass alle Kreter lügen.

9642 *liebliche Lüge:* Gemeint ist wie in V. 9631 die griechische Mythologie.

9644 *Sohne … der Maja:* Hermes, Gott der Boten und der Diebe, Erfinder der Leier, die dann Apollon erhält. Die

Beziehung Euphorions auf Hermes bezeichnet zunächst eine Poesie, die durch Bodenberührung sich neue Schnellkraft verschaffte (der nackte Genius) und die abgelöst wird durch eine unechte romantische Innerlichkeit und kitschige Rührseligkeit (der geckenhaft gekleidete Euphorion, V. 9617–19), die als Poesie den Chor durch »wüsten Geisteszwang« (V. 9963) bis zur äußersten Selbstentfremdung treibt.

9648 *Strenget:* wickelt fest ein.

9649 f. *Klatschender … Wähnens:* Statt nachzudenken, tratschen die Kindermädchen nur und meinen, einen jungen Gott könne man wie ein Menschenkind in das jede Bewegung unmöglich machende Windelpaket einschnüren.

9654 f. *die purpurne … Schale:* den beengenden, ängstigenden Kokon aus Windeln.

9668–78 *Schnell … den Gürtel:* Die folgenden Diebereien des kleinen Hermes finden sich praktisch in derselben Reihenfolge erzählt bei Lukian, *Göttergespräche*, ebenso Hederich, Sp. 1593. »Trident« ist der Dreizack des Poseidon/Neptun, Hephaistos ist der Schmiedegott, Cypria ist Aphrodite/Venus, ihr berühmter Gürtel verleiht Anmut.

BA vor 9679 *Saitenspiel:* Streichorchester.

9680 *Fabeln:* die griechischen Mythen.

9693 *im eignen Herzen:* Damit ist die kulturelle Umwandlung auch des Chors zur modernen Subjektivität, Reflexivität und Innerlichkeit vollzogen.

9696 *Gleich ist's euer eigner Scherz:* gleich singt ihr mit; Euphorion weckt die Poesie in anderen.

9710 *der Verein:* die Vereinigung.

9721 f. *Zugrund uns richte / Der teure Sohn:* … damit uns (die Eltern) der Sohn nicht zugrunde richtet.

9739 f. *Überlebendige / Heftige Triebe:* Nachdem Faust, der sein Leben auf Rastlosigkeit und Überschreitung gestellt hat, in der utopischen Idylle formuliert: »Dürft es doch nicht anders sein!« (V. 9706), zeigt sich, dass die auf Überschreitung gerichtete, bei Faust momentan stillgestellte poetische Imagination und der rastlose Drang sich in seinem Sohn verselbstständigen und die Eltern zugrunde richten.

9742 *Plan:* Ebene.

9751 *Künstlichem Reihn:* kunstvollem Tanz.

9798 *widerwärtigen Mund:* im Sinne von ›widerspenstig‹, vgl. V. 9797.

9804 *im Gedränge:* unter Druck, in die Enge getrieben.

9827 *Magst du nicht:* wenn du nicht magst, oder: da du anscheinend nicht magst …

9843–50 *Welche … Gewinn!:* Auflösungsversuch: Dies Land (Peloponnes) gebar welche (solche, einige) »aus Gefahr in Gefahr« (aus der Herrschaft der Osmanen in den Freiheitskampf hinein), die frei sind, unbegrenzten Mut besitzen und mit ihrem eigenen Blut verschwenderisch umgehen; dieses Land bringe allen Kämpfern den nicht zu unterdrückenden heiligen Sinn und Gewinn! – Klar ist, dass Euphorion sich wie Lord Byron in den Freiheitskampf der Griechen einbringen will.

9856 *Jeder nur sich selbst bewusst:* auf sich selbst gestellt.

9857 *Feste Burg:* Parodie auf Luthers Kirchenlied »Ein feste Burg ist unser Gott«; das subjektive Selbstvertrauen Euphorions löst sich beim Aufprall auf die Wirklichkeit schnell auf.

9873 *getan:* gehandelt.

9884 *donnern auf dem Meere:* von Seeschlachten.

9897 *ein Flügelpaar:* Euphorion, der Sohn Achills und Helenas, war geflügelt; der Sohn Fausts und Helenas ist ein »Genius ohne Flügel« (V. 9603), der die Kraft zur Erhebung über die Realität, zum Schweben zwischen Realität und Idee nicht von Natur hat wie der Grieche, sondern sie sich nur in Selbsttäuschung imaginiert: er erhält seine Schnellkraft immer nur durch Berührung mit dem Boden, den er in seinem Flugversuch verlässt. Mit diesem schneidet er die Realität als Kraftquelle und Wirkungsraum der modernen Poesie ab und macht denselben Fehler wie Faust mit Helena, die nicht in eine Fiktion der Fiktion eingesperrt werden darf, sondern in die Welt hineinwirken muss.

9901 *Ikarus:* Mit seinem Sohn Ikaros floh der Erfinder und Baumeister Daidalos auf künstlichen Flügeln aus dem kretischen Labyrinth, in dem man ihn gefangenhielt; Ikaros flog trotz Warnung der Sonne zu nahe, das Wachs seiner Flügel schmolz und er stürzte ins Meer.

9908 *wir glauben dich zu kennen:* Der Chor fällt nach einer Bemerkung Goethes zu Eckermann (5. 7. 1827) aus der Rolle, weil er einerseits in tiefen Ernst des zudem gereimten Trauergesangs verfällt, andererseits als trojanischer Mädchenchor den Tod Lord Byrons 1824 und die folgende Kurzbiographie dieses Dichters nicht kennen kann. Nach Euphorion verlässt damit der Chor seine Rolle im Stück, obwohl die Schauspielerinnen bis zum Ende des Akts bleiben und als letztes Fragment das »Bacchanal« (Petersen 1974, S. 99) spielen.

9913 f. *Dir ... war schön und groß:* latinisierende Konstruktion für: dein Lied und Mut waren ... groß. Auch die beiden folgenden Strophen beziehen sich mit jeder Aussage auf Lord Byron, sein Leben und Dichten und Scheitern samt Goethes Interpretation.

9920 *Mitsinn:* Mitgefühl und Verständnis.

9924 *ins willenlose Netz:* d. h. Byron kam nicht durch fremden Willen, sondern durch eigene Schuld um.

9933 *am unglückseligsten Tage:* Wahrscheinlich ohne Bezug auf ein historisches Ereignis wird hier das scheiternde Individualschicksal ins Kollektive überführt.

9937 *der Boden zeugt sie wieder:* die Lieder.

BA nach 9944 *Kleid und Schleier:* Der Schleier gehört wie die Maske zu den Utensilien der griechischen tragischen Schauspieler, vgl. BA nach V. 10038.

BA zu 9954 *Exuvien:* die Rüstung eines gefallenen Kriegers, in der Euphorion zuletzt erschienen war.

9959 *stiften Gild- und Handwerksneid:* in der Poetenzunft (Gilde).

9963 f. *Der alt-thessalischen Vettel ... Rausch:* Panthalis vermutete in Phorkyas eine alte thessalische Hexe. Wie sie
auf die antiken Chormädchen »wüsten Geisteszwang«
durch Forderung von Herzensrührung und Verzicht auf
Mythologie ausübte (V. 9680–86), so auf ihre Hörge-
wohnheit durch Reim, melodischen Gesang und sinfoni-
sche Musik. Nun begeben sie sich metrisch und mythologisch in ihre Kultur zurück.

9967 f. *Ihrer Sohle sei ... gefügt:* Die Dienerinnen sollen
sich ihr anschließen.

9975 *Asphodelos-Wiesen:* Affodill, Gattung der Liliazeen.
In der *Odyssee* (z. B. XI,539) sind Asphodeloswiesen
mehrfach die Orte, wo die toten Seelen sich aufhalten.

9976 f. *Pappeln ... Weiden:* nach *Odyssee* X,510 Bäume im
Hain der Persephone.

9992 *in dieser tausend Äste:* Die Gruppe wird zu Baum-
nymphen (Dryaden).

9999 *an dieser Felsenwände:* Die Gruppe wird Echo, Fels-
nymphe.

10005 *mit den Bächen:* Die Gruppe wird zu Gewässernym-
phen (Najaden).

10012 *am Stab die Rebe:* Die Gruppe wird zu Wein-Nym-
phen (Lenäen).

10016 *fördersamst:* Das nützlichste Gebet richtet sich an die
Sonne.

10017 f. *Bacchus ... faselnd:* der Weingott, berauscht und
verwirrt redend.

10022 *Helios:* der Sonnengott.

10030 *Zimbeln:* kleine, auf Töne gestimmte Becken, mit
Klöppel anzuschlagen.

10031 *Dionysos:* Während der römische Bacchus eher jung,
verweichlicht dargestellt wird, ist der griechische Dionysos, ebenfalls Weingott, älter, bärtig, mächtig, gebiete-
risch.

10032 f. *Ziegenfüßlern ... öhrig Tier:* Satyrn und Silen auf
seinem Esel gehören zum Gefolge des Dionysos, wie die

Mänaden, als die die Chormädchen wohl auch hier wieder mitspielen (vgl. V. 8772). Mit Schlagzeug und gellendem Eselsgeschrei wird hier also ein ohrenbetäubender Lärm veranstaltet: Satyrdrama nach der Tragödie und Lärm nach der sinfonischen Musik der Oper.

BA nach 10038   *Der Vorhang fällt ... kommentieren:* Der Vorhang einer Bühne auf der Bühne, eines Stücks im Stück, fällt, von dem Phorkyas die letzte Figur ist, sich ihrer Utensilien entledigt und als Schauspieler Mephistopheles erscheint. Kothurne sind die erhöhten Stelzenschuhe der tragischen Schauspieler, die Maske wird am Stab vor das Gesicht gehalten, ein Schleier verdeckt den Zwischenraum zwischen Kopf und Maske. Was Mephistopheles kommentieren könnte, ist der Sieg des Hässlichen, der leichtsinnige Verlust der Schönheit und der Poesie.

Vierter Akt

Kriegsunrat

Goethe schrieb diesen Akt als letzten größeren Textblock im *Faust* von Februar bis Juli 1831. Er hatte die Lücke zwischen dem Ende der Schönheit und der Poesie am Schluss des 3. Akts und der Errichtung eines Kolonialimperiums, dem Unternehmen riesiger Deich- und Hafenbauten im 5. Akt zu schließen. Dazu lässt er Faust mit seinem Wolken-Luftschiff, das aus den Gewändern und der Gestalt Helenas entstanden war (V. 9949 f.), auf dem Gipfel des Hochgebirges landen, wo ihm Mephistopheles wie einst der Teufel Jesus »die Reiche der Welt und ihre Herrlichkeit« (V. 10131) zeigt und zu geben verspricht, wenn er ihn anbetet. Faust dagegen will Herrschaft über Menschen und Bestimmungsgewalt über selbstgeschaffenes Land durch eigene Tat erwerben und den Teufel dazu wie üblich als Techniker einspannen. Der stimmt zu, jedoch unter seinen Bedingungen: (1) Restauration des maroden Kaisertums durch Unterstützung im Krieg gegen modernere Kräfte, (2) Herrschaft über Menschen durch Entfesselung und Instrumentalisierung ihrer höllischen »Urmenschenkraft« Aggressivität, Habgier und Geiz. Mit diesen archaischen Trieben, die als allegorische Riesen erscheinen und im Kampf sich in aggressive, beutegierige und Gewonnenes zäh verteidigende Volksmassen vervielfältigen, greift Mephistopheles in den Krieg ein, siegt und verschafft Faust zur Belohnung ein Stück Strand als Ausgangspunkt für die globalen Unternehmungen des 5. Akts. Der gerettete Kaiser verschweigt die Unterstützung durch offenkundig teuflische Machenschaften und verteilt das Reich auf die Kurfürsten und sich selbst; der geistliche Kurfürst aber zieht zugunsten der Kirche unabsehbare Vorteile und Abgaben aus dem »Kriegsunrat«, dem schmutzigen höllischen Untergrund des glänzenden Siegs.

Hochgebirg

Plan, Gott und Teufel zu werden

Faust landet auf dem Gipfel des Hochgebirges in seinem Tragewerk aus Helenas Gestalt und Gewändern, das er jetzt als Wolke erkennt – er hat eine Wolke umarmt, Schönheit und Poesie sind aus seiner Welt verschwunden. Auch die »Seelenschönheit« (V. 10064), die sich ihm mit dem Bild Margaretes in Erinnerung bringt, verschwindet aus seinem Dasein, »zieht das Beste meines Innern mit sich fort«

(V. 10066) und lässt seine zweite, materiale Seele, die sich ans Hiesige klammert, zurück. Mephistopheles hat endlich die heidnische Helena und die Poesie beseitigt, die seinen Wettkampf mit Faust und mit dem Herrn unterbrochen haben, kommt auf den Siebenmeilenstiefeln des Fortschritts ins 19. Jahrhundert daher und sucht Faust zu überzeugen, dass die Schöpfung nur unter Mitwirkung des Teufels geschehen konnte und er deshalb von »unserer Oberfläche« reden kann. Faust nimmt den Standpunkt des modernen Naturwissenschaftlers ein, der nicht mehr nach dem Warum, nur noch nach dem Wie fragt und deshalb keinen Teufel mehr braucht. Mephistopheles definiert sich neu als »Tumult, Gewalt und Unsinn« (V. 10127), als Unordnung in Natur, Gesellschaft und Erkenntnis. Faust beschließt, genau diese Phänomene der Unordnung in Natur und Gesellschaft für sich zu funktionalisieren und damit den ordnenden Gott Hiobs zu übertrumpfen. Er plant also Gott zu sein, indem er mit Hilfe der mephistophelischen Unordnung seine eigene Ordnung schafft, und er plant Teufel zu sein, indem er seine Un- oder Gegenordnung der Weltordnung überstülpt. Mephistopheles erfüllt sogleich das Vorhaben, die diabolischen Kräfte in der Gesellschaft (Aggressivität, Habgier, Geiz) zu instrumentalisieren, um mit ihrer kriegerischen Hilfe das unordentliche Regime des schlechten Kaisers und der habgierigen Kirche zu restaurieren, damit Faust Gelegenheit bekommt, sein neues Weltreich der diabolischen Gegenordnung zu errichten.

10039 *Der Einsamkeiten tiefste:* vgl. V. 5696 und 6227. Einsamkeit ist die Sphäre der Schöpfung; Faust wird das Schöpfungswerk Luzifers fortsetzen. Vgl. auch Goethes schematischen Überblick über die gesamte Dichtung (Paralipomenon 5; FD 1, S. 608): Faust tritt in die letzte Phase »Schöpfungs Genuss« ein.

10041 *Wolke:* Da Fausts aus Helenas Gestalt und Kleidern (vgl. V. 9949 f.) gebildete Kumuluswolke nach Osten wei-

tersegelt, hat er, aus dem Südosten der *Klassischen Walpurgisnacht* kommend (V. 6951), eine Weltumsegelung
»an klaren Tagen« hinter sich. So lange immerhin hielt
sein Glaube, dass er die wirkliche Helena umarmt hat.

10047 *modeln:* Gestalt annehmen.

10050 *Junonen:* Die Erwähnung Junos deutet auf den Mythos von Ixion, der Juno/Hera vergewaltigen wollte, eine
Wolke in Gestalt Junos umarmte und für seine *in effigie*
vollbrachte Untat fürchterlich bestraft wurde. Auch Faust
sieht jetzt, dass er eine Helena-Wolke umarmt hat.

10055 *Nebelstreif:* Im Gegensatz zu den Irdisches abspie-
gelnden Gestaltphänomenen der Kumuluswolken deutet
Goethe die steigenden Zirruswolken auf Erlösung (vgl.
die Wolkengedichte HA 1, S. 351).

10061 *Aurorens Liebe:* Anspielung auf den Mythos von Tithon und Aurora. Die Göttin des Morgenrots hatte für
den Geliebten Tithon Unsterblichkeit erbeten, aber ihm
ewige Jugend zu verschaffen vergessen. Wie der immer älter werdende Tithon wird Faust sich seines Alterns bei
gewährleisteter Unsterblichkeit (solange er das Wort vom
schönen Augenblick nicht sagt) bewusst. Faust schöpft
aus »Aurorens Liebe« des Wölkchens die Gewissheit,
dass ihn trotz seines verworrenen Lebens seine Aurora/
Laura/Margarete noch lieben kann – löst sich für ihn
doch in diesem Moment die Wette beim ersten Anblick
Margaretes ein: »Die Tage der Welt vergess ich's nicht!«
(V. 2614).

10064 *Seelenschönheit:* Ende einer langen Reihe von Strebungen Fausts nach Formen von Schönheit: Natur
(V. 1068), das »Weib« in *Hexenküche*, Margarete, Helena
im 1. Akt, Helena im 2. Akt (V. 7398–7405), Helena im
3. Akt, »Seelenschönheit« der Form im Gegensatz zur
»Gestalt aller Gestalten« (V. 8907).

10066 *zieht das Beste meines Innern mit sich fort:* Man
kann das Erlösungswerk Margaretes hier beginnen sehen,
jedenfalls die reinigende, scheidende Kraft der Liebe

(V. 11964 f.); es fehlt noch als Pendant zum weiblichen
Prinzip des Ziehens das männliche Prinzip des Drängens,
wie es in dem »hinan« des Schlussverses das Drängen des
Eros im beständigen Streben Fausts zusammenfasst.

BA vor 10067 *Siebenmeilenstiefel:* Die groteske Vorstellung, den Fortschritt gerade in den Märchenstiefeln ein-
herschreiten zu lassen, ist wohl von Heine angeregt,
der Napoleon »Siebenmeilenstiefel-Gedanken« zuschrieb
(*Sämtliche Werke,* Bd. 3, S. 159).

10067 *endlich vorgeschritten:* mehrfach zu lesen: (1) Mephistopheles lobt seine rasche Fortbewegung (nach mhd.
endelîch ›rasch, zügig‹), wobei er ohne Stiefel wohl noch
schneller vorankäme; (2) nach langem, ermüdendem, für
Mephistopheles fruchtlosem und behinderndem Aufenthalt in der *Klassischen Walpurgisnacht,* im »Stück« des
3. Akts, historisch im Fabelreich des Philhellenismus,
geht es endlich voran. Fortschritt (in Goethes Wortgebrauch häufig »Vorschritt«) ist nach Condorcets *Esquisse
d'un tableau historique des progrès de l'esprit humain*
(1795) zu einer der Schlüsseltendenzen des 19. Jh.s geworden, der sich auch die Intellektuellen nach Romantik
und Philhellenismus »endlich« anschlossen, um das Reich
der Wissenschaft, Technik, Ökonomie und Militärmacht
aufzubauen, wie es das spätere 19. Jh. bestimmte.

10073 *närrischen Legenden:* Fausts Spott oder Gelächter
zeigt auch hier (vgl. V. 521, 1324) an, dass er etwas Wichtiges verpasst. Wohl macht Goethe sich über die Vulkanisten und ihre geologischen Theorien lustig, aber die
Struktur der Umwälzung des Untersten ins Oberste trifft
mit Goethes Auffassung von Revolutionen zusammen,
von denen er zwei (1789, 1830) beobachtet hatte; er betont deshalb ausnahmsweise Mephistos Ernsthaftigkeit.
Die Anknüpfung an den Satansberg des Ersten Teils ist
deutlich (s. Anm. zu V. 10087 f.), mithin die Plausibilität
eines zum Berg umgestülpten Höllentrichters, mithin die
schon neutestamentlich vorgegebene »Herrschaft freier

Luft« (V. 10092), in der die Teufel regieren und nun mit
Faust den Kampf gegen den Gott Hiobs führen.

10078 *sich durchbrannte:* allen Brennstoff zum Glühen gebracht hatte.

10082 *Von oben und von unten aus zu pusten:* Schon in der
Antike gab es Theorien von Blähungen der Erde, die auch
Erdbeben erklären sollten.

10087 f. *Zipfel ... Gipfel:* vgl. V. 3912 f., 4316/4318. Das
Reimpaar ist eine Art Kennung für den Satansberg.
»Montagnards«, die Bergpartei, hießen in der franzö-
sischen Nationalversammlung 1792–95 die radikalsten
Jakobiner, die auf den obersten Bänken, dem »Berg«,
saßen.

10094 *Ephes. 6,12.:* »Ziehet an den Harnisch Gottes, dass
ihr bestehen könnt gegen die listigen Anläufe des Teufels.
Denn wir haben nicht mit Fleisch und Blut zu kämpfen,
sondern mit Fürsten und Gewaltigen, nämlich mit den
Herren der Welt, die in der Finsternis dieser Welt herrschen, mit den bösen Geistern unter dem Himmel« (Eph.
6,11 f.; vgl. Eph. 2,1 f.). Die Bibelstelle ist von Goethe mit
Bleistift beigeschrieben worden; der Autor greift hier von
außen in den prinzipiell geschlossenen Raum seines Textes ein und bestätigt die Figurenrede als theologisch trag-
fähiges Argument.

10095 f. *Gebirgesmasse ... nicht warum?:* Seit der Mitte des
18. Jh.s, etwa Diderots Schrift *De l'interprétation de la
nature* (1753), wird die anthropomorphisierend nach
Gründen fragende Naturkunde durch die nur noch nach
dem Wie fragende Naturwissenschaft abgelöst. Mephistopheles kämpft zunächst für seine »närrische Legende«
und für die biblische Argumentation, denn sie bestätigen
das Existenzrecht des Teufels in der Natur – wer nicht
mehr nach dem Warum fragt, braucht weder Gott noch
Teufel.

10102 *gemildet:* geglättet.

10104 *Strudeleien:* Durcheinander, Tumult.

10109 f. *Molochs Hammer ... schlug:* Moloch ist ein Himmelsgott der Ammoniter, Konkurrent des Jehova; er erhielt Kinderopfer und galt als besonders gewalttätig.

10111 *fremden Zentnermassen:* erratischen, nicht zum Gestein der Umgebung gehörigen Felsblöcken.

10120 f. *Mein Wandrer ... Teufelsbrücke:* Der Wanderer nach Mephistos Geschmack hat den Glauben als Stütze angesichts der überwältigenden Natur und der Kühnheit des Bauwerks (Teufelsstein, Teufelsbrücke zwischen Göschenen und Andermatt, vgl. HA 10, S. 146).

10126 f. *Wir sind die Leute ... Zeichen!:* Das »Große« beschränkt sich nicht auf Felsformationen, sondern erscheint als »Tumult« in der Natur (vgl. V. 10104), als »Gewalt« in der Gesellschaft und als »Unsinn« in der Erkenntnis. Mit dieser durchgängigen Anwesenheit der *diabolé*, der Unordnung, im Kosmos gibt sich der Teufel, dessen Existenzrecht durch die Naturwissenschaft bestritten wird, eine neue Definition und Legitimation: der *diábolos*, der Durcheinanderwerfer, ist auch im bloßen Wie der Wissenschaft dabei. Mit »sieh das Zeichen« spielt Mephistopheles auf 1. Mose 9,9–13 an und schlägt einen »neuen Bund« zwischen diesem neu definierten negativen Prinzip und Faust als dem Repräsentanten der Moderne vor. Daraus ergibt sich dann »ganz verständlich« die folgende Versucher-Frage.

10130 f. *Matth. 4.:* Der Hinweis auf die Bibelstelle stammt wieder vom Autor. »Wiederum führte ihn der Teufel mit sich auf einen sehr hohen Berg und zeigte ihm alle Reiche der Welt und ihre Herrlichkeit und sprach zu ihm: Das alles will ich dir geben, so du niederfällst und mich anbetest. Da sprach Jesus zu ihm: Hebe dich hinweg von mir, Satan! Denn es steht geschrieben: ›Du sollst anbeten Gott, deinen Herren, und ihm allein dienen.‹ Da verließ ihn der Teufel« (Mt. 4,8–11). Faust wählt eine dritte Lösung: nicht dem Teufel zu dienen, sondern ihn sich dienen zu lassen, nicht Herrschaft und Eigentum sich »geben« zu lassen, sondern es mit Hilfe des Teufels selbst zu schaffen. Die wachsende Abhängigkeit von seinem Helfer bedenkt er nicht.

10140 *Fleischbänke ... hausen:* Seit seiner Kindheit waren Goethe auf dem Markt in Frankfurt (der ihm hier als Modell dient) die Fleischbänke widerlich, Holztische, auf denen die Metzger das von Schmeißfliegen besetzte rohe Fleisch, natürlich ungekühlt, liegen hatten und zerkleinerten.

10146 *wo kein Tor beschränkt:* Verteidigungsmauern und Stadttore bedingten, gerade auch in Frankfurt, die drückende Enge der Innenstadt, vgl. V. 923–927.

10159 *man erzieht sich nur Rebellen:* In seinen Komödien *Die Aufgeregten* (1791/92) und *Der Bürgergeneral* (1793) karikierte Goethe die Verwirrung, die falsche Aufklärung in den Köpfen anrichtet und sie zur Rebellion führt.

10160 *mir selbst bewusst:* das Selbstbewusstsein des absoluten Monarchen.

10164 f. *grünen Wänden ... Schatten:* In der absolutistischen Gartenkunst wurde die Herrschaft des Menschen über die Natur durch Herstellung lebendiger Architektur aus Verteilung von Licht und Schatten demonstriert. Auf Versailles, wohl auch Kassel, wird mit Einzelheiten angespielt.

10176 *Sardanapal:* Anspielung auf Lord Byrons Goethe gewidmetes Stück *Sardanapalus* (1821). Den bei Byron nicht wollüstigen orientalischen Despoten, sondern menschenfreundlichen, leichtsinnigen, seiner Verantwortung vergessenen modernen Ästheten bildet Goethe im Kaiser nach.

10180 *Sucht:* »mondsüchtig« nannte man die Nachtwandler.

10186 *Heroinen:* Anspielung auf die homerische Heldenfrau (Heroine) Helena.

10187 *Eigentum:* Binswanger (1985, S. 34 f.) unterscheidet richtig zwischen Erbgut (*patrimonium*), das genutzt, aber auch erhalten werden muss, und dem hier gemeinten Eigentum (*dominium*), das als eigene Sache zum beliebigen Gebrauch und Verbrauch freigegeben ist. Dieser Begriff strahlt auch auf den Begriff von »Herrschaft« über Menschen aus.

10196 *Geschehe denn nach deinem Willen!:* ironische Anspielung auf die dritte Bitte des Vaterunsers: Faust spielt sich ja als Schöpfergott auf.

10202–05 *Wie der Übermut ... versetzt:* Faust setzt hier das »Blut« – Triebe, Instinkte, Affekte, die unkontrollierte Körperlichkeit und Sinnlichkeit – mit dem ungebändigten Meer in Analogie, dessen »zwecklose Kraft« ihn genauso zur Verzweiflung bringt, wie ihm die eigene Affektnatur die Grenzen der freien Geistesbewegung und Bestimmungsgewalt unbehaglich bewusst macht. Beide will er zähmen, dem »Blut« die Herrschaft, dem Meer Boden und Raum abringen. Nimmt man die Interpretation des Leviathan (Hiob 40 f.) als diabolische Triebe des Menschen (Jakob Böhme) bzw. Egoismus (Hobbes) an, so tritt Faust im Hinblick auf die Zähmung des Leviathan und die Eindämmung des Meers mit dem Gott Hiobs in Konkurrenz.

10233 *befördern:* fördern, voranbringen.

10238 *jedes günstige Nu:* der sich nur einmal bietende richtige Moment.

10239 *Fauste:* Vokativ von lat. *faustus* ›der Glückliche‹.

10242 *Auf meinem Zuge:* mit den Siebenmeilenstiefeln.

10259 *Genießen macht gemein:* »gemein« heißt nicht ›sittlich tiefstehend‹, sondern »sich und andern in Fröhlichkeit angehörend« (HA 12, S. 378) und ist damit der notwendigen Einsamkeit des Regenten entgegengesetzt. Byrons *Sardanapalus* spielt die Folgen gemeinsamen Genießens durch (vgl. Anm. zu V. 10176).

10266 *Kapitel:* Hauptversammlung der Geistlichen eines Bistums.

10271 *das ging:* nahm den erwartbaren Lauf; Faust beschreibt ihn weiter.

10291 *Er jammert mich:* Bedauern ohne implizierte Beurteilung, vgl. V. 4620.

10292 *der Lebende soll hoffen:* »Denn bei allen Lebendigen ist, was man wünscht: Hoffnung; denn ein lebendiger Hund ist besser als ein toter Löwe« (Pred. 9,4).

10302 *Befestige dich bei großen Sinnen:* denke nicht kleinlich über die (manchmal verwerflichen) Mittel nach und halte den Blick fest auf das Ziel gerichtet.

10306 *Die Leh'n:* Das im 8. Jh. geschaffene Lehnsrecht band den Herrn und den Untergebenen persönlich (Vasallität) und sachlich (Benefizium), indem es Dienst und Treue verlangte. – »grenzenlos« ist der Strand ins Meer hinaus.

10311 *Das wäre mir die rechte Höhe:* redensartlich für: eine Unverfrorenheit.

10315 f. *Kriegsunrat ... Kriegsrat:* nach älterer Bedeutung der Wörter: Hilflosigkeit bzw. Hilfe in der Kriegszeit (Schöne, Kommentar z. St., FA 7,2, S. 667). Zugleich Wortspiel mit »Unrat« (›Schmutz, Müll‹) und »Kriegsrat« (Beratung der Strategie und Taktik und das Expertengremium dafür).

10320 *das Bergvolk aufgeregt:* erregt, in innere und äußere Bewegung versetzt. »Bergvolk« sind nach V. 10425 die Berggeister; wenn Mephistopheles sie jedoch »Aus Urmenschentums Urmenschenkraft ... zusammenrafft«, dann handelt es sich um archaische menschliche Kräfte, aus denen er die Gewaltigen formiert.

10321 f. *gleich Herrn Peter Squenz, / Vom ganzen Prass die Quintessenz:* »Prass« ist bei Goethe ein Haufen, eine Masse wertloser Personen oder Dinge; die Quintessenz davon ist das Konzentrat ihrer Wertlosigkeit. Die Anspielung geht auf das Scherzspiel *Absurda comica: Oder Herr Peter Squenz* (1657) von Andreas Gryphius, dessen Absurdität dadurch entsteht, dass jede Figur aus einem anderen fremden Stück und zugleich aus ganz heterogenen, veralteten Stücktypen kommt und damit das Kon-

Abb. 19 Frontispiz der Erstausgabe von Thomas Hobbes'
Leviathan, 1651 (obere Hälfte)
Bildvorstellung zu den Drei Gewaltigen (vgl. V. 10581 f.)

densat jeweils aus einem ganzen durch seine Veraltung
wertlos gewordenen Menschenschlag und seinen (Thea-
ter-)Gewohnheiten bildet.

BA vor 10323   *Sam. II,23,8.:* Die Angabe der Bibelstelle
stammt von Goethe. Diese »drei Vornehmsten« unter
den »Helden Davids« sind Jasobeam (»er hob seinen
Spieß auf und schlug achthundert auf einmal«), Eleasar
(»schlug die Philister, bis dass seine Hand müde am
Schwert erstarrte. Und der Herr gab ein großes Heil in
der Zeit, dass das Volk umwandte ihm nach, zu rauben«),
Samma, der erfolgreich »ein Stück Acker voll Linsen« gegen die Philister verteidigt. Ein Schlagetot, ein Plünderer,

ein verbissener Verteidiger eines Linsenackers, das sind die alttestamentlich geheiligten Quintessenzen der Aggression, der Habgier und des Geizes, die von der christlichen Kirche als Sünden betrachtet werden; Goethe personifiziert sie mit sprechenden Namen und lässt sie in der Art der Barock-Allegorien sich selbst charakterisieren. Sie treten als riesenhafte Individuen auf, können sich aber in der Schlacht in die in ihnen zusammengerafften Volksmassen auflösen. Goethe hat hier sicher an den *artificial man* im Frontispiz von Thomas Hobbes' *Leviathan* (Abb. 19) gedacht.

10328 *Den Harnisch und den Ritterkragen:* Anspielung auf die Ritterstücke und Ritterromane der Goethezeit; die zweite Szene des 3. Akts ist das Fragment eines Ritterstücks.

10329 *allegorisch wie die Lumpe sind:* Wie die sich als Allegorien bezeichnenden Figuren der *Mummenschanz* (V. 5571) haben die hier auftretenden minderwertigen Gesellen (»Lumpe« in starker Deklination neben »Lumpen« bei Goethe) die größte gesellschaftsverändernde Macht.

10343 *Lass du den grauen Kerl nur walten:* Parodie auf das Kirchenlied »Wer nur den lieben Gott lässt walten« von Georg Neumark (1641) mit der Forderung, alle Sorge um die Erhaltung und Verbesserung der Lebensumstände Gott zu überlassen, still und in sich vergnügt zu sein, das Seine zu tun und auf Gottes Wegen zu wandeln.

Auf dem Vorgebirg

Der Teufel als Obergeneral

Gegenüber stehen einander auf zwei historischen Ebenen (1) der Kaiser aus dem 1. Akt, orientiert an Karl IV., und sein Gegenkönig, orientiert an Günther von Schwarzburg, (2) zeitgenössisch der letzte Kaiser des Heiligen Römischen Reichs, Franz II. (1792–1806), und Napoleon, Kaiser der Franzosen, der nach Unterwerfung Europas die Krone des Reichs beanspruchte, die Franz niederlegte und damit das Reich beendete. Dass diese zeitgenössische Zuordnung plausibel ist, zeigt sich an der Aufstellung des kaiserlichen Heers nach der veralteten Methode des Feldherrn Carl von Oesterreich, und an der von Napoleon verwendeten moderneren Kriegstaktik des gegnerischen Heers. Die von Faust und Mephistopheles mitgebrachten Riesen, die sich in der Schlacht vervielfältigen oder in die Volksmassen auflösen, aus denen sie »zusammengerafft« sind, repräsentieren die ideologischen Kämpfer der Französischen Revolution und der Befreiungskriege, nur sind ihre intrinsischen Motivationen nicht idealisch, sondern gemäß den sie leitenden Trieben egoistisch. Mephistopheles, der insgeheim die »Knoten« des Netzes knüpft (V. 10686–90), in dem der Kaiser gefangen wird und dem Teufel den Oberbefehl übergibt, siegt schließlich durch Täuschung der Gegner und durch psychologische Kriegführung.

10346 *gelegene:* günstige.
10352 *der Kriegsgedanke:* die Theorie des Kriegs.
10360 *den Phalanx:* vom Griechischen und Lateinischen her üblicherweise Femininum; in der Antike ausgebildete Taktik, mit einer kompakten Aufstellung von Kriegern in mehreren Linien hintereinander die feindlichen Schlachtreihen mit Lanzen zu durchstoßen.
10361 *Die Piken:* 3–5 m lange Spieße der schweren Infante-

rie bis zum Ende des 15. Jh.s, später durch Bajonettge-
wehre ersetzt.

10363 *das mächtige Quadrat:* die Pikeniere, in Rüstung
und mit Piken ausgestattet, waren in Vierecken oder
Quadraten zu 3000–4000 Mann formiert.

10368 *für die Doppelzahl:* aufgrund des imponierenden
Anblicks, den der kriegsunerfahrene Kaiser zum ersten
Mal genießt.

10372 *Klause:* enger Bergpass.

10376 *Oheim, Vetter, Bruder:* übliche Anreden im Verkehr
von Fürsten untereinander.

10387 *hin und her gedrungen:* Hin- und Rückweg durch
die feindlich besetzten Gebiete sind gelungen.

10389–92 *Viele schwören … Volksgefahr:* In ihrer Huldigung anerkennen die Vasallen und Bundesgenossen noch
die Herrschaft des Kaisers, bleiben aber untätig und reden sich mit drohendem Aufruhr in den eigenen Gebie-
ten heraus.

10396 *Dass Nachbars Hausbrand euch verzehren soll:*
»Denn es geht um deine eigene Sache, wenn des Nachbars
Hauswand brennt, und unbeachtete Brände pflegen
mächtig zu werden« (»Nam tua res agitur, paries cum
proximus ardet, / Et neglecta solent incendia sumere vi-
res«; Horaz, *Epistulae* I 18,84 f.).

10403 *auf vorgeschriebnen Bahnen:* Nachdem die gegnerischen Bewegungen zum Vergnügen der kaiserlichen
Spione zunächst unkoordiniert und uneffektiv waren,
zeigt sich nach dem Auftreten des Gegenkaisers eine
planvolle Aufmarschordnung (die den Kaiser in seinen
letzten Zufluchtswinkel zwingt).

10406 *Schafsnatur!:* Die Schafherde folgt in allem dem
Leithammel.

10413 f. *Ringspiel … Turnier:* Beim Ring- oder Ringelstechen gilt es, im Galopp mit einer leichten Lanze einen
oder mehrere aufgehängte Ringe herabzustechen; im Turnier reiten Gerüstete gegeneinander und suchen einander

mit schweren Lanzen aus dem Sattel zu werfen. Der Kaiser, um sich nicht wehzutun, durfte nur Ringelstechen üben.

10417–20 *Selbstständig … groß:* Erstmals erhielt er Bestätigung (»besiegelt«) seiner Selbstständigkeit am Ende der *Mummenschanz* (vgl. V. 5589–6002).

10422 *Ich bringe nach:* Durch den ritterlichen Zweikampf mit dem Gegenkaiser, dessen Existenz ihn so beglückt und erst seiner Kaiserwürde bewusst macht, will er die versäumten Heldentaten ruhmvoll nachholen.

BA vor 10423 *mit halbgeschlossnem Helme:* Faust will nicht erkannt und wegen der versäumten Pflichten als Finanzier zur Rechenschaft gezogen werden.

10425 f. *das Bergvolk … studiert:* Das Bergvolk sind Kobolde (vgl. V. 1257 mit Anm.), bei Paracelsus auch Sylphen oder Pygmäen genannt; sie sind von Natur klein, aber zu jeder Verwandlung fähig, bewachen Erzadern und Schätze, sind dem Menschen gut oder schlecht gesonnen. Mit ihrer Verwandlungskunst (»simuliert«) erklärt Faust die seltsame Erscheinung seiner Kämpfer.

10430 *Im edlen Gas, metallisch reicher Düfte:* »Gas« aus griech. *cháos* ›der leere Raum‹ als Ermöglichung aller Dinge; man nahm lange an, Metalle seien Niederschläge aus Gasen.

10435 *Schweignis:* Wortbildung Goethes für das trotz ihrer Durchsichtigkeit Geheimnisvolle der Kristalle, das den Berggeistern das mantische Erkennen räumlich und zeitlich ferner Ereignisse ermöglicht.

10439 *Der Negromant von Norcia, der Sabiner:* »Nigromant«, ital. *negromante*, ist der Schwarzmagier (so ursprünglich in der Handschrift, von Eckermann irrtümlich in »Nekromant«, Totenbeschwörer, geändert). In dem von ihm übersetzten *Leben des Benvenuto Cellini* (WA I 44, S. 358 f.) fand Goethe, dass 1327 ein Negromant aus dem Sabinerland in Florenz verbrannt worden sei. Karl IV. hatte 1331 an seines Vaters Statt das Reichsvikariat in Italien übernommen und kam deshalb zeitlich für die Rettung eines Schwarzkünstlers vor dem Scheiterhaufen der Inquisition in Frage.

10450 *Er fragt den Stern, die Tiefe:* Er holt sich astrologische und z. B. kristallomantische Informationen. Der Kaiser soll den Eindruck bekommen, dass durch die Verbindung mit Faust und dem Negromanten sein Handeln und Schicksal kosmisch begünstigt sind.

10452 *Groß sind des Berges Kräfte:* Hier kommt, dem Kaiser wie alles von Faust Vorgetragene unverständlich, Mephistos Erklärung des Ursprungs der Drei Gewaltigen (s. Anm. zu V. 10320) ins Spiel.

10459 *der Biedre:* der Tüchtige, Zuverlässige. Das im 18. Jh. schon veraltete Wort wurde durch Lessing nach seiner Logau-Ausgabe erneuert und hatte danach bis zum verspotteten Biedermeier wieder Konjunktur.

10463 f. *lenket hier … zurück:* verblümte Rede für: lasst das Schwert in der Scheide.

10472 *Mit eigner Faust:* Der Kaiser will die Sache mit dem Gegenkaiser im ritterlichen Zweikampf ausfechten. Dies ist die in der Reihe der hier erscheinenden Kriegskonzepte älteste, mittelalterliche Form.

10474 *dein Haupt so zu verpfänden:* in dem Zweikampf als Pfand aussetzen. Im Folgenden untermauert Faust seine Kritik am empfindlichen Kaiser durch die traditionelle Analogie des Staats mit dem menschlichen Körper.

10488 *in Schemeltritt verwandeln:* orientalische Fürstengeste, nach Ps. 110,1 bei den Evangelisten häufig (Mt. 22,44; Mk. 12,36 usw.). Der Kaiser hat Fausts Analogie nicht begriffen und sieht den Krieg immer noch als Auseinandersetzung zwischen Einzelpersonen.

10493 *verschollen:* Man hört nichts mehr von ihm und nicht mehr auf ihn.

10497 *Dem Wunsch gemäß der Besten ist's geschehn:* Dem Wunsch der Besten gemäß sind die Boten zurückgewiesen worden. Trost Fausts für den Kaiser, aber der ist be-

leidigt und lässt den Obergeneral befehlen. Der archaische Wunsch des Kaisers nach Entscheidung der Schlacht
durch Zweikampf wird abgelöst von der Kriegführung
durch Spezialisten.

10514 *grass:* Grauen erregend, schrecklich, vgl. das Wort
»grässlich«.

10524 *Er ist ... fort:* Die Zeile fehlt in der autorisierten
Handschrift *H*, offenbar versehentlich. Seit der WA aus
einem Entwurf ergänzt.

10531 *EILEBEUTE:* vgl. Jes. 8,3: »Und ich ging zu der Pro-
phetin, die ward schwanger und gebar einen Sohn. Und
der Herr sprach zu mir: Nenne ihn Raubebald, Eilebeute!« Das plötzliche Auftauchen der Frau entspricht
ihrer durch den Namen angedeuteten Charakterisierung:
sie ist genau dann am Platz, wenn es etwas zu holen
gibt.

10533 *ein Herbst:* eine Zeit und Früchte zum Ernten.

10560 *leere Schneckenhäuser:* Die alten Rüstungen sind nur
von Gespenstern und Teufelchen besetzt.

10562 *aufgestutzt:* zurechtgemacht.

10574 *Gewehre:* Waffen.

10581 f. *Einen Arm ... ein Dutzend:* die in der Szenenein-
leitung besprochene Auflösung der Riesen in die Volksmassen, aus denen sie »zusammengerafft« sind.

10589 *seltsames Gesicht:* Vision, Fata morgana.

10600 *Widerschein der Dioskuren:* der Brüder Helenas (vgl.
Anm. zu V. 7294); bei der Argonautenfahrt erschienen bei
stürmischem Wetter über ihren Helmen Sterne.

10615 *Dem weißen Barte kühle Luft:* dem schon auf dem
Scheiterhaufen stehenden Schwarzkünstler (s. Anm. zu
V. 10439).

10624 f. *Ein Adler ... Ein Greif:* Luftkampf der Wappentiere, aus dem (wie in der antiken Wahrsagekunst aus
dem Vogelflug) der Ausgang der Schlacht gelesen werden
soll. Der Adler ist das Wappentier des Heiligen Römischen Reichs; der Gegenkönig Günther von Schwarzburg

hatte als Stammwappen den aufrecht stehenden Löwen, den Faust als Greif flugfähig macht.

10638 *Sei's … getan!:* Der Kaiser glaubt der günstigen Deutung erst, wenn sie sich verwirklicht hat.

10662 *Schlusserfolg unheiligen Strebens!:* Der Kaiser schiebt die wegen taktisch falscher Aufstellung durch den Obergeneral drohende Niederlage der Zulassung der Magie zu; so auch der Obergeneral (V. 10697).

10664 *meine beiden Raben:* vgl. V. 2491. Mephistopheles hat als nordische Teufelsgestalt die beratenden Raben des germanischen Hauptgotts Odin übernommen: Hugin (Gedanke) und Munin (Gedächtnis). Die Rabenpost (V. 10678) ist von dem flunkernden Faust analog zu den seit den Kreuzzügen verwendeten Brieftauben erfunden, um den misstrauischen Kaiser zu beruhigen.

10689 *Knoten:* des Netzes (V. 10686), das geknüpft zu haben Mephistopheles damit zugibt und das die drohende Niederlage einschließt, die ihm jetzt den Oberbefehl verschafft (V. 10692).

10701 *dem garstigen Kunden:* »Kunde« ursprünglich ›Bekannter, Vertrauter‹, redensartlich ironisch z. B. auch in »ein übler Kunde«.

10712 *Undinen:* vgl. V. 1274 ff., 1286, nach Paracelsus ein weiblicher Elementargeist des Wassers, seelenlos und deshalb nur der äußere Schein eines Menschen; daher ihre Fähigkeit, »vom Sein den Schein zu trennen« (V. 10715).

10742 *bei dem hohen Meister:* wohl dem Nigromanten von Norcia, vgl. V. 10439.

10749 *im hohen Sinne:* nach Fürstenart (vgl. V. 9134 »hochsinnig«) ein Feuerwerk.

10751 *Blickschnelles:* blitzschnelles, vgl. V. 10760.

10770 *Wie in der holden alten Zeit:* satirisch in Bezug auf die romantische Idealisierung des Mittelalters, damit zugleich deutliche Erklärung der zeitgenössischen Modernität der Vorgänge.

10772 *Als Guelfen und als Ghibellinen:* s. Anm. zu V. 4845.

Beispiel für die Virulenz inhaltlich längst überholter Parteiideologien, sowie dafür, dass die Strategen psychologisch gestützter Kriegführung die absurdesten Ideologien mit Erfolg benutzen, um durch Parteienhass jeden Kämpfer zum selbstgesteuerten Kriegswerkzeug zu machen.

10774 *wöhnlich:* gewöhnt.

10780 *wider-widerwärtig panisch:* »widerwärtig« ist das Entgegengerichtete, sich Sträubende (s. Anm. zu V. 9798), mit der Doppelung sind also die wechselseitig gegeneinander gerichteten Hassparolen bezeichnet. »panisch« ist nach dem arkadischen Hirtengott Pan einerseits die brütende Mittagsstille, andererseits plötzlicher erschreckender, panische Flucht auslösender Lärm.

Des Gegenkaisers Zelt

Plünderungen

In der ersten Teilszene dringen Habebald und Eilebeute in das Zelt des Gegenkaisers ein und beginnen zu plündern. Zur Rede gestellt, weist Habebald auf Beutemachen als Kriegsrecht hin und verschärft sein Argument, indem er die Steuern und Kontributionen, die dem Volk auferlegt werden, als Plünderungen bezeichnet. In der zweiten Teilszene setzt der Kaiser sich und die ihm treu gebliebenen Fürsten in die Macht ein, die eigentlich von den Gewaltigen und durch Mephistos psychologische Kriegführung erkämpft worden ist. Die Funktionen (Erzämter), der Besitz und die Kurwürde, die sie erhalten, sind gewissermaßen Schweigegeld aller dafür, dass von den eigentlichen Siegern keine Rede mehr ist. In der dritten Teilszene schlägt der Erzbischof aber gerade aus der Tatsache, dass der restaurierte

Kaiser sein Reich vom Teufel bekommen hat, unabsehbaren Gewinn.

Die erste Teilszene steht in Knittelversen, die beiden folgenden in Alexandrinern, mit denen an den majestätischen Faltenwurf barocker Trauerspiele oder französischer Dramen erinnert wird. Die Feierlichkeit des Verses und der Sprache wird durch die diebischen Usurpationen, die Erpressungen, Lügen und entwertenden Funktionalisierungen des Glaubens selbst zur Lüge und bloßen Maske degradiert.

10790 *schlecht:* schlicht, einfach.

10791 *Morgenstern:* spitzenbesetzte Eisenkugel an Kette und langem Stock oder Keule mit spitzenbesetztem Kopf; vom Mittelalter bis ins 15. Jh. in ganz Europa verbreitete Waffe besonders des Fußvolks, mit der auch Panzerhemden und Rüstungen durchschlagen werden konnten.

10793 *roten Mantel goldgesäumt:* Kleidungsstück des Gegenkaisers in seiner kaiserlichen Würde und Funktion.

10801 *des Heers beschiedner Sold:* der für das Heer bestimmte Sold.

10811 *zum Schoß hinein:* in die taschenförmig an den Zipfeln hochgenommene Schürze, die allerdings löchrig ist.

10817 *TRABANTEN (unsres Kaisers):* bewaffnete Leibgarde des ›siegreichen‹ Kaisers.

10828 *Kontribution:* Abgaben, die insbesondere von besiegten, aber auch friedlich in Schutz genommenen Ländern für die Kosten eines kriegführenden Landes gezahlt werden mussten, um Plünderung und Zwangsenteignung zu vermeiden.

10830 *der Handwerksgruß:* Jede Handwerkerzunft hatte ihre eigene Grußformel, vgl. das »Glück auf!« der Bergleute.

10851 *verräterischer Schatz:* Schatz der Verräter; zugleich verrät der Schatz dem Kaiser, wie viel Geld seine falschen Anverwandten hatten, ihn zu bekämpfen.

10858 *uns nur allein gefochten:* nur zu unseren Gunsten Krieg geführt.

10864 *den gewognen Gott:* den günstig gesonnenen Gott, der für die erwähnten »Zufälle« und in den Augen des Kaisers mithin auch für die »Gaukelei« während der Schlacht dankbar gelobt werden soll.

10866 *Herr Gott dich loben wir!:* erster Vers der Lutherschen Umdichtung des sog. Ambrosianischen Lobgesangs *Te Deum laudamus* der katholischen Kirche. Ein Lied für Sieger nach der Schlacht.

10867 *zum höchsten Preis:* als höchstes Lob für Gottes Hilfe.

10871 f. *verbind ich mich ... für Haus und Hof und Reich:* Im Folgenden werden die vier Erzämter mit der Kurfürstenwürde verbunden und der Besitz der ungetreuen Anverwandten an die vier weltlichen und den geistlichen Kurfürsten verteilt, das Ganze vertraglich festgehalten. Angespielt wird damit auf den jahrhundertealten Prozess, in dem das Reich und die Majestät aufgeteilt wurden und der in der Goldenen Bulle 1356 zum vorläufigen Abschluss kam (vgl. Abb. 20). Goethe setzt die von ihm so aufgefasste Plünderung des Reichs mit den Vorgängen der Napoleonischen und der Befreiungskriege und dem abschließenden Wiener Kongress 1815 in Parallele. Wahrscheinlich wird deshalb unter fünf (nicht wie 1356 unter sieben) Fürsten geteilt: Anspielung auf die fünf europäischen Großmächte seit 1815.

10881 *Blank trag ich's dir dann vor:* Das verliehene Reichsschwert wird bei Hofzeremonien dem Kaiser als Symbol der Wehrhaftigkeit des Kaisertums vorausgetragen.

10895 *Die Ringe halt ich dir:* damit sie bei der rituellen Handwaschung nicht mit eingetaucht werden.

10906 f. *die Jahrszeit zu beschleunigen ... prangt:* in Treibhäusern und Frühbeeten. Auch wenn der Kaiser nach dem Wissen des Erztruchsessen gern Hausmannskost isst, muss seine Tafel mit exotischen und in der jeweiligen

Große Kaiserlicher Hoff zu Metz am 25 December 1356 bey welchem K. Carl der IV. die Güldene Bulle publiziren laßen.

Abb. 20 Olenschlagers Werk von 1766 über die Goldene Bulle war Goethe seit der Kindheit bekannt. Das hier abgebildete Frontispiz mit der Darstellung des Hoftags in Metz 1356 mag die Bildvorstellung zur Verleihung von Erzämtern und Kurwürden im kaiserlichen Zelt angeregt haben

Jahreszeit seltenen Genüssen prangen, um der Repräsentationspflicht zu genügen.

10913 f. *über Heiterkeiten ... verleiten:* über die Erheiterung durch den Wein hinaus in die Trunkenheit verlocken.

10921 *venedisch Glas:* »Die venezianischen Gläser sollten, nach dem Glauben des Mittelalters, Wunderkraft haben, das im Weine enthaltene Gift anzeigen und den Rausch verhüten« (Witkowski, Kommentar z. St., S. 387).

10927 *Gift:* Gabe, Geschenk, vgl. das Wort »Mitgift«.

10936 *der Fünfzahl:* s. Anm. zu V. 10871 f.

10939 *Vom Erbteil ... abgewandt:* Die Länder der »falschen Anverwandten«, die sich auf des Gegenkaisers Seite gestellt hatten, werden jetzt dem Besitz der Kurfürsten zugeschlagen.

10942 *Anfall:* Gut, das aufgrund irgendeines Anrechts an jemanden fällt (z. B. Erbe oder Heiratsgut), dürfen die Kurfürsten ohne Genehmigung annehmen.

10943 *Dann sei bestimmt vergönnt zu üben ungestört:* Dass diese Landesherren ihre Privilegien ungestört ausüben und genießen können, soll ihnen ausdrücklich (»bestimmt«) vergönnt sein.

10947 *Zins und Bet', Leh'n und Geleit und Zoll:* Einkünfte aus Verpachtung wurden teilweise in Geld (»Zins«) oder in Naturalien (mhd. *bete*, nhd. *Bede, Beede, Bete*) geleistet; das Lehen (s. Anm. zu V. 10306) impliziert z. B. Leistungen der Nachfolge in Kampfhandlungen; »Geleit« waren Gebühren, die ein Landesherr für die militärische Begleitung von Personen oder Waren über sein Gebiet erhob, »Zoll« die Abgabe für die Durchreise bzw. auf den Warenwert.

10948 *Berg-, Salz- und Münzregal:* das üblicherweise dem König zustehende, an Fürsten delegierbare Recht, Bergwerke und Bodenschätze auszubeuten, das Monopol auf die Gewinnung und den Verkauf von Salz zu beanspruchen und Münzen zu prägen, d. h. die Währung zu bestimmen.

10957 *mich von den Teuren trennen:* sterben.

10959 *Gekrönt erhebt ihn:* Nach altem Brauch wurde der gewählte Kaiser auf den Altar gehoben und dem Volk präsentiert.

10966 *Schrift und Zug:* Urkunde (V. 10973) und Signatur (V. 10974) des Kaisers. Die schriftliche Niederlegung der

Reichsverfassung begann mit der Goldenen Bulle und leitete die neuzeitliche Entwicklung des Verfassungs- und Völkerrechts ein. Die Entsprechung in der Goethezeit ist die Neuordnung Europas auf dem Wiener Kongress 1815 und die Bildung des Deutschen Bundes souveräner Fürsten von fünfunddreißig deutschen Staaten.

10970 *in gleichem Maß:* ebenso; auch die Zuwächse sollen auf den Erben übergehen.

10977 *ging hinweg … ist geblieben:* vgl. V. 2509.

10982 *mit Satanas im Bunde:* Der Kanzler hat vielleicht Mephistopheles und Faust wiedererkannt (vgl. V. 4897–4916, 4941), aber schon im 1. Akt hat er die Hexenmeister, mithin auch den Nigromanten, in die Rolle des Satans gesteckt.

10986 *Mit heiligem Strahl:* dem Bannstrahl des Papstes gegen den Kaiser.

10987 f. *zur höchsten Zeit … den Zauberer befreit:* Es ist unklar, ob die Glanzzeit des Kaisers bei seiner Krönung gemeint ist, die seine Tat noch spektakulärer und anstößiger machte, oder der letzte Moment vor dem Tod des Nigromanten von Norcia.

10995 *Dem Lügenfürsten … ein horchsam Ohr:* Der Geistliche hat also Mephistopheles erkannt (vgl. V. 1334, 1854, 3050). »horchsam« zielt auf Hinhören, Horchen und Gehorchen.

11024 *Landsgefälle:* Erträge, die das Land auf die beschriebene Weise abwirft.

11035 f. *dem sehr verrufnen Mann … Strand verliehn:* Sicher im Zusammenhang der Verleihung der Erzämter und Kurwürden war eine feierliche Ehrung und Belehnung Fausts geplant (vgl. FD 1, S. 665). Da Goethe den Kaiser jetzt konsequent vertuschen lässt, wer eigentlich die Schlacht gewonnen hat (s. Anm. zu V. 10871 f.), kann er die Szene öffentlicher Anerkennung von Fausts und Mephistos Leistung nicht mehr verwerten.

Fünfter Akt

Alles umsonst?

Nachdem Faust im 4. Akt mit den Drei Gewaltigen die mittels ihrer Instinkte manipulierbaren Volksmassen verfügbar geworden sind (»Herrschaft«), erkennt man im 5. Akt, der Jahrzehnte danach mit Faust »im höchsten Alter« spielt, die Erfolge des Deichprojekts: dicht besiedelter Strand mit Palast, ein bis zum Horizont reichendes eingedeichtes Land mit Siedlungen und Wäldern, Hafenbauten, wo Fausts Seeleute die Schätze aus dem »Weltbesitz«, der imperial kolonisierten Erde, abladen und mit Lastkähnen auf einem Kanal zu Fausts Palast bringen. Die Eindeichung ist trotz des langen Zeitraums offenbar zu schnell vorgenommen worden: ein Sumpf verpestet alles; Faust will einen Drainagegraben ausheben lassen, Mephistopheles befiehlt aber, Fausts Grab zu schaufeln. Denn der Teufel, jetzt Aufseher über die fürchterlichen Helfer, ist offen eigenmächtig, die Knechte sind aufsässig und betrachten das »Kolonisieren« als Lizenz zum Töten. Faust, unzufriedener Despot, verliert den Kontakt zur Wirklichkeit, ist von Lobhudlern oder scheinbar Dienstbeflissenen umgeben, ist empört, wenn seines »allgewaltigen Willens Kür« (V. 11255) auch nur an das geringste Hindernis stößt, und will von seinem bisherigen Leben der ständigen Sorge und Verfolgung bestimmter Ziele nichts mehr wahrhaben – »Ich bin nur durch die Welt gerannt« (V. 11433). Er wird schwerhörig, gebrechlich, blind und will dennoch über tausend Hände befehlen.

So malt er sich auf dem eingedeichten Land, wenn einmal der Sumpf trockengelegt wäre, die Utopie eines Paradieses aus, möchte Millionen Menschen ansiedeln, die sich in steter Gefahr selbst organisieren und helfen, möchte »auf freiem Grund mit freiem Volke stehn« (V. 11580) und ist auch hier völlig wirklichkeitsfremd, denn um diese Freiheit zu ermöglichen, müsste er zuerst sich und seine fürchterlichen Helfer beseitigen. Angenommen, so bemerkt Faust, diese allen Tatsachen und Möglichkeiten widersprechende Utopie träte ein: »Zum Augenblicke dürft ich sagen: / Verweile doch, du bist so schön!« (V. 11581 f.). Das aber sind die Worte, die nach dem Abschluss der Wette dem Mephistopheles anzeigen sollten, dass er gewonnen hat, dass er Faust in Fesseln schlagen, die Zeit für ihn vorbei sein lassen darf. Obwohl er auf den gegebenen Augenblick nicht zutrifft, mit einem starken hypothetischen Konjunktiv »dürft« eingeleitet ist: der Satz ist gesagt, Faust sinkt tot um. Mephistopheles sieht sich am Ziel, Teufel bewachen den Leichnam, werden aber von Engeln vertrieben, die auch Mephistopheles ablenken und Fausts Seele listig entwenden.

Im Himmel wird der Großverbrecher »mit herzlichem Willkommen« (V. 11941 f.) empfangen. Allerdings wird dort alles, was »Faust« hieß und zuletzt »die Spur von meinen Erdetagen / Nicht in Äonen untergehn« (V. 11583 f.) sehen wollte, von der reinen Energie des »Unsterblichen« Fausts abgelöst. Übrig bleibt, was bei oder trotz allem Streben, Irren, Bösestun in der Mühe der rastlosen Tätigkeit, des Drängens immer über das Gegebene hinaus, sich an »starker Geisteskraft« (V. 11958) gesammelt und gebildet hat und nun, nach Beseitigung alles dessen, was Faust war und diese Energie trübte, in »erster Jugendkraft« als »der Neue« hervortritt (12084–91).

War alles umsonst? In Hinsicht auf Fausts Streben nach Verewigung seiner Erdetage sicher; die ›Erlösung‹ ist das tragische Scheitern dieses Versuchs, sich selbst ein Denkmal zu setzen. Aber ob Mephistopheles ein Anrecht auf die Seele gehabt hätte und die Engel sie ihm in mephistophelischer List wegstahlen, hängt von der Interpretation des Todes und der vorausgehenden Sätze ab. Vier mögliche Lesungen seien genannt: (1) Faust ist so von sich überzeugt, dass

er die Hindernisse bei der Befreiung des Volks für über-
windbar hält und den Satz guten Glaubens ausspricht.
(2) Geblendet von der Sorge sieht Faust »alle Dinge schiefer« (V. 11476) und spricht irrtümlich den Satz aus. (3) Faust
ist schwerhörig, gebrechlich, blind, sein Alter trübt auch
seine geistige Präsenz und Aufmerksamkeit (vgl. V. 11535–
38). (4) Faust hatte in die Wette nicht sein Altern einberech-
net, besitzt aber mit dem Satz ein Instrument, sein Leben
freiwillig zu beenden, ohne dass Mephistopheles die Wette
gewinnt: man kann den Satz auch sagen, wenn er nicht zutrifft, wenn der schöne Augenblick nicht gegeben, sondern
erdacht und überhaupt nicht zu verwirklichen ist. Dann
schlägt Mephistopheles zu, aber ohne sachliche Berechti-
gung, so aber befreit (V. 11403) Faust sich von seinem unzuverlässig werdenden Körper, von der Magie, von Mephistopheles und kann den einzigen un-bedingten Akt in seinem
Leben tun. – Alle vier Lesungen sind plausibel und müssen
nebeneinander stehen bleiben; Fausts Tod sollte nach Goethes Absicht »inkommensurabel«, dem Verstand nicht eindeutig aufschließbar, sein (zu Eckermann, 3. 1. 1830). Deshalb reden in den beiden Schlussszenen Figuren aus Gemälden vor allem des spätmittelalterlichen Camposanto in Pisa:
Goethe, der nicht zu wissen vorgibt, was ›danach‹ ist, gibt
sozusagen seine Zuständigkeit als Erfinder von Szenen,
Figuren und Handlungen an die frommen Maler des Mittelalters ab. Sein Schluss-»Finis« heißt deshalb nicht nur
Ende Fausts und des *Faust*, sondern auch der Autorschaft
Goethes.

Offene Gegend

Er glaubt nicht was er sieht

Zur Hütte von Philemon und Baucis kommt ein Wanderer,
den die beiden Alten vor Jahren an dieser Stelle aus Seenot
gerettet haben. Er will über die Düne ans offene Meer tre-
ten und sieht den dicht besiedelten Uferstreifen, Palast, Hafen, das neu eingedeichte Land bis zum Horizont. Dem vor
Verwunderung Stummen erzählen die Alten, vertrauensvoll
Philemon, misstrauisch Baucis, von der Entstehung des
Bauwerks, wo es nicht mit rechten Dingen zuging, von der
Arroganz Fausts und seinem Anspruch auf ihren Besitz mit
Kapellchen und Linden. Einführung in die Problematik der
Verkehrung, die den ganzen Akt beherrscht: die Verhält-
nisse von Meer und Land, von Erwartung/Erinnerung und
tatsächlichem Zustand sind verkehrt; die den Leser auf
Ovids *Metamorphosen* verweisenden Namen Philemon und
Baucis stimmen und stimmen doch nicht mit dem Mythos
überein (vgl. Anm. zu V. 11067).

Das Metrum ist durchweg das der Elfenstrophen vom
Beginn des 1. Akts, wo ebenfalls eine täuschend besänfti-
gende Stimmung durch das Metrum erzeugt wurde; gefähr-
det ist die Idylle auch hier, aber das Metrum wird nicht von
tückischen Geistern, sondern von den bedrohten Menschen
selbst benutzt – wieder ein Phänomen der Verkehrung.

11053 f. *Das, um heut mir zu begegnen / Alt schon jener
Tage war:* Philemon und Baucis waren bei seiner Rettung
aus Seenot schon alt; um ihm heute noch begegnen zu
können, müssten sie außerordentlich alt geworden sein.

11059 *Kömmling:* Ankömmling.

11067 *Baucis:* »Baucis, eine alte Frau in Phrygien, welche
sich mit ihrem Manne, dem Philemon, in einem elenden
Hüttchen behalf, sonst aber bey ihrer Armuth gar friedlich und vergnügt lebte. Da nun Jupiter und Merkur in

verstellter Gestalt das Land durchgiengen, um zu sehen,
wie die Menschen lebeten, so war niemand, der sie auf-
nehmen wollte, als diese beyden. Sie bewirtheten auch
dieselben nach allem ihrem Vermögen, und vermerketen
endlich, daß ihre Gäste Götter seyn müßten, weil der
Wein, den sie ihnen aufsetzeten, nicht abnahm. Endlich
gaben sich beyde zu erkennen, und vermahneten die beyden Alten, ihnen zu folgen, weil das Land ein besonderes
Unglück treffen würde. Sie thaten es, und stiegen mit den
beyden Göttern einen Berg hinan, von dar sie endlich sa-
hen, wie die ganze Gegend mit Wasser bedeckt sey, ihre
Hütte allein ausgenommen, die aber in einen prächtigen
Tempel von Marmor verwandelt wurde. Als nun Jupiter
ihnen endlich befahl, sie sollten sich von ihm etwas aus-
bitten, so verlangten sie, daß sie Priester in dem neuen
Tempel werden, und keines des andern Tod erleben
möchte. Sie erhielten solches; und, als sie dereinst dem
Volke erzähleten, wie es ihnen und dem versenkten
Lande ergangen, so wurden sie beyderseits zugleich in
Bäume, und zwar Philemon in eine Eiche, Baucis aber in
eine Linde verwandelt, die vor dem besagten Tempel
stunden, und lange Zeit in allen Ehren gehalten wurden« (Hederich, Sp. 259 f., nach Ovid, *Metamorphosen*
VIII,620–724). Die Differenzen springen hervor: nicht
zwei Götter wurden beherbergt, sondern ein Fremder;
die Verwandlung in Bäume im Tod fehlt; nicht heidni-
scher Tempel, sondern baumumstandenes christliches Kapellchen; keine Anzeichen von Überschwemmung eines
ungastlichen Städtchens von »tausend Häusern« (Ovid),
sondern jetzt dichte Besiedlung des bisher leeren Strandes
und Zurückdrängen des Meers bis an den Horizont.

11071 *Eure Flammen raschen Feuers:* Ein schnell angezün-
detes Feuer diente als Signal und wärmte den Schiffbrü-
chigen.

11087 *Älter, war ich nicht zuhanden:* als Älterer konnte ich
nicht wie sonst hilfsbereit Hand anlegen.

11089 f. *Und, wie ... Woge weit:* Im selben Maße, wie seine Kräfte abnahmen, wurde das Meer durch die Eindeichung weiter hinausgerückt.

11096 *Anger:* Dorfplatz, Grasland.

11100 *Port:* Hafen.

11108 *zum verlechzten Mund:* zum vor Staunen offen gebliebenen und trocken gewordenen Mund.

11112 *Lässt mich heute nicht in Ruh:* So in *H*, in den Ausgaben oft zu »heut noch« vereindeutigt. In der Form »heute« kann sowohl ›heute noch‹ wie ›gerade heute‹ gelesen werden (wo der Wanderer kommt und sich nicht fassen kann, wo der ahnungsvollen Baucis schlimmste Befürchtungen sich bestätigen werden).

11119 *Nicht entfernt:* nicht weit entfernt.

11123 *Tags umsonst:* Die Tagschicht, bei der man die Knechte mit ihren Werkzeugen beobachten konnte, produzierte nichts außer Lärm.

11125–30 *Wo die Flämmchen ... ein Kanal:* Baucis betont die Aspekte des Deichbaus, in denen es »nicht mit rechten Dingen« zugeht (V. 11114). Da Faust noch Handarbeiter anwerben lässt (V. 11552), kann es sich mindestens in der Tagschicht nicht um den Einsatz von dampfgetriebenen Schaufelbaggern, Rammen und Transporteisenbahnen handeln, den Goethe aus Berichten über englische Großbaustellen und die dabei häufig vorkommenden Unfälle kannte. Es ist aber möglich, dass er während der Nachtschicht die misstrauische Baucis diesen maschinellen Betrieb oder aber höllische Zauberkünste beobachten lässt. Wenn die Vegetation und Besiedlung des gewonnenen Landes schon so weit gediehen sind (V. 11095 f.), müssen zwischen Verleihung des Strandes und jetzigem Zustand Jahrzehnte liegen.

11131 f. *ihn gelüstet / Unsre Hütte:* vgl. das neunte Gebot: »Du sollst nicht begehren deines Nächsten Haus ...« (5. Mose 5,21).

11137 *den Wasserboten:* so *H*; Fausts Boten, die Philemon

und Baucis zum Umzug bewegen wollen, bieten für Baucis nur Wasser an, denn die nächste Sturmflut wird nach ihrer Meinung das gewonnene Land wieder fortreißen.

11142 *dem alten Gott vertraun:* Die Formulierung zeigt Philemons Bewusstsein von der Geschichtlichkeit der Religionsvorstellungen, die ja auch in diesem Akt mehrfach bestätigt wird. Für Philemon ist der durch Ausschluss des Meers gewonnene »Garten [...] ein paradiesisch Bild« (V. 11085 f.) und damit die Schöpfung eines neuen Gottes. Sein Vertrauen auf den alten Gott bewährt sich, was das drohende Schicksal angeht, überhaupt nicht, und am Ende des Akts ist der alte Gott ganz verschwunden, einer Göttin gewichen.

Palast

Weiter Ziergarten

Der Neid des Weltbesitzers

Faust hat sich durch Mephistopheles und die Drei Gewaltigen (die sich auch da vermutlich in die aggressiven, habgierigen, zäh festhaltenden Massen aufgelöst haben) durch »Krieg, Handel und Piraterie«, durch Kolonisierung der Welt, durch Ausbeutung und Vertreibung der Völker den »Weltbesitz« (V. 11242) verschaffen lassen; gerade wird wieder ein Kahn abgeladen, auf dem die Reichtümer von 18 gekaperten Schiffen, die in Fausts Großhafen angekommen sind, zum Palast gebracht werden. Faust blickt auf weites Land, auf dem er »der Völker breiten Wohngewinn« (V. 11250) geschaffen hat, aber er kann nicht ertragen, dass er das kleine Gütchen Philemons und Baucis' nicht besitzt: es demonstriert die Endlichkeit des »Eigentums«, die End-

lichkeit des Lebens (V. 11254, 11266–68), es behauptet mit
dem christlichen Glöckchen, was Faust am wenigsten anerkennen will: die Angewiesenheit des Menschen auf Trans-
zendenz. Mephistopheles macht ihn darauf aufmerksam,
dass er in aller Welt »längst kolonisieren« (V. 11274), d. h.
Menschen deportieren, vertreiben, gewaltsam umsiedeln,
müsse, notfalls mit Todesfolge. Faust gibt den unklaren
Auftrag: »So geht und schafft sie mir zur Seite!« und spricht
von dem »schönen Gütchen«, auf das die Alten (mit Gewalt, wie Mephistopheles deutlich ausspricht) umgesiedelt
werden sollen. Die aufsässigen Gewaltigen, die sich schon
von der Beute genommen haben und noch die Hälfte vom
Übriggelassenen beanspruchen, machen sich nach dem Versprechen eines Flottenfestes an die Ausführung des Auf-
trags.

Von den Madrigalversen in Fausts und Mephistos Dialog
heben sich die gewaltsamen Zweiheber in der Rede der Gewaltigen ab, die man sich scharf skandiert zu denken hat.

BA vor 11143 *Palast:* Zu Fausts Palast als dem von Mam-
mon erbauten, zunächst höllischen und dann an die
Oberwelt steigenden Palast Pandaemonium s. Anm. zu
V. 3933.

11143 *LYNCEUS DER TÜRMER:* von griech. *lynx* ›Luchs‹;
einer der Argonauten, dessen Sehschärfe sprichwörtlich
wurde, vgl. V. 9230 f. und Anm. zu V. 7377. Herrscherlob
durchs Sprachrohr nimmt die Lautsprecherdiktaturen des
20. Jh.s vorweg (vgl. Kaiser 1994, S. 72).

11145 f. *Ein großer Kahn ... hier zu sein:* oft belächelter
Satz, der aber die Veränderung der Situation in ihrer den
Sprecher überrumpelnden Schnelligkeit wiedergibt. Wenn
der Kahn »im Begriffe« ist, dann sieht der scharfsichtige
Lynkeus ihn weit draußen im Hafen bei den Schiffen, mit
Waren und Menschen beladen, vielleicht gerade ablegen;
dann ist er schon »auf dem Kanale«, dann aber plötzlich
»hier« – also gewissermaßen in Gedankenschnelle (vgl.

V. 11165). – Kähne werden wegen geringen Tiefgangs auf dem Kanal gebraucht, um den umgeladenen Schiffsinhalt und die Mannschaft zum Palast zu bringen (Witkowski, Kommentar z. St., S. 391).

11148 *Masten stehn bereit:* wohl die Schiffe zum neuen Auslaufen.

11149 *In dir preist sich der Bootsmann selig:* Anrede an den wandelnden Faust, den als Herrn zu haben den Bootsmann beglückt. Offenbar Parodie auf 1. Kön. 9,26–10,8.

11150 *zur höchsten Zeit:* auf dem Höhepunkt deiner Laufbahn. Herrscherlob mit dem Sprachrohr dem Herrn verkündet, zeugt von arroganter Selbstbespiegelung Fausts (vgl. V. 11133) und wohl schon von Schwerhörigkeit.

11154 *neckt:* ärgert, beunruhigt, reizt.

11155 *durch neidische Laute:* Der eigentlich Neidische unterschiebt dem Beneideten, der nicht neidisch ist oder es zu sein braucht, seinen eigenen Neid. So schon in Goethes Ode *Prometheus*, wo der Titan dem Zeus Neid auf das im Olymp gestohlene Feuer unterstellt.

11157 *Baute:* Gebäude, hier wohl nach schlesisch *Baude* ›Holzhäuschen‹.

11160 *Vor fremden Schatten:* Schatten, der nicht von eigenen Bäumen auf eigenem Besitz gespendet wird, aber auch Schatten, den Philemon und Baucis und ihr Kirchlein werfen (s. Anm. zu V. 11161), mithin Tradition, Norm und Verbindlichkeit nachbarlichen Zusammenlebens, Frömmigkeit.

11161 *Dorn den Augen, Dorn den Sohlen:* vgl. 4. Mose 33,50–55, wo der Herr dem Volk Israel befiehlt, über den Jordan in das Land Kanaan einzufallen, die Einwohner zu vertreiben, ihre Kultur zu zerstören: »Werdet ihr aber die Einwohner des Landes nicht vertreiben vor eurem Angesicht, so werden euch die, so ihr überbleiben lasst, zu Dornen werden in euren Augen und zu Stacheln in euren Seiten und werden euch drängen auf dem Lande, da ihr innen wohnet.«

11170 *Patron:* Schiffseigner. Gemeint ist Faust, vgl. V. 11172.

11174 *Port:* Hafen.

11178 *Wer weiß da was Besinnen heißt!:* wer hat da morali-sche Skrupel!

11182 *hakelt:* mit Enterhaken, wie sie im Nahkampf der Schiffe zum Heranziehen und Festhalten des zu entern-den Schiffes verwendet wurden.

11185 *Man fragt ums Was? und nicht ums Wie?:* dagegen vgl. V. 6992.

11187 f. *Krieg, Handel und Piraterie, / Dreieinig:* Parodie auf die christliche Trinität.

11192 *Gestank:* Stinkendes, Wertloses.

11194 *Widerlich Gesicht:* angewidert, mürrisch angesichts der eines Königs würdigen Beute.

11201 f. *Das ist nur für / Die Langeweil:* zum Zeitvertreib, als Trinkgeld; die Hauptforderung auf gleichen Anteil (nicht untereinander, sondern gleich mit Faust) folgt jetzt.

11217 *Die bunten Vögel:* Huren für das Flottenfest.

11222 *Das Ufer ist dem Meer versöhnt:* Durch Fausts Deich- und Hafenbauten schadet das Meer dem Ufer nicht mehr, und dieses kann fruchtbares Land werden.

11242 *Weltbesitz:* Real-Utopie eines Kolonial- und Han-dels-Imperiums der Kaufmannschaft, wie sie z. B. die Ge-heimorganisation der Illuminaten (der Goethe angehört hatte) anstrebte (vgl. FD 2, S. 1061).

11248 *Des Menschengeistes Meisterstück:* zunächst bezogen auf die Ausgrenzung des Meeres und die Schaffung eines paradiesischen Landes in Konkurrenz zum Gott Hiobs (Hiob 38,8–11). Dann auch bezogen auf die totalitäre Menschenführung im Sinne des von Gott am Nasenring gelenkten Leviathan (Hiob 40,26); auch dies, allerdings im Sinne einer totalitär durchgesetzten Moral, war ein Ziel der Illuminaten.

11249 f. *Betätigend ... Wohngewinn:* den Gewinn an Wohnraum verwirklichend.

11255 f. *Des allgewaltigen ... Sande hier:* Faust entdeckt, dass es, in der früher gebrauchten Analogie (V. 10198–205) auch sein eigener leidenschaftsgetriebener Wille ist, der den sich frei wähnenden Geist »ins Missbehagen des Gefühls versetzt«. Was ihn damals in der Außenwelt »zur Verzweiflung« brachte (V. 10218), wütet jetzt auch in ihm, ist »unmöglich zu ertragen« und beschämt ihn (V. 11237 f.); er manipuliert andere durch ihre Abhängigkeit von den Instinkten und hat selbst keine Gewalt über die eigenen. – »Kür« ist Wahl, Entscheidung (vgl. Ausdrücke wie »Kurfürst«, »Willkür«). – Die Nähe des Todesmotivs (»Gruft«, V. 11254) zeigt, dass wie der Glockenklang am Ostermorgen (BA vor V. 737) an Tod und Auferstehung, so auch dieser Glockenklang an den Tod und die bei Faust infrage gestellte Auferstehung gemahnt.

11266 *Vom ersten Bad:* von Geburt oder von der Taufe an.

11268 *ein verschollner Traum:* wörtlich: eine Sache, die zu schallen aufgehört hat, Traum geworden ist. Mephistopheles schlägt hier geschickt, quasi im Nebensatz, das Todesmotiv und Fausts Sorge um eine »Spur« von seinen Erdetagen an, derer er bedarf, weil er das eigentliche Leben nicht im Jenseits sucht. *La vida es sueño* (Calderón, 1635), das Leben ein Traum, christlich gedeutet voll Eitelkeit und Nichtigkeit, kann für Faust nicht mehr gelten (vgl. V. 11441–47).

11273 *Was willst du dich denn hier genieren:* Das »hier« ist im Blick auf V. 11233 stark betont zu lesen: Warum nimmt Faust bei dieser Sache das »verfluchte Hier« so wichtig und handelt nicht ungehindert und schamlos wie in aller Welt? – »genieren« ist ›sich gehindert fühlen‹.

11274 *kolonisieren:* Was damit gemeint ist, zeigt das Schicksal von Philemon und Baucis.

11275 *schafft sie mir zur Seite:* uneindeutiger Auftrag, den Mephistopheles durchaus als Liquidationsermächtigung deuten kann, den aber Faust nachträglich als nicht in diesem Sinne gemeint von sich weisen kann (V. 11370–73). Die Zeile muss wegen des Gedankenstrichs und des Fehlens einer Reimzeile mit einer Pause und stimmlich-tonlichem Neueinsatz der folgenden Zeile gelesen werden. Auch hier muss offenbleiben, ob die Alten freiwillig, durch Überredung oder durch Gewalt auf das »schöne Gütchen« gebracht werden sollen.

11283 *gibts ein Flottenfest:* Hier folgen wir der (eigenhändigen) Variante in der Entwurfs-Handschrift; die Handschrift *H* hat hier »gibt ein Flottenfest«.

11285 *ist uns zu Recht:* wir haben ein Recht darauf.

11287 *Naboths Weinberg:* Bibelfest, sogar mit Stellenangabe, die man ihm ironisch auch noch in den Mund legen kann wie V. 10094 und 10131, zitiert Mephistopheles die Geschichte, in der der König Ahab dem Naboth einen Weinberg abkaufen oder gegen einen besseren abtauschen möchte. Naboth weigert sich, das Erbe seiner Väter wegzugeben; den gekränkten Ahab tröstet seine Frau, indem sie falsche Zeugen gegen Naboth antreten und ihn wegen Königs- und Gotteslästerung steinigen lässt. Der Prophet Elia stellt Ahab zur Rede, als er den Weinberg Naboths in Besitz nimmt, und weissagt ihm, der Frau und seinen Nachkommen den furchtbaren Zorn des Herrn, woraufahab Buße tut und vom Herrn verschont wird (1. Kön. 21). Faust tut nicht Buße, hat auch keine Frau, der er die Untat anlasten könnte. Zugleich wird hier Chamforts Wort in der Rede an die Revolutionstruppen »Guerre aux châteaux! Paix aux chaumières!« (1792) ins krasse Gegenteil verkehrt (»Krieg den Palästen, Friede den Hütten!«, *Œuvres*, Bd. 1, S. LVIII).

Tiefe Nacht

Weggeräumt

Lynkeus, der Turmwächter, preist die Schönheit der Welt und wird sogleich Lügen gestraft durch den Brand des Gütchens von Philemon und Baucis, den er selbst jedoch wieder ästhetisch genießt und beschreibt, statt pflichtgemäß für Hilfe zu sorgen. Auch Faust bedauert nur die Vernichtung der Bäume, geht allerdings von einer Zwangsumsiedlung der Alten aus, die froh sein können, so großmütig geschont worden zu sein. Mephistopheles und seine Helfer berichten von dem Gewaltakt, bei dem »wie's in solchem Fall geschicht« die Beteiligten getötet worden sind. Faust behauptet, Tausch und nicht Raub befohlen zu haben, und schiebt die Schuld von sich – er hatte gesagt: »schafft sie mir zur Seite« (V. 11275), sie haben sie »weggeräumt« (V. 11361).

Der schwingende Rhythmus der ersten Lynkeus-Verse wird durch die Verwendung der Philemon-und-Baucis-Verse (V. 11304–37) dementiert. Faust folgt mit Jamben männlich/weiblich wechselgereimt, während Mephistopheles männliche Paarreime Schlag auf Schlag verwendet. Fausts Gegenrede artikuliert den Zorn durch metrische Versetzung (V. 11371) und Doppelsenkung (V. 11372).

11288 *Zum Sehen geboren:* vgl. Anm. zu V. 7377.
11290 *Dem Turme geschworen:* durch Eidschwur den Aufgaben des Türmers (Ausguck, Feuermeldung) verpflichtet.
11297 *Die ewige Zier:* wohl übersetzt aus griech. *kósmos* ›Schmuck, Zierde, Ordnung, Schönheit‹. Lynkeus wird mit seinem »Es sei wie es wolle, / Es war doch so schön!« nach dem Verschwinden Helenas, der Schönheit (der Welt), als naiv hingestellt und durch die Ereignisse auch sogleich dementiert.
11307 *Droht mir:* Statt Feuer zu melden, wie es seine Auf-

gabe als Türmer wäre, reflektiert der Ästhet wieder einmal (vgl. V. 9238–43) auf seine Eindrücke.

11308 f. *Funkenblicke ... Doppelnacht:* Da zuerst die Hütte brennt, die wohl vom Türmer aus gesehen hinter den beiden Linden steht, erscheinen die Bäume vor den aus der Hütte sprühenden Funkenblitzen besonders schwarz.

11312 *Die innre Hütte:* die von feuchtem Moos umgebene Holzkonstruktion. Daher entsteht auch besonders dichter Qualm (vgl. V. 11318).

11336 f. *Was ... ist hin:* das Schöne und die Tradition (der Linden, des Kirchleins, der Alten).

11339 *Das Wort ist hier, der Ton zu spat:* Die Meldung und der wimmernde Gesang des Türmers kommen hier zu spät.

11344 *Ein Luginsland ist bald errichtet:* Faust »glaubt die *Natur* durch *Technik* geradezu ersetzen zu können« (Jochen Schmidt 1987, S. 197). Wenn auch die Linden verbrannt sind, in die er ursprünglich seine Aussichtsplattform hatte hineinbauen wollen (V. 11243 f.), lässt sich doch künstlicher Ersatz schaffen.

11346 f. *Wohnung ... umschließt:* Helenas Chormädchen hatten schon das »Umgeben« mit der Ritterburg als Gefangenschaft erfahren (V. 9050, 9125).

11358 *geschicht:* alte Präsensform für »geschieht«, bei Goethe mehrfach im Reim auf »nicht« verwendet.

11365 *gestreckt:* getötet.

11373 *Ihm fluch ich, teilt es unter euch!:* Der Fluch gilt dem »unbesonnenen wilden Streich«, also der von den Drei Gewaltigen in Aggressivität, Habgier, Verteidigung (des Raubes gegen den Fremden) und von Mephistopheles in bösem Willen begangenen Handlung, und je nach Beteiligung sollen sie den Fluch als Lohn untereinander teilen. Faust unterstellt plötzlich, genaue Anweisung gegeben zu haben, die nur Tausch, nicht aber Raub oder gar Raubmord zuließ (s. Anm. zu V. 11275); die Helfer berufen sich auf die im Auftrag implizierte Ermächtigung zur

Gewalt, für die Faust verantwortlich ist (s. Anm. zu
V. 11275).

11374 f. *Das alte Wort ... Gewalt!:* ironisch interpretie-
rende Anspielung auf Röm. 13,1: »Jedermann sei untertan der Obrigkeit, die Gewalt über ihn hat. Denn es ist
keine Obrigkeit ohne von Gott; wo aber Obrigkeit ist,
die ist von Gott verordnet.«

11376 *hältst du Stich:* standhalten, hier sogar, im Blick auf
den fechtenden Fremden: den Stich der gegnerischen
Waffe aushalten oder parieren; vgl. den Ausdruck »stich-
haltig«.

11382 *Geboten schnell, zu schnell getan!:* Für Faust ist der
Vorfall eine Panne, die durch Voreiligkeit (die »Überei-
lung« der klassischen Tragödie) auf seiner und der Helfer
Seite passiert ist. Die Schuld lässt der Reiche nicht zu sich
herein (vgl. V. 11384–87).

Mitternacht

Von der Sorge geblendet

Mit dem Rauch der Brandstätte kommen Mangel, Schuld,
Not und Sorge als vier graue Weiber herangeschwebt; die
drei ersten können nicht in das Haus des Reichen, die Sorge
als Lebenssorge kann jedoch eindringen, denn die vier Gestalten weisen auf »Tod« (V. 11397), dem sich ein Mensch
»im höchsten Alter« (BA vor V. 11143) zu stellen hat, auch
wenn er wie Faust durch die Wette über seine Lebenszeit
bestimmt. Fausts wachsendes Problem ist das Alter, denn
z. B. kann er den Sinn der Rede nicht verstehen, hört nur
»Not« und »Tod« (V. 11399–402). Das will er nicht wahrhaben und meint, von Magie eingesponnen zu sein und sich
noch ins Freie kämpfen zu können. Als die Sorge einge-

drungen ist und ihre Macht über ihn behauptet, will er auch diese nicht wahrhaben, obgleich er sein ganzes Leben von der Sorge bestimmt war (vgl. V. 644–655) und mit der Wette sich auf Sorge verpflichtet hat. Er lügt sein ganzes Leben um (V. 11406–09, 11433–40) – keine seiner Selbstaussagen stimmt –; er erkennt die Macht der Sorge, will sie aber für sich nicht anerkennen (V. 11493 f.).

Dieser Altersstarrsinn, der meint, Wirkliches durch Lüge und Leugnung ungeschehen und nichtig zu machen, gleicht Faust am Ende den andern Menschen an, die ihr ganzes Leben in Selbsttäuschung zubringen: nun blendet ihn die Sorge wie die anderen Menschen, denen »Bei vollkommnen äußern Sinnen / Wohnen Finsternisse drinnen« (V. 11457 f.); sie blendet ihn jedoch auch äußerlich: Er sieht nicht nur »alle Dinge schiefer« (V. 11476) und meint, »im Innern leuchtet helles Licht« (V. 11500), wo er doch die wahren Verhältnisse etwa zu seinen Helfern nicht mehr durchschaut, sondern er ist jetzt auch wirklich blind. Sein durch Schwerhörigkeit, Blindheit, Hinfälligkeit unzuverlässig werdender Körper, sein durch nachlassendes Sinnverstehen, Altersstarrsinn, Leugnung des Tatsächlichen, Blindheit für das Faktische, Arroganz des Sich-ungebrochen-Meinens (V. 11509 f.) unzuverlässig werdender Geist stellen das Problem, ob Faust in der nächsten Szene einfach von diesem erkannten, aber nicht anerkannten Alter überwältigt wird (vgl. V. 11535 f.), oder ob er in Vor-Sorge gegen das wachsende Problem in freier Wahl die Wette beendet, ohne Mephistopheles gewinnen zu lassen.

Metrisch lebt die Szene vom Gegensatz zwischen Fausts meist jambisch alternierenden Madrigalversen und den betörenden, den Elfenstrophen vom Beginn des 1. Akts verwandten, aber durch Paarreim starr machenden Sorge-Strophen.

11404 *Könnt ich Magie … entfernen:* Anerkennung seines in Magie verstrickten Lebens (V. 11410–18) und Wunsch, sich davon zu befreien. Mit Magie hängen Mephistopheles und seine Helfer eng zusammen. Dass er V. 11423 kein Zauberwort sprechen will, ist ein ohnmächtiger Anfang.

11408 f. *Das war ich sonst ... verfluchte:* »sonst« ist ›früher‹; das Gesuchte ist, wegen des Neutrum-Pronomens in »ich's«, das »Freie« V. 11403 oder »ein Mensch zu sein« V. 11407, was in diesem Satz auf dasselbe hinausläuft: Menschsein ohne eingegangene Bedingungen außer vielleicht denen, die das Leben selbst mit sich bringt. Zum konditionalen Charakter der Verfluchung, die er hier als faktisch geschehen voraussetzt (womit er beginnt, sein Leben umzulügen), vgl. die Anm. zu V. 1583–87.

11417 *Es eignet sich:* es ›äugnet‹ sich, zeigt sich den Augen, vgl. V. 5917.

11429 *Ewig ängstlicher Geselle:* Die Sorge ist Begleiterin, die in jedem Augenblick vor dem nächsten Angst macht und selbst Angst hat.

11433–52 *Ich bin ... unbefriedigt jeden Augenblick:* vgl. den Szenenkommentar: jede der Behauptungen Fausts verleugnet das tatsächlich gelebte Leben. Auch die Lebensweisheiten am Ende sind eher Wunsch als Erfüllung, vgl. z. B. V. 11450 mit V. 11423 und der Tatsache, dass er mit einer derart langen Rechtfertigungsrede V. 11433–52 der Sorge antwortet, mit der er doch nie zu tun gehabt haben will.

11461 *Grille:* s. Anm. zu V. 6615.

11465 *gewärtig:* darauf wartend, darauf aufmerksam.

11469 *Litanei:* bezieht sich auf die leiernden Aufzählungen der Sorge.

11493 f. *Doch deine Macht ... nicht anerkennen:* Dass er damit die Bedingungen des Menschseins leugnet (vgl. V. 634–651), macht er sich nicht klar.

11495–98 *Erfahre sie ... am Ende:* Wenn Sorge die Erhaltung des Lebens von den körperlichen bis zu den intellektuellen Funktionen und im Sinne der Vor- und Fürsorge die Erhaltung von Gut, Besitz, Sicherheit meint,

dann stehen die anderen Menschen im ganzen Leben unter der Fuchtel der Sorge. Da Faust mit seiner Wette sein
Leben bewusst unter die Sorge gestellt hatte, war er bisher nicht blind; jetzt, wo er dies verleugnen will, wird
er es.

11499 f. *Die Nacht ... helles Licht:* Dass die Sorge gerade bei der Sehfähigkeit Fausts so merkbar zuschlägt,
schließt die Stelle an den im ganzen Text präsenten The-
menkomplex von Licht und Finsternis im sichtbaren und
im metaphorischen Sinne an. So knüpft das helle Licht im
Innern an den Solipsismus des Baccalaureus (vgl.
V. 6793–6806) und das innerliche Licht an, das nach Lk.
11,35 eigentlich Finsternis ist (vgl. V. 11457 ff.); vgl. auch
Hiob 18,5–21.

11502 *Des Herren Wort es gibt allein Gewicht:* »des Herrn
Wort bleibet in Ewigkeit« (1. Petr. 1,25; vgl. Jes. 40,8, wo
für die Offenbarung der Herrlichkeit des Herrn ebenfalls
große Erdbewegungen unternommen werden, V. 4); immer deutlicher werden hier die Anzeichen der Selbstvergottung Fausts in Konkurrenz zum biblischen Gott.

11506 *Das Abgesteckte:* die durch Pfähle und Ketten
(V. 11519 f.) in ihrem Verlauf und ihrem Profil markierten
Erdbewegungen wohl für den »unternommenen Graben«
(V. 11556).

Großer Vorhof des Palasts

Fausts Tod: Irrtum, Alter, Trick?

Mephistopheles als Bau-Capo lässt von den Lemuren
Fausts Grab ausheben; Faust, blind und stützungsbedürftig,
freut sich am Spatengeklirr und fordert noch mehr Arbeiter
für den geplanten Graben zur Drainage des Sumpfes, was

Mephistopheles bloß mit einem Kalauer über Grab und Graben beantwortet: der blinde Alte wird verhöhnt. Faust entwirft seine Utopie vom freien Volk auf freiem Grund, für deren Erfüllung er sich selbst und sein Unterdrückungssystem beseitigen müsste. Im Vorgefühl dieses idealen, aber hypothetischen Zustandes spricht er den Wett-Satz aus (V. 11582) und genießt »jetzt den höchsten Augenblick« (V. 11586), wohlgemerkt nicht einen schönen, sondern einen Augenblick, in dem er weiter nach dem Unmöglichen strebt. Sofern er das mit Bewusstsein tut, genießt er nicht mehr ein erstrebtes Ziel oder den Gedanken daran, sondern nur noch das Streben selbst. Über die vier Lesungen dieses Todes – Irrtum bezüglich der Machbarkeit, Irrtum wegen Blendung durch die Sorge, Altersschwäche, Absicht – vgl. den Aktkommentar, oben S. 256. Alle diese Lesungen sind möglich, keine davon lässt Mephistopheles gewinnen. Dieser bringt mit dem Chor Fausts Formulierungen zur Erläuterung der Wette in Erinnerung (V. 1701–06); er kommt sich als Sieger vor, muss allerdings schon anerkennen, dass Fausts Leben »etwas« war, und erträumt sich seinerseits die Utopie des »reinen Nichts« (V. 11597–603).

Metrik: Mephistopheles und die Lemuren singen eine den Totengräbern in Shakespeares *Hamlet* nachempfundene Strophenform. Die restliche Szene steht in Madrigalversen.

11512 *Ihr schlotternden Lemuren:* Sicherlich ist hier nicht an die körperlosen Gespenster gedacht, wie sie in der altrömischen Religiosität furchtsam verehrt wurden, sondern an die halbverwesten Toten, deren Gebein eben noch durch »Ligamente« (so die Handschrift *H*; in den Entwürfen und sogar quer am Rand von *H* steht »Bändern, Sehnen« als Übersetzung ins Deutsche) zusammengehalten ist, wie sie auf dem Grabrelief von Cumae als »lemurische Posse, zwischen das Schöne und Erhabene ein Fratzenhaftes hineingebildet« erscheinen (WA I 48,1, S. 145, s. Abb. 21). Da es sinnlos wäre, Toten »ein weites

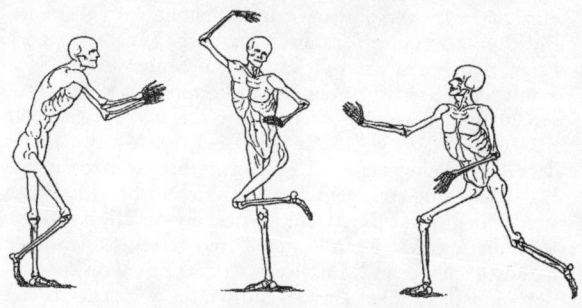

Abb. 21 Lemuren-Darstellung
nach einem Basrelief in Cumae,
von Goethe im Aufsatz *Der Tänzerin Grab* besprochen
(WA I 48,1, S. 145, dort auch die Zeichnungen)

Land« als Wohngebiet und Eigentum zu versprechen
(V. 11516–18), liegt nahe, dass Mephistopheles die bis zur
physischen Erschöpfung ausgebeuteten Arbeiter-Massen
des Deich- und Hafenbaus verhöhnt, wie sie im 19. Jh.
etwa in den englischen Bergwerken oder bei Großbaustellen eingesetzt wurden.

11519 f. *Gespitzte Pfähle ... fürs Messen:* reguläres Gerät
der Bauarbeiter und Landvermesser.

11531–38 *Wie jung ... just offen!:* Lied der Clowns als To-
tengräber in der berühmten Szene in Shakespeares *Hamlet* V,1, in der Hamlet zu des Spaßmachers Yorick Schädel
spricht.

11540–43 *Es ist die Menge, die ... umzieht:* Mit der Fron,
d. h. erzwungenen Arbeit von Leibeigenen, bezeichnet
Faust das Verhältnis zu seinen Arbeitern und ihren Status
im schlimmsten Sinne. Die Formulierung »Die Erde mit
sich selbst versöhnt« weist zunächst auf die Eindeichung
und Landgewinnung, durch die das Neuland mit der ori-

ginalen Erde ›versöhnt‹ wird; ungewollt, vor allem im Blick auf das Grab (das Faust verborgen bleibt), zitiert Faust den Spruch des Priesters am Grabe: »Denn der Staub muss wieder zu der Erden kommen, wie er gewesen ist, und der Geist wieder zu Gott, der ihn gegeben hat« (Pred. 12,7, vgl. 3,20; 1. Mose 3,19). Mit der Rede, dass die Arbeitermenge »Den Wellen ihre Grenze setzt, / Das Meer mit strengem Band umzieht«, bezieht Faust sich eindeutig auf die Macht Gottes, der zu Hiob spricht: »Wer hat das Meer mit seinen Türen verschlossen, da es herausbrach wie aus Mutterleib, da ich's mit Wolken kleidete und in Dunkel einwickelte wie in Windeln, da ich ihm den Lauf brach mit meinem Damm und setzte ihm Riegel und Türen und sprach: ›Bis hieher sollst du kommen und nicht weiter; hier sollen sich legen deine stolzen Wellen!‹?« (Hiob 38,8–11; vgl. Ps. 104,8 f.). Faust setzt sich an die Stelle des Gottes Hiobs in Bezug auf die Beherrschung, Neuschaffung (und Ausbeutung) der Natur, wie auch in Bezug auf die Beherrschung des Leviathan (vgl. Hiob 40,25–32) in der Deutung von Thomas Hobbes (Leviathan der Urdrache analogisiert mit den vom Egoismus angetriebenen Menschen).

11545 *Buhnen:* ins Meer hineinragende Dammkörper zur Regulierung von Strömungen oder Brechung der Brandung.

11546 f. *Neptunen, / Dem Wasserteufel:* Der Weltbeherrscher hat mittlerweile auch die ihm so widerlichen »antikischen Kollegen« (V. 6949) verchristlicht.

11554 *presse bei:* in Anspielung auf die vor allem bei den Heeren des 18. Jh.s übliche Verpflichtung kriegstauglicher Leute zum Wehrdienst durch Gewalt, Überlistung und Erpressung.

11559 f. *Ein Sumpf … Errungene:* Die Versumpfung bei der Landgewinnung aus Marschlandschaften galt allgemein als Resultat zu schnell vorangetriebener Kanalisierung, vgl. *West-östlicher Divan* (HA 2, S. 105).

11566 *auf der neusten Erde:* Auch hier überbietet Faust den
biblischen Gott, der nur weissagen ließ: »Denn siehe, ich
will einen neuen Himmel und eine neue Erde schaffen,
dass man der vorigen nicht mehr gedenken wird noch
[sie] zu Herzen nehmen« (Jes. 65,17; vgl. 2. Petr. 3,13;
Offb. 21,1).

11567 *Gleich angesiedelt:* wahrscheinlich Wiederholung des
»sogleich« V. 11566.

11571 *nascht:* Brocken herausreißt und den Damm zu brechen droht.

11572 *Gemeindrang:* könnte den freiwilligen Einsatz für
die Gemeinschaftsprobleme bedeuten, ist aber als Be-
schönigung der alle betreffenden Notlage zu lesen.

11579 f. *möcht ich sehn, / Auf freiem Grund mit freiem
Volke stehn:* Faust hat seine Blindheit schon bemerkt (vgl.
BA zu V. 11539); dass das fronende Volk nicht frei und
dass der Boden nicht frei ist, den es für ihn gewinnt (vgl.
V. 11540 f.), weiß er. Er spricht also bewusst Dinge aus,
die erst mit einer radikalen Veränderung, der Schaffung
eines neuen Himmels und einer neuen Erde, der Metamorphose seiner selbst (s. Anm. zu V. 11540–43), eintre-
ten können. Diese radikal kontrafaktische Vorstellung ist
die Basis für sein Vorgefühl des schönen Augenblicks, der
dann verweilen sollte, wenn er je einträte. Zur Größe
Fausts als tragischer Quintessenz des neuzeitlichen Menschen gehören erhabenes Wollen, ungeheure Schuld und
beider kontrafaktische Interpretation.

11581 f. *Zum Augenblicke ... schön!:* Einlösung der bei der
Wette vereinbarten Formel (V. 1699 f.), dem Buchstaben,
wenn auch nicht dem Geiste nach. Gemeint war seinerzeit der Wunsch, den jetzt gegebenen Augenblick zu per-
petuieren; die Formulierung ließ aber die Lesung zu, es
könnte auch irgendein zukünftiger oder gar hypothetisch
imaginierter Augenblick angesprochen werden. Diese
Uneindeutigkeit des Buchstabens eröffnet jetzt die Möglichkeit für Mephistopheles, die Wette als eingelöst zu be-

trachten und Faust »in Fesseln« zu schlagen (V. 1701); sie eröffnet für Faust die Möglichkeit, durch Äußerung der Formel dem Mephistopheles den Anlass zu geben, die Wette für gewonnen zu halten. Über die Lesungen dieses Todes vgl. den Akt- und den Szenenkommentar.

11584 *Äonen:* endlose Zeiträume, Weltalter. Anspielung auf V. 1695: »Dass ich mir selbst gefallen mag«.

11586 *Genieß ich jetzt:* Anspielung auf V. 1696: »Kannst du mich mit Genuss betriegen«; wie Faust sich in V. 11584 selbst belügt, so betrügt er sich auch hier selbst oder spielt es vor. Auch in diesem Sinne ist die Wettbedingung nicht eingelöst. Im Blick auf die Beziehung zu Hiob zeigt sich: So wie Faust als ›moderner Hiob‹ die Wette selbst (mit sich) abschließt, so beendet er sie auch selbst (s. Anm. zu V. 11589 f.), wie ja ganz parallel auch die Wette des *Prologs im Himmel* in *Grablegung* beendet wird.

11588 *buhlt er fort:* Mephistopheles anerkennt den rastlos wirkenden und strebenden Eros bei Faust (vgl. V. 1742 f.), auch dessen Rastlosigkeit als bis zu diesem Moment eingehaltene Wettbedingung (um so weniger dürfte er die Wette für gewonnen halten!); zugleich anerkennt er das Kriterium der Erlösbarkeit Fausts (V. 11936 f.).

11589 f. *Den letzten ... fest zu halten:* Das Mitleid mit dem »Armen« ist natürlich ironisch; Mephistopheles meint, Faust habe sich nicht einmal um einer handfesten Gestalt, sondern um einer leeren Illusion willen von seinem rastlosen »Buhlen« abbringen lassen. Wenn erlösbar ist, wer sich immer bemüht, wenn Faust erlöst wird, muss nach der Auffassung des Himmels auch der letzte Augenblick ein rastlos buhlender gewesen sein, nicht ein beruhigtes Sichzurücklegen aufs Faulbett (vgl. V. 1692). In der Tat strebte Faust nach einer neuen Gesellschaft auf neuster Erde, antizipierte eine zukünftige Weltgestalt und genoss das Antizipieren als nicht schönen, sondern »höchsten Augenblick«. Mit dieser Reflexivität, der Umwendung des Strebens vom Streben nach einem Gegenstand oder

Zustand zum Streben nach der Erhaltung des Strebens selbst, wird das Streben zum reinen Genuss der Entelechie, des Eros, jener göttlichen Kraft, die sich als Alles in Allem auch im Streben Fausts geäußert hat. Damit ist Fausts Leben als zeitliches irrendes Streben zu Ende gekommen; sein letzter Irrtum, die Illusion neuer Menschen auf neuster Erde, kann korrigiert werden: er selber ist »der Neue« (V. 12085). Mephistopheles, für den der Eros nur eine existenzbedrohende Versuchung ist, kann das nicht fassen: Faust hat sich ins Freie gekämpft.

11592 *Die Zeit wird Herr:* Anspielung auf V. 1706.

11593 f. *Die Uhr ... es ist vollbracht:* Anspielung auf V. 1705 f. und Joh. 19,30. Ob Mephistopheles sich selbst oder Faust als Kontrafaktur von Jesus betrachtet, ist unklar. Der Chor, indem er ihn gewissermaßen mit dem Wortlaut der Wettsituation »Es ist vorbei« korrigiert (vgl. V. 1706), bezieht die Äußerung auf Faust. Zur echten Parodie wird sie aber, wenn Mephistopheles sie auf sein »Schaffen« (V. 11598, vgl. V. 343) bezieht, das nicht auf die Erlösung, sondern auf die Einteufelung der in Faust repräsentierten Menschheit gerichtet war.

11597 *Vorbei ... Einerlei:* »vorbei« bedeutet das Vergangensein eines Zustands in der Gegenwart, mithin die Behauptung, dass dieser Zustand »etwas« war und jetzt ein neuer Zustand gegenwärtig ist. Für den Nihilisten Mephistopheles gilt aber weder, dass jetzt »etwas« ist, noch dass vorhin »etwas« war. Deshalb versucht er es mit der Behauptung, Vorbeisein und Nichtsein seien identisch, muss aber wieder Abstriche machen: »Es ist so gut als wär es nicht gewesen« (V. 11601). Denn mindestens der Kreislauf des Schaffens und Zerstörens besteht, und selbst wenn er nicht mehr umliefe, so wäre er »vorbei«, d. h. »etwas« gewesen. »Und immer zirkuliert ein neues, frisches Blut. / So geht es fort, man möchte rasend werden!« (V. 1372 f.) – der Nihilist kann dem Seienden allenfalls den Wert, nicht aber die Existenz absprechen.

Grablegung

Der Himmel betrügt

Mephistopheles beklagt die neuen Moden im Himmel, die ihm einen ordnungsgemäßen Zugriff auf die Seele Fausts erschweren. Aus Gemälden des späten Mittelalters (Abb. 22 und 23) holt er den Höllenrachen und verschiedene Sorten von Teufeln, die auf die Seele aufpassen müssen. Sie werden jedoch von rosenstreuenden Engeln vertrieben, deren Blumen der Liebe unter dem Gluthauch der Teufel zu Brandfackeln werden und zugleich die Teufel mit »Schmeichelglut« verlocken. Mephistopheles wird durch eine homosexuelle Attacke verliebt gemacht, erweist sich damit als liebesfähig und erlösbar, holt sich aber rechtzeitig zurück, um seine angestammte Identität wahren zu können. Unterdessen haben die Engel jedoch Fausts Unsterbliches listig entwendet. Der Herr, bei dem Mephistopheles sein Recht auf Fausts Seele einklagen will, ist aber verschwunden; eine Göttin ist Herrscherin im Himmel. Mephistopheles ist dreifach betrogen: einmal wegen der listigen Entwendung der Seele, um die er sich so viel Mühe gegeben hat, zum andern wegen der Änderung der ›Geschäftsgrundlage‹ durch die neue Herrschaft im Himmel, zum dritten weil er, der »endlich vorgeschritten« (V. 10067) zu sein meinte, nun als der von der geschichtlichen Entwicklung längst Überholte objektiv komisch wird.

Metrisch heben sich die Gesangsstrophen der Lemuren und der Engel, deren zweihebige Kurzverse an die Chöre des Osterspiels in *Nacht* erinnern, von Mephistos üblichem Madrigalvers ab. Szenisch und bühnentechnisch ist zu beachten, dass Goethe in den beiden Schlussszenen Gemälde aus der italienischen Renaissance (vgl. die Abb. 22–24) miteinander dialogieren lässt und den Figuren in ihrer hergebrachten Charakterisierung nur seine Stimme leiht.

11604–11 *Wer hat das Haus ... so viele:* Die erste Strophe
ist wieder die Bearbeitung einer Strophe des Totengräber-
lieds, der dritten und letzten, in Shakespeares *Hamlet*
V,1. – Das »hänfne Gewand« ist das billige, aus Hanf ge-
wobene Totenhemd; »dumpf« ist empfindungs- und leb-
los; die »Gläubiger« sind die Würmer und Maden, die
den Leib als bloß von der Erde Geborgtes wieder zu-
rückverwandeln (s. Anm. zu V. 11540–43).

11613 *Titel:* Auf- oder Überschrift eines Buchs oder einer
Urkunde, hier metonymisch für diese selbst (heute noch
in Verlag und Buchhandel üblich). Gemeint ist der mit
Fausts Blut unterschriebene Pakt (V. 1737), den Mephistopheles in seinem Verständnis für eingelöst hält durch
die Äußerung der Wettformel (s. Anm. zu V. 1699 f.).

11614 *hat man jetzt so viele Mittel:* Hinweis auf die verän-
derte Situation im Himmel (Göttin statt Gott), die sich
Mephistopheles zumindest in der veränderten Vollzugs-
praxis nach dem Tode, vielleicht auch schon in der veränderten Rechtsauffassung gezeigt hat. Im Falle Fausts
fürchtet er trotz seines für ihn eindeutigen Rechtsan-
spruchs auf die Seele ein Manöver, sie ihm »zu entziehn«,
was zu seiner Beschämung auch eintritt. Wieder ein klarer Hinweis auf die Geschichtlichkeit der Himmelsherr-
schaft, die nicht nur Mephistos, sondern auch »our sense
of the Lord's unerring justice« (Hohlfeld 1921, S. 522)
empfindlich erschüttern muss.

11616 *Auf altem Wege stößt man an:* Fausts Seele nämlich,
wie es sich gehörte, mit Blitz, Donner, Rauchdampf und
Gestank zu holen, wäre heute anstößig; für die neuen
Wege braucht man Beziehungen und Empfehlungen.

11626 *Nun zaudert sie:* Im 18. Jh. kamen immer mehr Fälle
von Scheintod und Begräbnis lebender Personen in die
Diskussion und bewirkten in vielen Städten die Einrich-
tung von Leichenhäusern.

11628 *Die Elemente die sich hassen:* Chemische Prozesse
wurden häufig, von der alchimistischen Metaphorik in-

spiriert, mit affektiven Beziehungen analog gesetzt (vgl. den Titel *Wahlverwandtschaften*). Da es beim Leben auf »Mischung« ankam (V. 6850), wurde Verwesung als Entmischung affektiv verbundener oder einander abstoßender Elemente verstanden.

BA vor 11636   *flügelmännische:* Der Flügelmann, gewöhnlich der längste Soldat, stand außen; nach ihm hatten sich beim Antreten und Exerzieren alle zu richten. Hier wird also ein militärisches Treffen vorbereitet.

11637 *Herrn vom graden … krummen Horne:* Die Teufelsbeschreibungen im Folgenden nach dem *Trionfo della morte* aus dem Camposanto in Pisa (s. Abb. 22).

11641 *Nach Standsgebühr:* Während früher vor dem Tod alle gleich waren und in der Hölle nur nach Sünden sortiert wurden (vgl. z. B. Dantes *Inferno*), ist dort jetzt eine der Restauration entsprechende Einteilung nach gesellschaftlichen Ständen, Schichten, Klassen vorgenommen worden.

11647 *Flammenstadt:* Dante-Anspielung (*Inferno* VIII,68–75).

11655 *Sie halten's doch für Lug und Trug und Traum:* zweifach lesbar: (1) Wenn man die Sünder nicht direkt damit schreckt, glauben sie es nicht. (2) Auch wenn man die Sünder schon erschreckt hat, meinen sie, die Schreckensvorstellung sei doch nur »Lug und Trug und Traum«. Mephistopheles kippt dauernd in die Resignation, als mittelalterlicher Teufel mit seinen Genossen obsolet zu werden. Man darf nicht vergessen, dass er sich mittlerweile bis zum Flottenkapitän und Bau-Capo in die Gegenwart vorgearbeitet hat und jetzt durch die Vorstellungen der alten Gemälde wieder in das »nordische Phantom« (V. 2497) zurückgeworfen wird. Auch was ihm im Folgenden geschieht, ist Schicksal des gemalten mittelalterlichen Teufels, nicht des modernen Bösen.

11660 *Psyche mit den Flügeln:* Allegorie der Seele, von Apuleius in dem berühmten Märchen *Amor und Psyche* verwendet. Vgl. auch Anm. zu V. 11981–86.

11662 *Stempel:* Brandzeichen (vgl. Offb. 16,2; 19,20).

11665 *Schläuche:* dick wie gefüllte Weinschläuche (vgl. V.10038).

11670 *Firlefanze:* seit Luther ›Narren‹. In seiner Übersetzung von Dantes *Inferno* (1824) verwendet Karl Streckfuß »Firlefanz« als Teufelsname.

11674 f. *im alten Haus ... Genie:* der Leib als Haus der Seele; zu »Genie« vgl. V. 3540. Da also Mephistopheles Faust ironisch als Genie anerkennt, müssen diese zur Luftüberwachung eingeteilten Teufel besonders aufpassen.

BA vor 11676   *GLORIE von oben, rechts:* »Glorie« ist die himmlische Herrlichkeit, meist als intensive, auch bunte (vgl. V.4721) Lichterscheinung gedacht (vgl. Dante, *Paradiso* I,1). Im Camposanto von Pisa kommen auf dem Fresko *Trionfo della morte* die rettenden Engel von oben rechts; rechts davon befindet sich auch das Fresko mit dem Jüngsten Gericht, wo Christus und Maria als Weltenrichter thronen. Noch weiter rechts ist die Hölle mit dem Höllenrachen. Vorläufig hält sich der Blick weiter im *Trionfo della morte* auf (Abb. 22). Die sieben Engelsgesänge (mit der Strophe V. 11831a–i) machen das Zusammenwirken der Kräfte von oben und von unten zur Rettung von Natur und Geist in einer ›Schöpfungshieroglyphe‹ deutlich. Diese Schöpfungs- und Erlösungslehre kommt ohne christliche Dogmatik aus – selbst ein Begriff wie »Gnade« ist ja als großmütige Schonung eines Besiegten oder eines Übeltäters außerhalb der christlichen Lehre gebildet worden und erhalten geblieben. Zentrale Begriffe sind »Leben«, »Liebe«, »Geist«, und zwar auch im naturhaften Sinne als vegetatives Leben, als Glut, als Luft und Äther. Der Geist, das reflexiv Trennende und Vereinigende, entsteht wie die Liebe, das gefühlsmäßig Trennende und Vereinigende, aus dem mit sich spielenden Leben, dem zuzustreben gut und wahr, dem feindlich zu sein böse ist; so kann auch das Einzelne sich selbst ver-

Abb. 22 Francesco Traini (oder Buonamico Buffalmacco):
Triumph des Todes. Fresko im Camposanto di Pisa
(nach dem Kupferstich von Lasinio, Ausschnitt)
Szenische Vorstellung zu *Grablegung*

dammen und sich selbst erlösen. Von den Engeln, den Boten, gesprochen, ist dies ein Bezug auf die Engelsbotschaft des *Prologs im Himmel* und zugleich ein neues Evangelium im Namen der herrlichen Mutter und Göttin, die nun im Himmel herrscht.

11676 f. *Gesandte, / Himmelsverwandte:* griech. *ángelos* heißt zunächst ›Bote‹; die Engel sind Angehörige, Verwandte des Himmels.

11685 *garstiges Geklimper:* Musizierende in der Gruppe im *Trionfo* unten rechts (Abb. 22).

11686 *mit unwillkommnem Tag:* dem Licht der Glorie.

11687 *bübisch-mädchenhafte:* unbestimmtes Geschlecht der Engel (vgl. V. 11782).

11691 *Das Schändlichste was wir erfunden:* offenbar die Musik; vermutet wird: der Gesang der Kastraten.

11693 *gleisnerisch:* heuchlerisch sich verstellend.

11696 *auch Teufel, doch verkappt:* So wie die Teufel verkappte ehemalige Engel sind, kämpfen die Engel jetzt mit teuflischen Methoden.

11703–05 *Zweiglein ... blühn:* orthographische Trennung von Nomen und Partizip wie in *H*: Zweiglein und Knospen sollen blühen – die Rosen, auf die sich die üblichen Komposita »Zweiglein beflügelte« beziehen, sind doch wohl aufgeblüht zu denken. Dreisilbige gleitende Reime wie in der Osterfeier am Ende von *Nacht*, zugleich thematische Klammer der Auferstehung.

11707 *Purpur und Grün:* vgl. Anm. zu V. 1071; erneute thematische Klammer.

11712 *Gauch:* s. Anm. zu V. 4976.

11716 *Püstriche:* Pusterich war ein feuerspeiender Gott der Niedersachsen.

11717 *Broden:* dicker, heißer Dunst (mhd. *brâdem*), der hier die fliegenden Rosen zunächst bleicht, dann in Brand setzt.

11730 *Herz wie es mag:* dem Herzen, soviel es mag und vermag.

11738 f. *Und stürzen ärschlings … Bad!:* mit dem Hintern voraus. – Vor dem Baden wurde (wie vor Mahlzeiten) ein Segen gesprochen.

11741–44 *Irrlichter … im Nacken:* Eine Anfang des 19. Jh.s vertretene Meinung war, Irrlichter seien nicht Sumpfgas, sondern eine gallertige, froschlaichartige Masse.

11745 *euch:* Angeredet ist jedes erlösungswillige Wesen; hier setzt die Funktion der trennenden, reinigenden, abscheidenden Liebe ein (vgl. V. 11962–65), denn »herein« in den Himmel dürfen nur Liebende. Auch Mephistopheles ist angesprochen, wird im Folgenden mit Liebe in Versuchung geführt und gerät zunächst von innen heraus in Bedrängnis. Verliebte Teufel kommen auch in manichäischen Vorstellungen von der Himmelfahrt vor (vgl. Bayer 1978, S. 177 f., 218).

11764 *darf:* kann.

11767 *Wetterbuben:* bewundernd-überwältigter Ausruf.

11775 *heimlich-kätzchenhaft:* vgl. V. 3655–57.

11779 *wenn du kannst so bleib:* vgl. V. 7142–45.

11783 *Abenteuer:* Wie V. 8483 wird die Herrschaft des Eros mit diesem an die romantischen Ritterromane der Renaissance erinnernden Begriff bezeichnet.

11800 *Racker:* ursprünglich ›Henkersknecht, Schinder‹, verliebte Beschimpfung wie V. 11767.

11803–08 *Die sich verdammen … Selig zu sein:* Verkündung der ›neuen Religion‹, die jetzt im Himmel herrscht: Sowohl die Verdammung wie die Erlösung beruhen auf Entscheidung und Leistung des individuellen Willens und bedürfen keiner instrumentalen, vermittelnden oder helfenden Instanzen mehr wie des richtenden Gottes, des verführenden und strafenden Teufels oder des erlösenden Christus, vgl. schon Anm. zu V. 740 f. Der Begriff »Allverein« erinnert an die häretische Lehre des Kirchenlehrers Origenes (185–254), der die *apokatástasis pánton,* die Wiederherstellung der gesamten Schöpfung einschließlich des Teufels, gelehrt hatte. Würde der Teufel sich darauf

Abb. 23 Francesco Traini (oder Buonamico Buffalmacco):
Jüngstes Gericht. Fresko im Camposanto di Pisa
(nach dem Kupferstich von Lasinio)
Szenische Vorstellung zu *Grablegung* und *Bergschluchten*

einlassen, hätte er keine Identität und Funktion mehr im
theologischen System, in der Weltherrschaft und dem
ganzen kunstvoll aufgebauten Apparat der Männerreligion. So hält er wie am »blutgeschriebnen Titel« auch am
obsolet gewordenen Glauben an den alten Gott und den
alten Teufel fest und wird dadurch über die burlesken
Aspekte der Szene hinaus ›objektiv komisch‹, d. h. von
der geschichtlichen Entwicklung des Himmels so weit
überholt wie schon bei dem gegen den alttestamentlichen
Gott gerichteten Deich- und Leviathan-Projekt.

11809 *hiobsartig:* In Hiob 2,7 schlägt der Satan den Frommen, um ihn zu versuchen, mit einer ekelhaften Haut-
krankheit. Bei Hiob sind es »Schwären«, möglicherweise
hat Goethe bei den »Beulen« an Syphilisknoten gedacht,
ein durch die »Liebe« verbreitetes Übel. Diese Episode
modernisiert das spätmittelalterliche Motiv vom Teufel,
der sich nach dem Anblick Gottes sehnt: hier hat er die
»Glorie« gesehen, die Liebe gespürt, und befreit sich unter Qualen von der Versuchung, seine Identität aufzugeben.

BA nach 11824 *Faustens Unsterbliches:* Es scheint notwendig, darauf hinzuweisen, dass es nicht ›den unsterblichen Faust‹ heißt, sondern dass das gemeint ist, was an
der bisher existierenden Individualität namens »Faust«
unsterblich ist. Die Lehre von der Wiederherstellung, mit
der der Teufel versucht wird (vgl. Anm. zu V. 11803–08),
gilt in der von Origenes gedachten Form der Wiederherstellung des ursprünglich vollkommenen Zustandes der
Schöpfung auch nicht für Fausts Unsterbliches, denn es
geht in diesen Schlussszenen nicht nur um Reinigung und
Abstreifung wie bei Origenes, sondern um rasantes, zunächst nur durch das Festhängen am »Erdenrest« (vgl.
Anm. zu V. 11954 ff.) gehemmtes Wachstum durch rastlose Tätigkeit, Lernen, Lehren, Ahnen, Folgen.

11831 *pfiffig weggepascht:* trickreich weggeschmuggelt. Der
›geprellte Teufel‹, der hier hohnvoll ausgestellt wird, geht

auf die Lehre von der *pia fraus*, dem frommen Betrug,
zurück, nach der Gott den Satan täuscht, indem er ihm
für alle toten Seelen in der Hölle den einen Jesus von Na-
zareth verspricht; den in Jesus verborgenen Christus
kann der Teufel aber nicht halten und verliert somit
alles.

11831a-i *ENGEL (indessen entschwebend) ... empor:* Diese
siebte Engelstrophe findet sich in der Reinschrift *H²* an
derselben Stelle, in einer anderen vor V. 11825. Der in-
haltliche Anschluss rechtfertigt die Aufnahme in den
Text. – Die Buchstaben zur Zählung und die Sprecherangabe bei V. 11832 wurden hinzugefügt; wegen der Kom-
patibilität der Zählung mit früheren Ausgaben, Kom-
mentaren, Forschungsliteratur wurde die Zählung mit
Buchstaben durchgeführt.

11832 *Bei wem soll ich mich nun beklagen?:* Ein Schema-
Entwurf zum 5. Akt sah noch vor: »Meph. ab zur Appellation. / Da Capo. / Himmel / Christus Mutter u Evangelisten u alle Heiligen / Gericht über Faust« (FA 7,1,
S. 723). Drei zentrale Elemente sind in der Endfassung
nicht mehr verwirklicht: die »Appellation« (Berufung)
wegen der unrechtmäßigen Entwendung der Seele, Christus als Weltenrichter (gegen Abb. 23) und »Gericht über
Faust«. Pointiert kann man sagen: Faust hat alles überholt und wird nach neuem Recht beurteilt; von Herr und
Satan des *Prologs im Himmel* ist nichts mehr zu hören.

11836 *missgehandelt:* ungeschickt gehandelt, gegen Norm
und Vorschrift verstoßen.

11840 *mit diesem kindisch-tollen Ding:* mit der Versuchung
des modernen Menschen Faust. Es war also eine Tollheit
des Herrn und des Teufels schon im *Prolog im Himmel*,
die ganze Unternehmung zu beginnen; sie hat sich als Beschämung beider Herren herausgestellt; um so größer ist
die Narrheit des Teufels, sich nach all der Mühe am
Schluss noch übertölpeln zu lassen.

Abb. 24 Francesco Traini (oder Buonamico Buffalmacco):
Eremiten in der Thebais. Fresko im Camposanto di Pisa
(nach Lasinios Kupferstich)
Szenische Vorstellung zu *Bergschluchten*

Bergschluchten

Gerettet?

»Übrigens werden Sie zugeben, dass der Schluss, wo es mit der geretteten Seele nach oben geht, sehr schwer zu machen war, und dass ich bei so übersinnlichen, kaum zu ahnenden Dingen, mich sehr leicht im Vagen hätte verlieren können, wenn ich nicht meinen poetischen Intentionen, durch die scharf umrissenen christlich-kirchlichen Figuren und Vorstellungen, eine wohltätig beschränkende Form und Festigkeit gegeben hätte« (Goethe zu Eckermann, 6.6.1831). Goethe sprach also einerseits von der geretteten Seele, andererseits machte er klar, dass die christlich-kirchlichen Figuren und Vorstellungen nicht Ausdruck seiner Glaubensüberzeugung, sondern poetisch-bildliche Stütze sind, lässt er doch außer der Identifikation von einer der Büßerinnen auf Abb. 25 als »sonst Gretchen genannt« nur Figuren aus den Gemälden von Abb. 22–24 reden. Er verbirgt sich damit nicht nur in der Vorstellung, sondern tendenziell auch im Inhalt der Reden hinter den spätmittelalterlich-frühneuzeitlichen Konzeptionen, so wie schon Mephistopheles vom Leiter einer Großbaustelle mit seinen Teufeln zum »nordischen Phantom« (V. 2497) zurück patiniert wurde. Faust jedenfalls, das arrogante, denkmalsüchtige Individuum, wird nicht gerettet, wenn auch seine Seele oder »Entelechie«, wie Goethe in einem Entwurf geschrieben hatte, d. h. die reine, durch ständige Bemühung angereicherte Energie, den Engeln verehrungswürdig ist. Den peinlichen »Erdenrest« dessen, was einst Faust war und wovon dieser unbedingt »die Spur […] in Äonen« bewahrt wissen wollte, trennen sie jedoch ab und müssen die restlichen Flocken und zäh anhängenden Reste den seligen Knaben und der »ewigen Liebe« zur Erlösung, d. h. Ablösung, überlassen. Die Bewegung »nach oben« wird räumlich, vor allem aber durch die vier Eremiten und die drei Büßerinnen abgebildet; der »Neue«, zunächst noch passiv, tritt nach der Ablösung der »alten Hülle« in »erster Jugendkraft« hervor und wird sogleich wieder in den Urgegensatz des weiblich ziehenden und des männlich »hinan« drängenden Prinzips einbezogen: im Lesen sind »zieht uns« und »hinan« gleichermaßen zu betonen.

Metrisch ist die Szene ungemein reichhaltig gegliedert. Man könnte sie sich vollständig gesungen vorstellen, wobei die mehrfach genannten Chöre mit Sologesang abwechseln. Wichtig sind die metrischen Erinnerungen an die Erzengel-strophen des *Prologs im Himmel* (V. 11866–89) und die Kennungs-Strophe der Margarete aus *Zwinger* (V. 12069–75), die ihre radikale Wandlung anzeigt; zum Engel wird sie gesteigert durch die Verwendung des Erzengel-Metrums (V. 12084–93), worin ihr sogar die Mater gloriosa folgt und Margarete sich damit wie mit ihrem »Komm!« an die Seite stellt.

BA vor 11844   *HEILIGE ANACHORETEN:* Eremiten, heilige, allein lebende und Gott dienende Menschen. Als Bildanregung wird die Thebais-Darstellung aus dem Camposanto in Pisa gesehen (s. Abb. 24); sehr wichtig ist aber Wilhelm von Humboldts Beschreibung des Montserrat bei Barcelona, die er Goethe als eine Art Veranschaulichung des fragmentarischen Epos *Die Geheimnisse* (HA 2, S. 271–281) schickte; »Er schildert den hohen Berg mit Felsen und Waldungen, in denen verstreut Einsiedler wohnen, die zwar voneinander unabhängig sind, aber alle im gleichen Sinne leben« (HA 2, S. 595).

11850   *Löwen:* An zwei Stellen der Thebais-Darstellung ist ein Löwenpaar zu sehen. Der Hl. Hieronymus wird ebenfalls mit einem oder mehreren Löwen dargestellt.

11854   *PATER ECSTATICUS:* Die Bezeichnungen der Patres beziehen sich zunächst auf ihre Stufe in dem »nach oben« gerichteten Gang der Szene, wobei der ›verzückte‹ erste Pater durch die Gabe der Levitation, des schwerelosen Abhebens vom Boden im intensivsten Gebet, ausgezeichnet ist und damit initial diese Tendenz der ganzen Szene angibt.

11866 *PATER PROFUNDUS:* in tiefer Region, aus der Tiefe rufend (V. 11884–89) im Sinne des *De profundis clamo ad te, Domine* (»Aus der Tiefe rufe ich, Herr, zu dir«, Ps. 129,1); der Beiname »profundus« wurde aber auch verschiedenen Heiligen und Frommen wegen ihrer Fähigkeit zur mystischen Versenkung gegeben.

11885–87 *Wo sich der Geist ... Kettenschmerz:* Der Geist verquält sich, an die stumpfen Sinne wie an Ketten scharf angeschlossen: der Leib als Kerker der Seele.

11890 *PATER SERAPHICUS:* Zum Engelsrang der Seraphim s. Anm. zu BA vor V. 243. Die mittlere Region, in der der Pater seraphicus wohnt, ist auch die der Mittlerschaft z. B. für die erdblinden Knaben, denen er sein Organ leiht, aber auch im Sinne der belehrenden Liebe, die ihn auszeichnet. Die Knaben im Innern des Morgenwölkchens zeigen wieder wie bei Gretchen (V. 10055–58) und bei Fausts Unsterblichem (V. 11831h/i) aufsteigende Wolken als Hüllen der vom irdischen Leib befreiten Entelechien.

11894 *CHOR SELIGER KNABEN:* Der Verbleib der gleich nach der Geburt verstorbenen Kindlein, getauft oder ungetauft, sündelos, aber auch ohne gute Werke, war für die Kirchenlehrer ein schwerwiegendes Problem. Dante, *Paradiso* XXXII,40–87 lässt sie um den Thron Gottes schweben und singen; bei Swedenborg wird ihre Lernbegierigkeit und Zunahme an Vollkommenheit dargelegt (vgl. Witkowski, Kommentar z. St., S. 407).

11898 *Mitternachts Geborne:* »Die Kinder, die um Mitternacht geboren werden, sollen nach dem Volksglauben besondere geheimnisvolle Eigenschaften haben« (Witkowski, Kommentar z. St., S. 407).

11906 f. *Steigt ... Organ:* Engel und Geister brauchen, da ihre Augen an überirdisches Licht gewöhnt sind, menschliche Augen als ›Nachtsichtgeräte‹.

11911 *abestürzt:* herabstürzt.

11920 f. *Wie ... Gottes Gegenwart verstärkt:* in dem der
ewigen »Weise« und Ordnung entsprechenden Maße, in
dem die Gegenwart Gottes »Ewigen Liebens Offenbarung« verstärkt, entfaltet und wachsen lässt. Dies ist in
Bergschluchten die einzige Erwähnung Gottes (s. Anm.
zu V. 11832 und 11932). Das heißt, dass Gott nicht als der
Herr präsent ist; er hat die Herrschaft der Mater gloriosa
übergeben. Er ist als ewige Liebe alles in allem und gegenwärtig, stärkend, nährend, wachstumsfördernd: es
hindert nichts, ihn mit der von Faust gefühlten »ewigen
Wonne« (V. 3191 f.), mit dem »Flammen-Übermaß« »aus
jenen ewigen Gründen« (V. 4707 f.), mit dem »Eros der
alles begonnen« (V. 8479) zu identifizieren und zu erkennen, dass Faust ständig daraufhin orientiert war und in
seinem Drang, seiner strebenden Bemühung daran teil-
hatte. Im Grunde hat Faust nicht auf den Herrn, aber auf
diesen Gott gewettet.

11927 *Ringverein:* Vereinigung im singenden Kreis. Die
Knaben sind jetzt schon gestaltet und aus ihrer Wolke
herausgetreten.

11932 *Den ihr verehret:* unbestimmt, ob Faust gemeint ist,
der sie belehren wird (V. 12082 f.), ob Gott, über dessen
Schaubarkeit nur als »Ewigen Liebens Offenbarung«
V. 11924 f. Auskunft gab. Die Nennung von Jesus ist konsequent vermieden, obwohl er in Abb. 25 als Knabe auf
dem Arm der Gottesmutter oder in Abb. 23 im Jüngsten
Gericht neben Maria thront. Während Gott als Offenbarung der ewigen Liebe denen, die reinen Herzens sind,
anschaubar wird (Mt. 5,8) in allem, was ist, wird die herrliche Mutter als Herrscherin persönlich anschaubar
(V. 12000).

11934–37 *Gerettet ... erlösen:* Sicherlich beziehen die
Engel die Rettung dieses »Gliedes« der Geisterwelt auf
die Rettung der edlen Teufelsteile, die Mephistopheles
V. 11813 erleichtert konstatieren konnte. Der Terminus

»Glied« weist nun genau auf die Differenz der Vorgänge.
Mephistopheles besitzt gerettete Teile, Faust ist Glied:
jener hat seine Identität bewahrt, dieser verliert sie; jener
handelt, dieser wird zunächst getragen; jener hat noch alles, Haut (wenn auch verbeult), Stamm, Teile – von diesem wird nur das Unsterbliche, die Entelechie, getragen.
Die zwei Szenen *Grablegung* und *Bergschluchten* stellen
mithin eine »verselbstende« und eine »entselbstigende«
Haltung zu dem als ewige Liebe sich offenbarenden Pan-
Theos vor (vgl. die Kosmologie am Ende von Buch VIII
von *Dichtung und Wahrheit*). – »Gerettet ... vom Bösen«
kann sich auf den Bösen, Mephistopheles, beziehen, dem
die Engel diese Entelechie entwendet haben, oder auf das
Böse, das Faust wenn nicht im moralischen Sinne mit sich
herumschleppte, so doch zumindest in dem Sinne, dass er
sich luziferisch zum Gott (zumindest zum Gott Hiobs)
erhob (vgl. V. 11542 f.) und sich mit dem selbstgeschaffe-
nen Paradies, der »neusten Erde«, ein Äonen überdau-
erndes Denkmal setzen wollte – im Grunde also den Ver-
selbstungsweg Mephistos zu gehen sich anschickte. Auch
dieser Selbstvergottung, sozusagen dem letzten Willen
Fausts, entziehen ihn die Engel pfiffig und unterwerfen
sein Unsterbliches einer dem eingeschlagenen Weg, endlich Gott zu werden, völlig entgegengesetzten Prozedur
(vgl. schon Burdach 1932, S. 73 f.). Diese Rettung ist, von
Faust her gesehen, sein letztes tragisches Scheitern, denn
nun wird alles von ihm abgelöst, was »Faust« hieß, außer
der Entelechie: »Die Griechen nannten Entelecheia ein
Wesen, das immer in Funktion ist. – Die Funktion ist das
Dasein, in Tätigkeit gedacht« (so Goethe, HA 12, S. 371).
Wie Mephistos objektiv tragische Verselbstung komisch
wird, so wird hier die objektiv erfreuliche Rettung durch
Entselbstigung tragisch, denn so wie von Gretchen nur
noch »eine Büßerin, sonst Gretchen genannt« bleibt
(V. 12084), so bleibt gerade auch für sie, die sich für ihn
einsetzt und ihn belehren will, nur noch »der Neue«

Abb. 25 Benedetto (?) Caliari:
Muttergottes mit Büßerinnen
(Altarbild der Chiesa del Soccorso in Venedig)
Bildvorstellung zu *Bergschluchten*

(V. 12085). – Die Formel »Wer immer strebend sich bemüht / Den können wir erlösen« wurde in *H* zunächst
nicht hervorgehoben, mit Bleistift wurde sie (wann? von
wem?) in doppelte Anführungszeichen gesetzt, sog. gno-
mische Häkchen, mit denen in der Goethezeit Sentenzen
und Formeln häufig hervorgehoben wurden. – Da man

sogar »sich erlösen« kann (V. 11805 f.), hat »Erlösung«
nicht den christlich-heilsgeschichtlichen Sinn eines uran-
fänglichen unaufhebbaren Sündenfalls, von dem nur der
Tod und das Erlösungswerk des menschgewordenen
Christus befreien können, sondern den neuplatonischen
Sinn einer Abstreifung, Ablösung (s. Anm. zu V. 11981–
86). Zu dem Verhältnis von Streben und Bemühung s.
Anm. zu V. 317 und 328 f. Da das Irren als mit dem bewussten, gerichteten Streben notwendig verbundene Bedingung gesehen wird, lässt sich der Halbsatz verschieden
auflösen: ›wer sich in seinem Streben immer bemüht‹ –
das zielt auf die Entelechie als »Wesen, das immer in
Funktion ist« (s. o.); ›wer immer [es ist, der] strebend
sich bemüht‹ – auch der Teufel, der weiß Gott gestrebt
hat, Faust zu versuchen, aber er muss wollen, d. h., die
Erlösbarkeit ist eine ›Kann-Bestimmung‹ und die Erlösung kein automatischer Vorgang; ›wer sich bemüht,
[wenn auch] immer strebend‹ – das zielt auf die Irrtums-
problematik des Strebens. Streben und Drang sowie die
darin implizierte Mühe (vgl. V. 11407) fallen erst zusammen auf dem Punkt der Reflexivität, wo das Streben sich
nur noch auf sich und den Drang als seine unabsehbar
dauernde ontologische Bedingung richtet (s. Anm. zu
V. 11589 f.). Alle diese Lesarten des Halbsatzes sind be-
rechtigt und betonen nur jeweils einen Aspekt des komplexen Verhältnisses.

11938 f. *die Liebe ... Teil genommen:* Denkbar ist die teil-
nehmende Bemühung der Büßerin Gretchen um Faust,
aber auch die Teilnahme der Gottesliebe an Faust aufgrund seiner eigenen Teilnahme an ihr (s. Anm. zu
V. 11920 f.): Da die Liebe alles in allem ist (und der Hass,
die Verneinung des Mephistopheles eine Negation bis hin
zum »reinen Nichts« ist, V. 11597), ist die Liebe, der Eros,
das vom Drang getriebene Streben und die Liebesmühe
nichts anderes als Liebe zu dieser Liebe und damit zugleich Liebe dieser Liebe zum Liebenden.

11954 f. *ein Erdenrest ... peinlich:* Dass dieser Erdenrest an Fausts Unsterblichem hängt und es zur peinlichen Last macht, scheint auch für die Engel ungewöhnlich und weist auf die besondere Stärke dieser Entelechie. Vor allem ist es der Grund dafür, dass sie sich nicht sogleich wachsend, sich steigernd zeigt, sondern mit dem Rest irdischer Individualität wie von einem Kokon umhüllt und gefesselt ist und erst davon befreit werden muss.

11956 *Asbest:* unbrennbares Mineral, betont das Stoffliche des »Restes«.

11961 *trennte:* könnte trennen.

11964 f. *Die ewige Liebe ... scheiden:* Zur unterscheidenden Liebe vgl. auch V. 11745–52.

11981–86 *Freudig ... umgeben:* Goethe verwendet die Allegorie von der Seidenraupe, die sich zur Verpuppung in den Kokon aus feinsten Fäden einspinnt, dessen »Flocken« die Knaben loslösen, um den Schmetterling zu befreien.

11989 *DOCTOR MARIANUS:* der besonders der Muttergottes zugewandte Kirchenlehrer. Im Mittelalter hatte der Hl. Bernhard von Clairvaux (1091–1153) diesen Beinamen.

11994 *Im Sternenkranze:* Die Muttergottes erscheint offenbar als Mondsichelmadonna, die auf einer Mondsichel stehend mit einem Sternenkranz abgebildet wird (s. Abb. 26). Diese Sonderform der Mariendarstellung entwickelte sich im Spätmittelalter nach Offb. 12,1: »Und es erschien ein großes Zeichen im Himmel: ein Weib, mit der Sonne bekleidet, und der Mond unter ihren Füßen und auf ihrem Haupt eine Krone von zwölf Sternen.« Sie gebiert den Weltregenten Christus; der Drache, der das Kind fressen will, wird von Michael und den Engeln besiegt und auf die Erde geworfen: »Weh aber denen, die auf Erden wohnen und auf dem Meer! denn der Teufel kommt zu euch hinab und hat einen großen Zorn und weiß, dass er wenig Zeit hat« (Offb. 12,2–12). Die Szene wird damit

noch in die mit dem *Prolog im Himmel* angespielte kosmische Auseinandersetzung zwischen dem bejahenden
und dem verneinenden Prinzip im Himmel und dann
zwischen Himmel und Erde/Hölle gestellt. Das Bild der
Mondsichelmadonna nähert die Muttergottes aber auch
der Vorstellung der Großen Mutter Ischtar/Isis, die ebenfalls mit Sonne und Mondsichel abgebildet wurde; damit
wird der Bezug zu den Müttern in ihren ›unteren‹ und
›oberen‹ Gestalten hergestellt (s. Anm. zu V. 6216). Die
Vielfalt der hier collagierten Bilder und Bezüge zeigt,
dass es sich um das Ewig-Weibliche hinter all diesen
Gleichnissen handelt.

11995 *Himmelskönigin:* lat. *regina coeli* als Beiwort Ma-
riens.

11997–12004 *Höchste Herrscherin ... entgegen träget:* Das
Blau des ausgespannten Himmelszelts nimmt für den
Doctor Marianus in der »sinnlich-sittlichen Wirkung«
der Farbe die Schlusszeile des *Faust* vorweg: »Wie wir
den hohen Himmel, die fernen Berge blau sehen, so
scheint eine blaue Fläche auch vor uns zurückzuweichen.
Wie wir einen angenehmen Gegenstand, der vor uns
flieht, gern verfolgen, so sehen wir das Blaue gern an,
nicht weil es auf uns dringt, sondern weil es uns nach sich
zieht« (*Zur Farbenlehre*, § 780 f.; HA 13, S. 498).

12015 *Sind Büßerinnen:* Hier geht die Bildvorstellung wieder in das Bild von der Madonna mit den reuigen Sünderinnen über (Abb. 25).

12028 f. *Wie entgleitet ... Boden?:* wie leicht entgleitet bei
schiefem, glattem Boden der Fuß dem festen Stand.

BA vor 12032   *MATER GLORIOSA schwebt einher:* die
›herrliche‹ Mutter; Goethe bildet die Bezeichnung als Ge-
genbegriff zur Mater dolorosa, der Schmerzensmutter, zu
der Gretchen im Zwinger um Rettung fleht und deren
neuer Erscheinung sie jetzt mit deutlichem Rückbezug
ihrer Gesangsstrophe (V. 12069–75) ihr Glück meldet.
»Gloria« ist aber auch die Herrlichkeit, die die wesent-

Abb. 26 Albrecht Dürer: Das Sonnenweib und der siebenköpfige
Drache (Offb. 12)
Bildvorstellung zur Mater gloriosa

liche Offenbarungsform des Herrn für die Erzengel des *Prologs im Himmel* darstellte und die die Mutterfigur nun übernimmt; Herrlichkeit ist Offenbarung und Verhüllung, Machterscheinung und Geheimnis (vgl. V. 12000) zugleich (s. Anm. zu V. 250). Damit wird der apokalyptische Übergang in einen »neuen Himmel und eine neue Erde« (Offb. 21,1) bezeichnet, den Goethe in den Bildvorstellungen von *Grablegung* und *Bergschluchten* utopisch andeutet, so utopisch wie die neue Erde Fausts in seiner Schlussvision und durchaus parallel zu ihr. Die Utopie Goethes geht auf eine Religion nicht mehr des alttestamentlichen Herrn und des neutestamentlichen Vaters und erlösenden Sohnes, nicht mehr der Erbsünde, Sünden- und Strafvorstellung – auch die alten Teufel mit ihrem Höllenrachen haben ausgespielt –; die Utopie geht auf eine Natur-Religiosität, wie die Engel sie in *Grablegung* entfalten (s. Anm. zu BA vor V. 11676), in der das sich selbst wollende und liebende, organische und geistige Leben der zentrale göttliche Wert, das Böse die Lebensfeindlichkeit, der Hass, der Nihilismus, und das Gute die unablässige liebende Bemühung im Streben ist, wie fehlgeleitet dieser Eros auch manchmal wirken mag.

12037 *MAGNA PECCATRIX:* Die Geschichte von der großen Sünderin wird Lk. 7,36 f. erzählt. – Hier beginnt ein Gebetssatz, dessen Bitte erst V. 12065–68 formuliert ist; die mit »Bei …« eingeleiteten Halbsätze bringen Präzedenzfälle in Erinnerung, auf die sich die Bitte für Gretchen stützt.

12045 *MULIER SAMARITANA:* vgl. Joh. 4,5–30.

12053 *MARIA AEGYPTICA:* Diese Hure aus Alexandria wurde in Jerusalem, als sie die Grabeskirche betreten wollte, von unsichtbarer Hand zurückgestoßen, betete reuevoll zur Muttergottes und wurde wundersam in die Kirche versetzt, wo eine Stimme sie zur Buße als Einsiedlerin aufrief. Nach 48 Jahren in der Wüste starb sie und bat durch in den Sand geschriebene Worte den Mönch

Socinius um Eucharistie und Begräbnis. Die *Acta Sanctorum*, wo unter dem 2. April die Legende der ägyptischen Maria erzählt wird (Bd. 4,1, Antwerpen 1675, S. 67–90), sind auch die Quelle für die Legende der Hl. Margareta von Cortona, die dort noch als »büßend« (*poenitens*) aufgeführt wird, bevor sie 1728 heiliggesprochen wurde.

12067 *fehle:* einen Fehler mache.

12069–72 *Neige ... meinem Glück:* Der Zusatz »sonst Gretchen genannt« ist von Goethe mit Bleistift eingefügt. Die Anspielung auf das Gebet in *Zwinger* (V. 3587–89) wäre deutlich genug gewesen, um die Sprecherin als Gretchen auszuweisen. Nun aber wird klargemacht, dass die Sprecherin nur ehemals so genannt wurde, also schon nicht mehr diese durch den Namen festgelegte Identität besitzt. Jetzt ist sie nur »eine der Büßenden« (*una poenitentum* – diese Form des Genetiv Plural war bis zum Ende des 18. Jh.s von den Grammatikern anerkannt).

12074 *Nicht mehr Getrübte:* s. Anm. zu V. 2 und 759–761.

12081 *Lebechören:* Chören der Lebenden – das Leben wird hier als Lobgesang gedeutet.

12097 *Alle reuig Zarten:* alle, die die Reue zart, der Verwandlung und Umartung zugänglich gemacht hat. Wenn der Doctor Marianus auf dem Angesicht liegend anbetet, von Reue und Rettung spricht, so zeigt das, dass er hinter der Steigerung zurückbleibt, die die Mater gloriosa dem Neuen zumutet. Das himmlische Geschehen um den Neuen, sonst »Faust« genannt, geht an dem Doctor vorüber und übersteigt seine Vorstellungskraft und seine theologischen Kriterien bei weitem. Vgl. Anm. zu BA vor V. 12032.

12102 f. *Jungfrau ... Göttin bleibe gnädig:* Zur Himmelskönigin s. Anm. zu V. 11995. In der letzten Anrede »Göttin« zeigt sich, dass auch das Denken des Doctor Marianus sich ständig steigert, denn vorhin hieß die Mater gloriosa noch »Uns erwählte Königin, / Göttern ebenbürtig« (V. 12011 f.).

12104 f. *CHORUS MYSTICUS. Alles Vergängliche / Ist nur ein Gleichnis:* Wie die Rede des Doctor Marianus hinter den himmlischen Geschehnissen zurückbleibt, so ist auch die des Chorus mysticus zugleich ein Eingeständnis, dass das Wahre nicht mehr ausgesagt werden kann. Die Wertung ist ambivalent: »nur« wertet das Vergängliche ab zum bloßen *simile* oder *simulacrum.* »Gleichnis« aber wörtlich genommen bedeutet Offenbarung dessen in die Zeit, was in Gott ewig ist, und damit die eigentliche Schöpfung.

12106 f. *Das Unzulängliche / Hier wird's Ereignis:* Auch dieser Satz ist zweifach zu lesen: das Mangelhafte kommt hier in sein Eigenes, seine Vollendung. Oder: ›das Unfassbare wird ›Eräugnis‹ (vgl. V. 5917), offenbart sich den Augen. Problem bleibt das »Hier«; wahrscheinlich ist es zweifach zu lesen als Standort des Chors in der ›wirklichen‹ Welt der Eremiten (nur in dieser gibt es das mystisch-idealistische Transzendieren) und als Ortsbezeichnung für das von Sphäre zu Sphäre höher steigende Geschehen um den »Neuen«. Eine dritte Bedeutung ist unabweisbar: hier im Text und als Text wird das Unzulängliche poetisch Ereignis, und zwar in der zweifachen Lesart.

12108 f. *Das Unbeschreibliche / Hier ist es getan:* mehrfach lesbar: das keiner Beschreibung Zugängliche offenbart sich als Wirklichkeit (z. B. Fausts Erlösung, Umartung, Steigerung); das Unbeschreibliche ist durch den Text beschrieben – tragisch-ironische Zurücknahme des Anspruchs, das Unbeschreibliche fassen zu können, oder Einsicht, dass das Unbeschreibliche zwar nicht beschrieben, aber in der immer strebenden Bemühung des Schreibens getan ist.

12110 f. *Das Ewig-Weibliche / Zieht uns hinan:* Zur Mehrfachlesbarkeit dieses Satzes s. den Szenenkommentar. Dem Ziehen des weiblichen Prinzips entspricht in dem »hinan« das Drängen des männlichen Prinzips.

BA nach 12111 *FINIS:* Das lateinische Wort heißt: Grenze, bis zu der man gehen kann oder darf; Schranke, über die man nicht hinausstreben kann, darf oder soll; Ziel, das erreicht ist; Zweck, den man erreichen wollte; Ende einer Handlung oder dessen, was diese Handlung bewirkte oder herstellte; Ende eines Geschehens und seiner Wirkungen; Lebensende, Tod; Höhepunkt und Gipfel. – Das Wort ist eine Äußerung des Autors und steht statt eines Epilogs, zu dem auch drei Entwürfe vorliegen (s. FD 1, S. 573–575). So wie diese Gedichte auf die *Faust*-Handlung, den Text, das Publikum, den Autor und die zeitgenössische Gegenwart Bezug nehmen, lassen sich auch die Bedeutungen des Wortes »Finis« auf diese Instanzen und ihren Bezug untereinander anwenden und schaffen so noch einmal einen hochkomplexen Zusammenhang, etwa: Höhepunkt und tragisches Ende Fausts durch Verlust seiner Identität; Höhepunkt und tragisches Ende der Autorschaft Goethes an der Schranke des Unbeschreiblichen; Höhepunkt und tragische (weil nicht mit einer Katharsis durch eine Katastrophe befriedigende) Beendigung der Erwartung des Publikums an eine Tragödie.

Goethes Faust-Dichtungen:
Arbeitsphasen

1. Erste Arbeitsphase: wahrscheinlich 1772–75

In den Januar 1772, unter dem unmittelbaren Eindruck der Hinrichtung der Kindsmörderin Susanna Margaretha Brandt (am 14. Januar 1772), setzt man die Niederschrift der drei Prosaszenen am Schluss des sog. *Urfaust* nach mehreren Jahren des ›Brütens‹ über dem Faust-Stoff: *Faust, Mephistopheles, Nacht. Offen Feld, Kerker.* Wegen der *Urfaust*-Fassung in Prosa wird *Auerbachs Keller* auf 1772/73 gesetzt, ebenso *Land Strase* (später weggefallen). Alle aus dieser Zeit überlieferten Teile der Gelehrtentragödie (V. 354–597, 603–605, die Schülerszene, *Auerbachs Keller*) waren wohl im Herbst 1773 fertig. Die *Urfaust*-Szenen der Gretchentragödie außer dem Schluss werden in die Jahre 1773–75 gesetzt: *Strase* (1773/74), *Abend, Allee, Nachbarinn Haus* (etwa ab 1773), *Faust, Mephistopheles* (1773/74), *Garten* (wohl Frühjahr 1773), *Ein Gartenhäusgen, Gretgens Stube* (wohl schon 1773/74), *Marthens Garten* (wohl frühestens Herbst 1774), *Am Brunnen, Zwinger* (wohl 1774/75), *Dom, Nacht* (Valentin, wohl 1773/74).

Goethe hat am Weimarer Hof mehrfach aus dem *Faust* vorgelesen. Der Szenenbestand des *Urfaust* (wobei unsicher ist, ob er alle etwa 1775 fertigen Szenen umfasst) ist in einer Abschrift des Hoffräuleins Luise von Göchhausen überliefert und wurde erst 1887 aufgefunden und veröffentlicht.

2. Zweite Arbeitsphase: 1788–90

Am 1. März 1788 schrieb Goethe in einem in die *Italienische Reise* aufgenommenen Brief aus Rom, er habe einen »Plan

zu ›Faust‹ gemacht«, das Stück sollte wie *Egmont*, *Iphige-*
nia, *Tasso* für die Ausgabe der *Schriften* umgearbeitet und
fertiggestellt werden.

Neu ausgeführt wurden 1788/89 die Verse 1770–1867,
2051–72, die Szenen *Hexenküche* und *Wald und Höhle* (aus
Urfaust, 1408–35, platziert nach *Am Brunnen*); umgearbeitet wurden die Schülerszene und *Auerbachs Keller* (Verse
statt Prosa, Erweiterungen); der Text dieser neu ausgeführ-
ten und umgearbeiteten Szenen blieb in der endgültigen
Fassung im Wesentlichen erhalten.

Der bis dahin vorliegende Bestand (ohne *Land Strase* und
nur bis einschließlich *Dom*) wurde als *Faust. Ein Fragment*
im Band 7 von *Goethe's Schriften* bei Georg Joachim Gö-
schen in Leipzig 1790 veröffentlicht.

3. Dritte Arbeitsphase: 1797–1803

Seit 1794 drängte Schiller auf Vollendung dieses »Torso des
Herkules« (an Goethe, 29. 11. 1794); Goethe lehnte bis zum
Juni 1797 immer wieder ab. Am 24. Juni wurde die *Zueig-*
nung geschrieben, *Vorspiel auf dem Theater* wohl bald danach; der *Prolog im Himmel*, offenbar schon vor 1797 geplant, bleibt bis nach 1800 in Arbeit. In der Hauptsache
bis 1801 sind die Ergänzungen und Umarbeitungen zum
endgültigen Textbestand des *Faust I* beendet: *Nacht* (V. 598–
601), *Vor dem Tor*, *Studierzimmer I* (1800), *Studierzim-*
mer II (bis V. 1769, geschrieben wohl 1801), *Nacht* (Valentin, V. 3660–3775), *Walpurgisnacht* (entstanden wohl
1797–1801), *Kerker* (Umarbeitung in Verse). Der *Walpur-*
gisnachtstraum entstand aus einer im Sommer 1797 für
Schillers *Musen-Almanach* geplanten Reihe von Xenien
(»Oberons und Titanias goldne Hochzeit«), die seit Dezember 1797 für den *Faust* bestimmt wurde. Zu beachten
sind ferner die im »Walpurgissack« aufbewahrten Szenen-
fragmente zur Fortsetzung der *Walpurgisnacht* (s. FD 1,

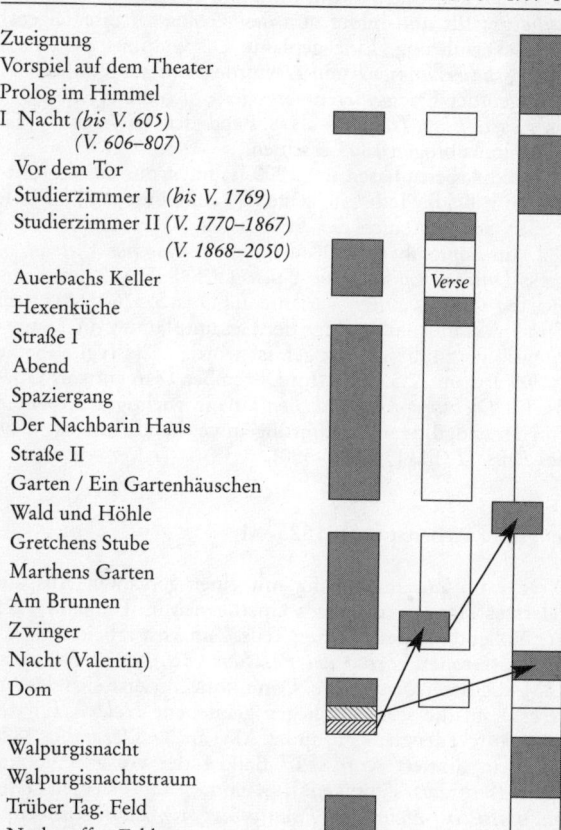

Faust	1772–75	1788–90	1797–1803
Zueignung			
Vorspiel auf dem Theater			
Prolog im Himmel			
I Nacht *(bis V. 605)*			
(V. 606–807)			
Vor dem Tor			
Studierzimmer I *(bis V. 1769)*			
Studierzimmer II *(V. 1770–1867)*			
(V. 1868–2050)			
Auerbachs Keller		*Verse*	
Hexenküche			
Straße I			
Abend			
Spaziergang			
Der Nachbarin Haus			
Straße II			
Garten / Ein Gartenhäuschen			
Wald und Höhle			
Gretchens Stube			
Marthens Garten			
Am Brunnen			
Zwinger			
Nacht (Valentin)			
Dom			
Walpurgisnacht			
Walpurgisnachtstraum			
Trüber Tag. Feld			
Nacht, offen Feld			
Kerker		*Verse*	

S. 624–631). Endlich wurde *Wald und Höhle* vor *Gretchens Stube* gestellt und bildet nun den Prolog zu ihrer eigentlichen Verführung. Eine geplante Disputationsszene zwischen *Studierzimmer I* und *II* wurde nicht ausgeführt.

Wegen der Kriegswirren verzögerte sich die Herausgabe, bis *Faust. Eine Tragödie* als 8. Band der *Werke* bei J. G. Cotta in Tübingen 1808 erschien.

In die Arbeitsphasen um 1800 ist nicht nur ein Gesamtplan für beide Teile zu setzen (Paralipomenon 5; FD 1, S. 608), sondern auch der Beginn der Arbeit am Zweiten Teil. Im September 1800 entstand *Helena im Mittelalter. Satyr-Drama. Episode zu Faust* (V. 8489–8802 ohne die meisten Chöre, einige Varianten; FD 1, S. 576–585), auch zum 5. Akt müssen im Zuge der Gesamtplanung die Hauptintentionen in dieser Zeit gefasst worden sein (vgl. Goethe zu Eckermann, 2.5.1831). Im Dezember 1816 entwarf Goethe für *Dichtung und Wahrheit* eine in wichtigen Aspekten von der endgültigen Ausführung abweichende Inhaltsskizze des *Faust II* (FD 1, S. 586–590).

4. Vierte Arbeitsphase: 1825–31

Wieder im Zusammenhang mit einer geplanten Ausgabe (»letzter Hand«) entschloss Goethe sich im Frühjahr 1825 zur Vollendung des Zweiten Teils. Zunächst arbeitete er am 5. Akt (*Großer Vorhof des Palastes*, 1826), der jedoch erst 1831 abgeschlossen wurde. Dann konzentrierte sich das Interesse auf die seit 1800 liegen gebliebene *Helena*, für deren »Antezedenzien« (1. und 2. Akt) am 17. Dezember 1826 ein Plan diktiert wurde. In Band 4 der Ausgabe letzter Hand (Stuttgart/Tübingen: J. G. Cotta, 1827) erschien *Helena, klassisch-romantische Phantasmagorie. Zwischenspiel zu Faust* (d. i. 3. Akt), in Band 12 (ebd., 1828) erschien der Beginn des 1. Akts (V. 4613–6036) unter dem Titel *Faust. Zweiter Teil* mit dem Vermerk »Ist fortzusetzen« am Ende.

In zäher Arbeit wurde der 1. Akt beendet, der 2. Akt bis Juni 1830 abgeschlossen. 1831 folgten der 4. Akt, die Philemon-und-Baucis-Szenen des 5. Akts und die Ausfüllung verschiedener Lücken. Eine noch 1827 geplante Rede Fausts, mit der Proserpina zur Herausgabe der Helena bewegt werden sollte, wurde nicht ausgeführt. Noch im Januar 1832 wollte Goethe das 1831 versiegelte Paket mit dem Manuskript noch einmal öffnen, um »Hauptmotive, die ich, um fertig zu werden, allzu lakonisch behandelt hatte« (Tagebucheintrag), weiter auszuführen.

Nach seinem Tod am 22. März 1832 brachten Eckermann und Riemer im 1. Band der *Nachgelassenen Werke* (Stuttgart/Tübingen: J. G. Cotta, 1832) *Faust, der Tragödie zweiter Teil* heraus. Die erste Gesamtausgabe erschien ebenfalls bei Cotta in Stuttgart und Tübingen 1834: *Faust. Eine Tragödie. Beide Teile in einem Bande.*

Poetologisches Glossar

Einige der im Kommentar mehrfach gebrauchten poetologischen Begriffe sollen hier mit Beispielen erläutert und mit Hinweisen zur Verwendung bei Goethe und zu den Konnotationen bestimmter poetischer Mittel bei den Zeitgenossen versehen werden. Das Glossar ist also auf den *Faust* zugeschnitten; die Erläuterungen können nur mit Modifikationen auf andere literarische Texte angewandt werden.

1. Metrik

Wie der *Faust* die ganze Weltliteratur erinnert, so auch alle einigermaßen gängigen Versarten. Die Prosa, die im *Urfaust* noch die Szenen *Auerbachs Keller* und *Kerker* bestimmt, war Goethe schon 1788, vor allem aber 1797/1801 zu distanzlos; zur Umarbeitung in Verse vgl. die Szenenkommentare.

Was die Verwendung bestimmter Versmaße angeht, hielt Goethe es für »wirklich beynahe magisch daß etwas, was in dem einen Sylbenmaße noch ganz gut und charakteristisch ist, in einem andern leer und unerträglich scheint« (an J. H. Meyer, 6. 6. 1797) und glaubte, »daß in Rücksicht auf den Versbau den Foderungen des Moments und der Convenienz des individuellen Falles weit mehr als einem allgemeinen Gesetz müsse nachgegeben werden« (Schiller im Brief an A. W. Schlegel, 9. 1. 1796). Die Metren wechseln deshalb ständig; Kriterien sind, besonders bei Sprechversen wie Knittel und Madrigalvers, die rhythmische Ausdruckswirkung einer Versgestalt einerseits, bei der Verwendung besonders charakteristischer Metren ihr kulturhistorischer Assoziationswert (etwa der Trimeter der *Helena*-Tragödie); darauf werde ich im Folgenden hinweisen und ordne deshalb nicht alphabetisch, sondern nach kultureller Herkunft.

Jambus ◡ —, im deutschen Vers unbetonte und betonte Silbe. Charakter ›steigend‹.

Trochäus — ◡, im deutschen Vers betonte und unbetonte Silbe. Charakter ›fallend‹.

Daktylus — ◡ ◡, im deutschen Vers betonte mit zwei unbetonten Silben. Charakter ›tänzerisch‹.

Trimeter, auch jambischer Trimeter ◡ — ◡ — ◡' — ◡' — ◡ — ◡ —, sechs Jamben, die in der griechischen Metrik zu drei sogenannten Dipodien zusammengefasst werden (daher »Trimeter«). Zäsur möglich vor dritter oder vierter Betonung, auch Doppelsenkungen möglich. Ungereimt. »Die Mädchen welken ' gleich gemähtem Wiesengras« (V. 8948). Sprechvers der attischen Tragödie, verwendet von Goethe im Fragment der Nachbildung einer attischen Tragödie im 3. Akt des Zweiten Teils und in betonter Erinnerung daran (V. 9435–41, 10039–066).

Tetrameter, auch trochäischer Tetrameter — ◡ — ◡ — ◡ — ◡' — ◡ — ◡ — (◡), achthebiger trochäischer Vers mit Zäsur in der Mitte; ungereimt: »Ehrenwürdigste der Parzen, weiseste Sibylle du« (V. 8957). Sprechvers der attischen Tragödie, Ausdruck erhöhter Spannung. Im 3. Akt des Zweiten Teils auch in Strophen verwendet.

Adoneus — ◡ ◡ — ◡, im Deutschen aus Daktylus + Trochäus nachgebildeter antiker Versfuß, der aus dem Klageruf um Adonis »Ō ton Ádōnin« entwickelt wurde. Häufig in der deutschen anakreontischen Dichtung; diese wird entsprechend assoziiert beim Geistergesang V. 1447–1505, der durchgängig im Adoneus gehalten ist.

Alexandriner, aus dem altfranzösischen *Alexanderroman* (um 1180) stammender französischer Langvers mit 12 oder 13 Silben und Mittelzäsur. Im Deutschen seit Martin Opitz' Versreform 1624 als sechsfüßiger jambischer gereimter Vers mit Mittelzäsur nachgebildet: ◡ — ◡ — ◡ — ◡ — ◡' ◡ — ◡ — ◡ — (◡) »Mit Eifer hab ich mich ' der Studien beflissen« (V. 600); »Es sei nun wie ihm sei! ' uns ist die Schlacht gewonnen« (V. 10849). Erinnert im durchgängigen Gebrauch an die französischen und deutschen Trauerspiele des 17. Jh.s mit ihren großen rhetorischen Gesten.

Vers commun, wie Alexandriner, jedoch in der ersten Vershälfte um zwei Silben / einen Jambus gekürzt: ◡ — ◡ — ' ◡ — ◡ — ◡ — (◡) »Zwar weiß ich viel, ' doch möcht ich alles wissen« (V. 601); »Vereint euch nun ' ihr Meister unsres Schatzes, / Erfüllt mit Lust ' die Würden eures Platzes« (V. 6137 f.). Im 17. Jh. in Frankreich beliebter Vers, im Deutschen leicht monoton wirkend, weshalb auch Goethe ihn selten gehäuft verwendet; auch er assoziiert die Atmosphäre des absolutistischen Hofs.

Madrigalvers, von der seit dem 14. Jh. in Italien gängigen und von da aus über Europa verbreiteten Gedicht- und Kompositionsgattung des Madrigals, einer im 16. Jh. 6- bis 13zeiligen einstrophigen Dichtung mit gereimten Versen unterschiedlicher Länge, die musikalisch jeweils mit eigener Melodie komponiert (›durchkomponiert‹) wurden. Die eigene Gestaltung jedes Verses regt dazu an, dem jeweiligen Inhalt die Länge und Rhythmik des Verses anzupassen. Die Fabeln La Fontaines sind große Muster, im Deutschen sind Fabeln Gellerts und Verserzählungen Wielands Vorbilder für die Leichtigkeit und geistreiche Poesie des Stils auch für Goethe, dessen häufigster Sprechvers im *Faust* der aus Alexandrinern, Vers communs, Zehnsilblern ohne Zäsur, Vier-, Drei- und sogar Zweihebern gemischte Madrigalvers ist. Beispiel V. 2009–72.

Blankvers, fünffüßiger jambischer Vers ohne Reimung: ◡ — ◡ — ◡ — ◡ — ◡ — ◡ »Erhabner Geist, du gabst mir, gabst mir alles« (V. 3217). Der Vers kam im 18. Jh. mit den neuen englischen Paradigmen, insbesondere Shakespeare, ins deutsche Drama und erinnerte die Zeitgenossen daran. Faust, an die »langgeschwänzten« Trimeter (noch) nicht gewöhnt, und Helena, um dem Unbekannten diplomatisch entgegenzukommen, einigen sich zunächst auf den Blankvers (V. 9192–9217); dann lernt Helena den Reim und damit die aus dem italienischen **Endecasillabo** entwickelte gereimte Form des fünffüßigen Jambus (V. 9377–84), die Goethe auch in der Stanze und im Madrigalvers verwendet.

Knittelvers, vierhebiger senkungsfreier gereimter Vers, z. B. ⏑⏑ — ⏑ — ⏑ — ⏑⏑ — »Meine Schüler an der Nase herum« (V. 363), oder — ⏑⏑ — — ⏑⏑ — »Habe nun, ach! Philosophie« (V. 354). Der sogenannte strenge Knittelvers ist ebenfalls vierhebig und gereimt, aber 8- bzw. 9-silbig und bei Goethe in längeren Passagen durchweg jambisch gehandhabt (V. 386–429, mit vier Ausnahmen). Der freie Knittel erinnert Goethes Zeitgenossen an die auf Messen und Märkten gesehenen Puppenspiele, darunter die Spiele über den Erzzauberer Doktor Faust, also die ins Populäre abgesunkene frühbürgerliche Literatur der Hans-Sachs-Zeit, über die sich schon Gryphius im *Peter Squentz* (vgl. V. 10321) lustig gemacht hatte. Mit der Aufwertung der altdeutschen Biederkeit insbesondere durch den jungen Goethe erhält der Vers bei weiterhin belächelter Drolligkeit den nostalgischen Beigeschmack des Treuherzigen, Volks- und Naturnahen; so verwendet ihn auch Schiller in *Wallensteins Lager*, und Goethes Gretchenfigur ist durch den Knittel im Hausgebrauch (V. 3211–16), durch gezierte Madrigalverse mit hohem Anteil an Vers communs und Alexandrinern im Gespräch mit dem vornehmen Herrn gekennzeichnet (Szene *Garten*!).

Freimetrische Verse. Pindars Oden und die Chorlieder der attischen Tragödie galten im 18. Jh. noch als metrisch ungeregelt und wurden deshalb als zeichenhafte Erscheinung des gottbegeisterten Sprechens verstanden. Für die Goethezeit gab Klopstock etwa in seiner Ode *Die Frühlingsfeier* das Muster; Goethes Frankfurter Hymnen stehen in dieser Tradition. Einige Passagen, z. T. gereimt, erinnern daran (V. 468–476, 1607–26).

2. Strophen und Reime

Weitaus der größte Teil des *Faust* ist gereimt; ohne Reime sind nur die antikisierenden Verse und die Blankverspassagen gehalten. Trotz des dramatischen Gesamtcharakters verwendet Goethe viele Liedeinlagen (wie er überhaupt der Musik eine große Rolle zudachte) und lyrische Gedichtformen, z. T. mit festgelegten Strophen. – Nach einigen gelegentlich gebrauchten Begriffen für ungewöhnliche Reime ordne ich die Strophen wieder im Kulturzusammenhang.

Reicher Reim, zwei vollvokalige Silben reimen: »Wahrheit« – »Klarheit« (V. 615 f.).

Doppelreim, zwei Wortpaare reimen: »Werdelust« – »Erde Brust«, »Freude nah« – »Leide da« (V. 789–792).

Gleitender Reim, dreisilbiger Reim: »Preisenden« – »Beweisenden« – »Speisenden« – »Reisenden« - »Verheißenden« (V. 801–805), hier zugleich **Reimhäufung**. Gleitender Reim charakterisiert die Engelstrophen auch in *Grablegung* im 5. Akt des *Faust II*.

Binnenreim, Reim zwischen Zeilen auch im Versinnern: »Durchgrüble nicht das einzigste Geschick / Dasein ist Pflicht und wär's ein Augenblick« (V. 9417 f.), parodiert von Phorkyas V. 9420 f.

Schweifreim, Reimstellung a a b c c b, konstituiert die Strophen in Fausts erstem lyrischem Gedicht (V. 7271–7312).

Waise, reimlose Zeile in gereimter Umgebung. Bedeutsames Beispiel: »So geht und schafft sie mir zur Seite! –« (V. 11275).

Strophe, Antistrophe, Epode, Teile des triadischen Chorlieds in der attischen Tragödie, die beiden ersten baugleich, von zwei Halbchören gesungen, die Epode abweichend im Bau und von beiden Halbchören gesungen. Abweichungen vom triadischen Schema schon in der antiken

Tragödie, bei Goethe ebenfalls in der ersten und dritten
Szene des 3. Akts in *Faust II*.

Stollenstrophe, Strophe der ›klassischen Kanzone‹, im
Mittelalter und später im geselligen Lied verbreitet: zwei
baugleiche, oft miteinander reimende Teile (Stollen, Aufge-
sang), gefolgt von einem dritten, im Bau abweichenden Teil
(Abgesang), ggf. noch mit Refrain. Beispiel: Rattenlied
(V. 2126–49). Komplizierter ist das Schäferlied (V. 949–980),
obwohl auf der Stollenstrophe aufbauend.

Terzine, von Dante Alighieri für die *Divina Commedia*
entwickelte dreizeilige Strophe im Endecasillabo (s. o. unter
»Blankvers«), d. h. im Deutschen fünffüßigen Jamben, mit
Kettenreimung a b a b c b c d c ...; von Goethe für Fausts
Monolog in *Anmutige Gegend* zur Markierung der den
Faust II durchflechtenden intertextuellen Beziehung zur *Di-
vina Commedia* verwendet.

Stanze, auch »ottaverime«, achtzeilige Strophe im Endecasillabo (s. o. unter »Blankvers«), im Deutschen fünffüßigen Jamben mit der Reimung a b a b a b c c. Beherrschende
Form der klassischen italienischen Epik (Tasso, Ariosto)
und deren aus Sicht des späten 18. Jh.s ›romantischer‹ Er-
zählkunst (vgl. etwa den »Ritt ins alte romantische Land« in
den frei behandelten Stanzen von Wielands *Oberon*). Beispiel: V. 1–32.

3. Gattungen

Insbesondere in den Jahren der Zusammenarbeit mit Schiller hat Goethe sich intensiv mit Fragen der »Naturformen
der Dichtung« (HA 2, S. 187 f.) befasst und dabei besonderes
Gewicht auf die Bestimmung des Epischen und des Dramatischen gelegt. Ging es etwa im Briefwechsel um die genaue
Unterscheidung und begriffliche Fassung von »Naturformen« und »Dichtarten«, so waren doch bei den Dichtern
die Möglichkeiten und Funktionen des Zusammenwirkens

von Naturformen und Dichtarten (Gattungen) gerade in dieser Zeit interessant. Im sogenannten Balladenjahr 1797 dichteten beide eine größere Zahl Kunstballaden, und der Ballade bescheinigte Goethe das Zusammenwirken der Naturformen: »In dem kleinsten Gedicht findet man sie oft beisammen, und sie bringen eben durch diese Vereinigung im engsten Raume das herrlichste Gebild hervor, wie wir an den schätzenswertesten Balladen aller Völker deutlich gewahr werden. Im älteren griechischen Trauerspiel sehen wir sie gleichfalls alle drei verbunden« (HA 2, S. 188 f.). Schiller gestaltete 1798 seinen *Wallenstein* als Trilogie aus Komödie, Schauspiel und Tragödie, und Goethe gab im *Vorspiel auf dem Theater* durch den Direktor zu verstehen, dass dramatisch genug geschehen solle, die Lustige Person intendierte einen »Roman«, und der Dichter will ein vollendetes, von Liebe und Freundschaft begeistertes Werk schaffen.

Dasselbe gilt für die Dichtarten oder Gattungen innerhalb der »Naturformen«, wo Goethe wie Schiller innerhalb des Dramas eine große Zahl von Dramenformen mit- und gegeneinander spielen lässt, manchmal sukzessive wie im 3. Akt des Zweiten Teils, wo deutlich unterscheidbar die Fragmente einer Nachbildung der attischen Tragödie, eines Ritterstücks mit mittelalterlichem Dekor und einer Oper einander folgen. Zweistimmigkeit entsteht hier jeweils dadurch, dass diese Typen von Dramen in Goethes Zeitgenossenschaft historisch vergegenwärtigt wurden, zugleich aber in die Tiefe der Zeiten und Epochen zurück reichten und damit Vergangenheit und Gegenwart nicht nur sukzessiv, sondern auch gleichzeitig gegeneinander profilierten. Diese Gleichzeitigkeit verschiedener Epochen ist im *Faust I* durch die Konfrontation epochenspezifischer Dramentypen aus Renaissance und Gegenwart noch viel fühlbarer gestaltet: im Gelehrtendrama und im Gretchendrama sind charakteristische Dramentypen aus beiden Epochen gleichzeitig verwirklicht und stören einander wie z. B. auch die historischen Konnotationen oder die magischen Verfahren. Ich spreche bei diesem gattungsbezogenen Verfahren der dialogischen Poetik von **Gattungssynkretismus** (s. FD 3, S. 836–858).

Goethe hat auch eine Anzahl charakteristischer lyrischer Dichtarten in den *Faust* einbezogen, sodass sich auf dem sogenannten architextuellen Gebiet eine breite Vielfalt miteinander intratextuell dialogierender Phänomene zeigt, jeweils dem spezifischen Gegenstand in geistreicher Weise angemessen. Über die anderen Verfahren des Dialogs mit fremden Texten und Bildern kann der hier vorgelegte Kommentar wegen der gebotenen Kürze nur unzureichend informieren (s. FD 3, S. 924–931); die Abbildungen im Kommentar geben Bildvorstellungen wieder, die Goethe im *Faust* in manchmal frappanter Weise genutzt hat. Im Folgenden sind einige der häufiger gebrauchten Begriffe für Gattungen (Dichtarten) im lyrischen und dramatischen, auch ins Musikalisch-Dramatische hinüberreichenden Gebiet für den Zweck dieses Kommentars kurz erläutert.

Sequenz. Liturgischer lateinischer Chorgesang des Mittelalters für bestimmte kirchliche Anlässe. Die Sequenz *Dies irae* für die Totenmesse wird in *Dom* zitiert, auf die Sequenz *Stabat mater* für das Fest der Sieben Schmerzen (15. September) wird in *Zwinger* angespielt.

Ballade. Im Zuge der Bemühungen Herders um das Volkslied sammelte Goethe selbst in der Straßburger Zeit volksläufige Balladen – Lieder erzählenden Inhalts mit ›dramatischem‹ Dialog und lyrischen Lied-Merkmalen. Goethe schrieb Kunstballaden wie »Es war ein König in Thule …« (1774), in der er den alten Gattungseigenschaften charakteristisch moderne Elemente entgegensetzte oder einbaute (»Trank letzte Lebensglut«, V. 2776 – »Thule« als Bildungssignal).

Arie. Sologesang in Oper, Kantate und Oratorium, von dem Rezitativ durch reichere Gestaltung unterschieden; die Arie hält den Fortgang der Handlung an, um den Seelenzu-

stand einer Figur zu entfalten, und ist deshalb stark affekt-
betont. Die Da-capo-Arie ist dreiteilig a – b – a, indem nach
dem Mittelteil b noch einmal der Anfangsteil a gesungen
wird. In die Rondoform geht die Arie über, wo eine Leit-
strophe immer wieder gesungen wird (Gretchens »Meine
Ruh ist hin«, V. 3374).

Melodrama. Gesprochener dramatischer Text mit instru-
mentaler Untermalung, eignet sich zur Betonung des Affektiven, Rührenden, Schaurigen. (Das **Monodrama** oder die
»scène lyrique« wurde, mit musikalischer Untermalung,
durch Rousseau in *Pygmalion* 1770 eingeführt.)

Singspiel. Schauspiel mit Gesangseinlagen, je nach musi-
kalischem Anteil Nähe zur Oper (vgl. Mozarts *Zauberflöte*,
1791); Goethe befasste sich von *Erwin und Elmire* (1775)
bis zu *Der Zauberflöte zweiter Teil* (in Arbeit 1795–1802)
immer wieder mit dem Singspiel. Seine Singspiele sind orientiert an Christian Felix Weißes (1726–1804, Lessings
Freund) Singspieltyp, der mit der sozialen Durchmischung
des Personals auch die Musiktypen den Gesellschaftsschich-
ten charakterisierend anpasste. Mit seinen vielen Gesangseinlagen lässt sich der *Faust I* insgesamt als Vorlage für
ein Singspiel verstehen. Die Liedeinlagen dienen insbesondere zur gesellschaftlichen Charakterisierung und/oder
der ›chronotextuellen Markierung‹ in der Geschichte der
Neuzeit. Auch der *Faust II* in *Mummenschanz*, *Klassische
Walpurgisnacht*, 3. und 5. Akt lässt sich in weiten Teilen
als Singspiel verstehen und verdichtet sich im 3. Akt zur
Oper.

Osterspiel. Aus den Osterfeiern am Ostersonntag her-
vorgegangenes geistliches Spiel des späten Mittelalters mit
Blütezeit im 15./16. Jh. Zugrunde liegt (nach Mt. 28,1–7,
Mk. 16,1–8, Lk. 24,1–9) der sogenannte Ostertropus, Teil
der Liturgie mit dem Besuch der drei Marien am Grabe, der
Verkündigung der Auferstehung durch den Engel und dem
Auftrag an die Marien, die Botschaft den Jüngern weiterzu-
geben. In den sogenannten Osterfeiern wird dieser Grund-

bestand mit verteilten Rollen gesungen; die Osterspiele fügen Szenen ein, z. B. Salbenkauf beim Apotheker, Wettlauf der Jünger zum Grabe. Eines der ältesten erhaltenen Gemeindelieder »Christ ist erstanden« gehört in diesen Kontext (vgl. Anm. zu V. 737). Am Ende von *Nacht* werden charakteristische Szenen aus dem Kernbestand der Osterspiele zitiert, jedoch so, wie der glaubenslose Faust sie sich zurechthört.

Revue, Maskenzug. Eine in Spätmittelalter und Renaissance entstandene Reihung von lose aneinandergereihten Nummern, charakteristischen Kurzszenen oder allegorischen Darstellungen, die Goethe noch in den von ihm dramaturgisch betreuten Festlichkeiten des Weimarer Hofes einsetzte. Dreimal verwendet er die Form im *Faust*: Gesellschaftsrevue in *Vor dem Tor*, satirischer Maskenzug in *Walpurgisnachtstraum*, *Mummenschanz* im 1. Akt des *Faust II*.

Bürgerliches Trauerspiel. Im 18. Jh. in England entstandene Gattung des ernsten Dramas, die die sogenannte Ständeklausel abschaffte, d. h. auch den Nicht-Adligen tragische Schicksale zugestand. Gegenstand war zunächst die Spannung zwischen öffentlicher Funktion und Stellung des Menschen in einer verfassten Gesellschaft einerseits und seiner Individualität, seinen privaten Interessen, Antrieben, Schwächen und Hemmnissen andererseits; später, etwa seit Lessings *Emilia Galotti* (1772), spielen die gesellschaftliche Schichtung, die Privilegien des Adels und das Emanzipationsstreben der Bürger, die verschiedenen Wertwelten eine größere Rolle. Neben der Lesung als Legendendrama zeigt sich das Gretchendrama insbesondere als Bürgerliches Trauerspiel.

Literaturhinweise

1. Goethe: Texte und Zeugnisse

Die im Kommentar für häufig zitierte Ausgaben verwendeten Siglen sind hier im Fettdruck vermerkt.

Goethes Werke. [Weimarer Ausgabe.] Hrsg. im Auftrage der Großherzogin Sophie von Sachsen. (Abt. 1: Werke. Abt. 2: Naturwissenschaftliche Schriften. Abt. 3: Tagebücher. Abt. 4: Briefe.) 133 Bde. (in 143 Tln.). Weimar: Böhlau, 1887–1919. Nachdr. München: Deutscher Taschenbuch Verlag, 1987. **WA**

Goethes Werke. Hamburger Ausgabe in 14 Bänden. Hrsg. von Erich Trunz. Hamburg: Wegner, 1948–64. [Überarb. Neuaufl. einzelner Bde. 1952 ff.; seit 1972 München: C. H. Beck.] **HA**

Goethe. Gedenkausgabe der Werke, Briefe und Gespräche. [Artemis-Gedenkausgabe.] Hrsg. von Ernst Beutler. 24 Bde., 3 Erg.-Bde. Zürich: Artemis-Verlag, 1948–71.

Johann Wolfgang Goethe: Sämtliche Werke. Briefe, Tagebücher und Gespräche. (Abt. 1: Sämtliche Werke. Abt. 2: Briefe, Tagebücher und Gespräche.) [Frankfurter Ausgabe.] Hrsg. von Friedmar Apel [u. a.]. 40 Bde. (in 45 Tln.). Frankfurt a. M.: Deutscher Klassiker Verlag, 1985 ff. (Bibliothek deutscher Klassiker.) **FA**

Johann Wolfgang Goethe: Sämtliche Werke nach Epochen seines Schaffens. Münchner Ausgabe. Hrsg. von Karl Richter [u. a.]. 21 Bde. (in 33 Tln.). München: Hanser, 1985–98. **MA**

Goethes Briefe. Hamburger Ausgabe in 4 Bänden. Hrsg. von Karl Robert Mandelkow. Hamburg: Wegner, 1962–67. [Überarb. Neuaufl. einzelner Bde. 1968 ff.; seit 1976 München: C. H. Beck.]

Goethes Faust. Hrsg. von Georg Witkowski. 2 Bde. Leipzig 1906. 9., vielfach verb. Aufl. Leiden: Brill, 1936. [10]1949–50. [Bd. 2: Kommentar und Erläuterungen, Literatur, Bilderanhang, Faust-Wörterbuch.]

Johann Wolfgang Goethe: Faust-Dichtungen. 3 Bde. Hrsg. und komm. von Ulrich Gaier. Stuttgart: Reclam, 1999. **FD**

Der junge Goethe. Neu bearbeitete [dritte] Ausgabe in fünf Bänden [und 1 Register-Bd.]. Hrsg. von Hanna Fischer-Lamberg. Berlin / New York: de Gruyter, 1963–74.

Goethe, Johann Wolfgang: Satiren, Farcen und Hanswurstiaden. Hrsg. von Martin Stern. Stuttgart 1968. (Reclams Universal-Bibliothek. 8565–67.)

Steiger, Robert: Goethes Leben von Tag zu Tag. Eine dokumentarische Chronik. 9 Bde. Zürich/München 1982 ff.

Johann Peter Eckermann: Gespräche mit Goethe in den letzten Jahren seines Lebens. Hrsg. von Otto Schönberger. Stuttgart 1994. (Reclams Universal-Bibliothek. 2002.)

Goethe über seine Dichtungen. Versuch einer Sammlung aller Äußerungen des Dichters über seine poetischen Werke. Hrsg. von Hans Gerhard Gräf. 3 Tle. (in 9 Bdn.). Frankfurt a. M. 1901–14. Nachdr. Darmstadt 1968.

2. Wörterbücher und Nachschlagewerke

Fischer, Paul: Goethe-Wortschatz. Ein sprachgeschichtliches Wörterbuch zu Goethes sämtlichen Werken. Leipzig 1929. Nachdr. Ebd. 1971.

Goethe-Wörterbuch. Hrsg. von der Deutschen Akademie der Wissenschaften zu Berlin, der Akademie der Wissenschaften in Göttingen und der Heidelberger Akademie der Wissenschaften. Lfg. 1 ff. Stuttgart 1966 ff.

Grimm, Jacob und Wilhelm: Deutsches Wörterbuch. 32 Bde. [Bd. 1–16 in 32 Tln.]. Leipzig 1854–1960. – Erg.-Bd.: Quellenverzeichnis. Ebd. 1971. – Nachdr. München 1984.

Hederich, Benjamin: Gründliches mythologisches Lexicon [...]. Zu besserm Verständnisse der schönen Künste und Wissenschaften [...] sorgfältigst durchgesehen, ansehnlich vermehret und verbessert von Johann Joachim Schwabe [...]. Leipzig 1770 ([1]1724). Nachdr. Darmstadt 1967.

Ranke-Graves, Robert von: Griechische Mythologie. Quellen und Deutung. 2 Bde. Reinbek bei Hamburg 1960.

Schneider, Wolfgang: Lexikon alchemistisch-pharmazeutischer Symbole. Weinheim 1962.

3. Bezugstexte

Acta Sanctorum. Hrsg. von Jean Bolland, Gottfried Henschen [u. a.]. Antwerpen 1643–1940.

Agrippa von Nettesheim, Heinrich Cornelius: Magische Werke sammt den geheimnisvollen Schriften des Petrus von Abano [...] und verschiedenen anderen. Zum ersten Male vollständig in's Deutsche übersetzt. Vollständig in fünf Teilen, mit einer Menge Abbildungen. 5 Bde. Stuttgart 1855–56. (Kleiner Wunder-Schauplatz der geheimen Wissenschaften, Mysterien, Theosophie [...] und schwer begreiflichen Thatsachen. Hrsg. von J[ohann] Scheible. Tl. 7–11.) Nachdr. Meisenheim am Glan [um 1970].

Ariosto, Ludovico: Orlando Furioso. A cura di Remo Ceserani. Turin 1962.

Arnold, Gottfried: Unpartheyische Kirchen- und Ketzer-Historie, vom Anfang des Neuen Testaments biß auf das Jahr Christi 1688. 4 Tle. in 2 Bdn. Frankfurt a. M. 1729. Nachdr. Hildesheim 1967.

Böhme, Jacob: Sämtliche Schriften. Faksimile-Neudruck der Ausgabe von 1730 in elf Bänden. Beg. von August Faust, neu hrsg. von Will-Erich Peuckert. Stuttgart 1955–60.

Chamfort [d. i. Nicolas Sébastien Roch]: Œuvres. Bd. 1. Paris 1795.

Dante Alighieri: La Divina Commedia. Ed. Vincenzo Poggioli. 3 Bde. Rom 1806.

Diderot, Denis: Œuvres esthétiques. Ed. par Paul Vernière. Paris 1968. (Classiques Garnier.)

Doctor Johannes Faust. Puppenspiel in vier Aufzügen. Hergest. von Karl Simrock. Frankfurt a. M. 1846. – Neudr. Nach der Ausg. von 1872 hrsg., eingel. und um weitere Puppenspieltexte verm. von Robert Petsch. Leipzig [1923]. (Reclams Universal-Bibliothek. 6378/79.)

Faust. Vollständige Dramentexte. Hrsg. von Margret Dietrich. München 1970. [Marlowe, Mountfort, Lessing, Simrock, Goethes *Urfaust*, Weidmann, Maler Müller, Lenz.]

Das Faustbuch des Christlich Meynenden von 1725. Faksimile-Edition des Erlanger Unikats mit Erläuterungen und einem Nachwort. Hrsg. von Günther Mahal. Knittlingen 1983.

Die Faustdichtung vor, neben und nach Goethe. [Hrsg. von Karl Georg Wendriner.] 4 Bde. Berlin 1913. (Goethe-Bibliothek.) Nachdr. Darmstadt 1969.

Ficino, Marsilio (Ficin, Marsile): Théologie platonicienne de l'immortalité des âmes. [Lat./Frz.] Texte crit. ét. et trad. par Raymond Marcel. 3 Bde. Paris 1964–70.

Heine, Heinrich: Sämtliche Werke. Hrsg. von Ernst Elster. 7 Bde. Leipzig/Wien [1887–90]. (Meyer's Klassiker-Ausgaben.)

Herder, Johann Gottfried: Werke in zehn Bänden. Hrsg. von Günter Arnold [u. a.]. Frankfurt a. M. 1985–2000. (Bibliothek deutscher Klassiker.)

Historia von D. Johann Fausten. Text des Druckes von 1587. Kritische Ausgabe. Mit den Zusatztexten der Wolfenbütteler Handschrift und der zeitgenössischen Drucke. Hrsg. von Stephan Füssel und Hans Joachim Kreutzer. Stuttgart 1988. (Reclams Universal-Bibliothek. 1516.)

Homer: Odyssee. Übers. von Roland Hampe. Stuttgart 1979. (Reclams Universal-Bibliothek. 280.)

Horaz (Quintus Horatius Flaccus): Sämtliche Gedichte. Lat./Dt. Mit einem Nachw. hrsg. von Bernhard Kytzler. Stuttgart 1992. (Reclams Universal-Bibliothek. 8753.)

Hymnen und Vagantenlieder. Lateinische Lyrik des Mittelalters mit deutschen Versen. Hrsg. von Karl Langosch. Darmstadt ^{5}1961.

Lessing, Gotthold Ephraim: Werke. Hrsg. von Herbert G. Göpfert. 8 Bde. München 1970–79.

Lucianus: Ausgewählte Schriften. Hrsg. von [Jeannot E.] Freiherr v. Grotthuß, übers. von Wieland. 2 Bde. (in 1 Bd.). Berlin [1918].

Marlowe, Christopher: Die tragische Historie vom Doktor Faustus. Dt. Fass., Nachw. und Anm. von Adolf Seebass. Stuttgart 1964. (Reclams Universal-Bibliothek. 1128.)

Molière [d. i. Jean-Baptiste Poquelin]: Œuvres complètes. Préf. de Pierre-Aimé Touchard. Paris 1962. (Coll. L'Intégrale.)

Ovidius Naso, Publius: Metamorphosen. Lat./Dt. Übers. und hrsg. von Erich Rösch. Zürich/München ^{10}1983.

Paracelsus, Theophrastus: Werke. Besorgt durch Will-Erich Peuckert. Bd. 3–5. Darmstadt ^{2}1976.

Schiller, Friedrich: Werke. Nationalausgabe. Begr. von Julius Petersen, fortgef. von Lieselotte Blumenthal und Benno von Wiese, hrsg. [...] von Norbert Oellers und Siegfried Seidel [seit 1992 hrsg. von Norbert Oellers]. Bd. 1 ff. Weimar 1943 ff.

Shakespeare, William: The Complete Works. Ed. by William J. Craig. London / New York / Toronto 1955.

Vom Doctor Faustus zu Goethes Faust. Mit 595 Abb. Hrsg. von Franz Neubert. Leipzig 1932.

4. Kommentare und Literatur zu *Faust*

Anton, Herbert: Goethes Faust als Wette auf Freiheit. In: Geist und Zeichen. Festschrift für Arthur Henkel zu seinem 60. Geburtstag. Hrsg. von Herbert Anton. Heidelberg 1977. S. 9–18.

Arens, Hans: Kommentar zu Goethes Faust I. Heidelberg 1982.

– Kommentar zu Goethes Faust II. Heidelberg 1989.

Atkins, Stuart: Goethe's *Faust*. A Literary Analysis. Cambridge (Mass.) 1958.

Baron Frank: Doctor Faustus from History to Legend. München 1978.

– Faustus. Geschichte, Sage, Dichtung. München 1982.

Bartscherer, Agnes: Paracelsus, Paracelsisten und Goethes Faust. Eine Quellenstudie. Dortmund 1911.

Bayer, Hans: Goethes *Faust*. Religiös-ethische Quellen und Sinndeutung. In: Jahrbuch des Freien Deutschen Hochstifts 1978. S. 173–224.

Bennett, Benjamin: Goethe's Theory of Poetry. *Faust* and the Regeneration of Language. Ithaca / London 1986.

Beutler, Ernst: Die Kindsmörderin. In: E. B.: Essays um Goethe. Bremen ⁶1962. S. 87–101.

Binder. Wolfgang: Goethes *Faust*: Die Szene »Und was der ganzen Menschheit zugeteilt ist«. Gießen 1944.

Binswanger, Hans Christoph: Geld und Magie. Deutung und Kritik der modernen Wirtschaft anhand von Goethes *Faust*. Mit einem Nachw. von Iring Fetscher. Stuttgart 1985.

Böhm, Wilhelm: Faust der Nichtfaustische. Halle 1933.

Boyle, Nicholas: Goethe. The Poet and the Age. 2 Bde. Oxford 1991–2000.

Brown, Jane K.: Goethe's *Faust*. The German Tragedy. Ithaca/London 1986.

Buchwald, Reinhard: Führer durch Goethes Faustdichtung. Erklärung des Werkes und Geschichte seiner Entstehung. Stuttgart ⁸1983.

Burdach, Konrad: Faust und Moses. Tl. 1–3. In: Sitzungsberichte der Preußischen Akademie der Wissenschaften. Philosophisch-Historische Klasse. Nr. 23, 35, 38 (1912) S. 358–403, 627–659, 736–789.

– Faust und die Sorge. In: Deutsche Vierteljahrsschrift für Literaturwissenschaft und Geistesgeschichte 1 (1923) S. 1–60.

– Das religiöse Problem in Goethes *Faust*. In: Euphorion 33 (1932) S. 3–83.

Dietze, Walter: Der »Walpurgisnachtstraum« in Goethes *Faust*: Entwurf, Gestaltung, Funktion. In: Publications of the Modern Language Association of America 84 (1969) S. 476–491.

Dülmen, Richard van: Der Geheimbund der Illuminaten. Darstellung, Analyse, Dokumentation. Stuttgart-Bad Cannstatt 1975.

Düntzer, Heinrich: Goethe's *Faust*. Erster und Zweiter Theil. Zum erstenmal vollständig erläutert. 2 Tle. Leipzig 1850–51.

Friedrich, Theodor / Scheithauer, Lothar J.: Kommentar zu Goethes Faust. Mit einem Faust-Wörterbuch und einer Faust-Bibliographie. Stuttgart 1974. (Reclams Universal-Bibliothek. 7177.) [Erstausg.: Th. Friedrich: Goethes Faust erläutert. Leipzig 1932.]

Grumach, Ernst: Zur Erdgeistszene. In: Goethe. Neue Folge des Jahrbuchs der Goethe-Gesellschaft 14/15 (1952/53) S. 92–104.

Hohlfeld, Alexander R.: Pact and Wager in Goethe's *Faust*. In: Modern Philology 18 (1921) S. 513–536.

Kaiser, Gerhard: Ist der Mensch zu retten? Vision und Kritik der Moderne in Goethes *Faust*. Freiburg i. Br. 1994.

Keller, Werner: Der Dichter in der »Zueignung« und im »Vorspiel auf dem Theater«. In: Aufsätze zu Goethes *Faust I*. Hrsg. von W. K. Darmstadt 1974. S. 151–191.

Mason, Eudo C.: Goethe's *Faust*. Its Genesis and Purport. Berkeley / Los Angeles 1967.

Minor, Jacob: Goethes *Faust*. Entstehungsgeschichte und Erklärung. 2 Bde. Stuttgart 1901.

Nollendorfs, Valters: Der Streit um den *Urfaust*. Den Haag 1967.

Petersen, Uwe: Goethe und Euripides. Untersuchungen zur Euripides-Rezeption in der Goethezeit. Heidelberg 1974.

Petriconi, Hellmuth: Die verführte Unschuld. Bemerkungen über ein literarisches Thema. Hamburg 1953.

Pniower, Otto: Goethes *Faust* und das Hohe Lied. In: Goethe-Jahrbuch 13 (1892) S. 181–198.

Rameckers, Jan Matthias: Der Kindesmord in der Literatur der Sturm-und-Drang-Periode. Ein Beitrag zur Kulturgeschichte des 18. Jahrhunderts. Rotterdam 1927.

Requadt, Paul: Goethes *Faust I*. Leitmotivik und Architektur. München 1972.

Roethe, Gustav: Goethe. Gesammelte Vorträge und Aufsätze. Berlin 1932.

Schanze, Helmut: Goethes Dramatik. Theater der Erinnerung. Tübingen 1989.

Schanze, Helmut: Faust-Konstellationen. Mythos und Medien. München 1999.

Schillemeit, Jost: Das »Vorspiel auf dem Theater« zu Goethes *Faust*. Entstehungszusammenhänge und Folgerungen für sein Verständnis. In: Euphorion 80 (1986) S. 149–166.

Schings, Hans-Jürgen: Melancholie und Aufklärung. Stuttgart 1977.

Schings, Hans-Jürgen: Freiheit in der Geschichte. Egmont und Marquis Posa im Vergleich. In: Goethe-Jahrbuch 110 (1993) S. 61–76.

Schmidt, Jochen: »Was sich sonst dem Blick empfohlen, / Mit Jahrhunderten ist hin«. Fortschritt als Zerstörungswerk der Moderne am Ende des *Faust II*. In: Sinnlichkeit in Bild und Klang. Festschrift für Paul Hoffmann zum 70. Geburtstag. Hrsg. von Hansgerd Delbrück. Stuttgart 1987. S. 187–204.

– Die »katholische Mythologie« und ihre mystische Entmythologisierung in der Schluß-Szene des *Faust II*. In: Jahrbuch der deutschen Schillergesellschaft 34 (1990) S. 230–256.

– Faust als Melancholiker und Melancholie als strukturbildendes Element bis zum Teufelspakt. In: Jahrbuch der deutschen Schillergesellschaft 41 (1997) S. 125–139.

Schöne, Albrecht: Götterzeichen, Liebeszauber, Satanskult. Neue Einblicke in alte Goethetexte. München 1982. ³1993.

– Goethes Farbentheologie. München 1987.

Schwerte, Hans: Faust und das Faustische. Ein Kapitel deutscher Ideologie. Stuttgart 1962.

Seidlin, Oskar: Is the »Prelude in the Theatre« a Prelude to *Faust*? In: Publications of the Modern Language Association of America 64 (1949) S. 462–470.

Storck, Willy: Goethes *Faust* und die bildende Kunst. Leipzig 1912.

Wachsmuth, Andreas B.: Die Magia naturalis im Weltbilde Goethes. In: Goethe. Neue Folge des Jahrbuchs der Goethe-Gesellschaft 19 (1957) S. 1–27.

Wächtershäuser, Wilhelm: Das Verbrechen des Kindesmords im Zeitalter der Aufklärung. Berlin 1973.

Walker, Daniel P.: Spiritual and Demonic Magic from Ficino to Campanella. London 1958.

Warncke, Carsten-Peter: Allegorese als Gesellschaftsspiel. Erörternde Embleme auf dem Satz Nürnberger Silberbecher aus dem

Jahre 1621. In: Anzeiger des Germanischen Nationalmuseums 1982. S. 43–62.

Zimmermann, Rolf Christian: Das Weltbild des jungen Goethe. Studien zur hermetischen Tradition des deutschen 18. Jahrhunderts. 2 Bde. München 1969–79.

Verzeichnis der Abbildungen

Nachwort

Einen modernen Mythos eignete Goethe sich zu, als er, wenig über zwanzig Jahre alt, den Stoff des Faust zu überdenken begann. Nicht nur zu Goethes Zeit war Deutschland »verliebt [...] in seinen ›Doktor Faust‹«, wie Lessing 1759 in seinem 17. Literaturbrief geschrieben und zugleich einige Szenen des eigenen entstehenden *Faust*-Dramas mitgegeben hatte. Schon bevor 1587 mit der *Historia von D. Johann Fausten* der Frankfurter Buchdrucker Johann Spieß den ersten Bestseller herausbrachte und die faszinierend gruselige Mär über ganz Europa verbreitete, kursierten Geschichten über Kunststücke, Abenteuer und schreckliches Ende des Doktor Faust, eines der vielen Scharlatane, Wunderheiler und Zauberkünstler der Zeit, der von etwa 1485 bis 1540 gelebt hatte. Wie üblich in mündlicher Tradition, sammelten die Erzähler um einen authentischen Kern und die historische Figur allerlei andere Zaubergeschichten antiker, vorderorientalischer und mittelalterlicher Herkunft, legten sie dem Helden bei und verliehen damit der Figur die mythische Unvordenklichkeit dessen, über den man schon immer geredet und geraunt hat. So blieb er bis in unsere Tage lebendig: hochlöbliche Stadträte mussten sich noch im 18. Jahrhundert wegen der zu befürchtenden Gefahr für die Volksseele mit der Frage der Aufführung von Faust-Puppenspielen befassen; ein Zwickauer Schulrektor musste sich gegen die Sage wehren, seine Schüler hätten wie Faust mit ausgebreitetem Mantel zu fliegen gelernt; Schatzgräber beschworen noch zu Goethes Zeit (1829) mit *Fausti Höllenzwang* dienstbare Geister; bis um 1930 sah man in Auerbachs Keller zu Leipzig die Fresken über die Taten des Magiers, die auch Goethe schildert (s. Abb. 5); im »Löwen« zu Staufen im Breisgau wird das Zimmer gezeigt, in dem Faust durch eine Explosion beim Goldmachen umkam; in Knittlingen erfreut sich das Faust-Museum im vermeintlichen Geburtshaus des Magiers regen Besuchs.

Die Literaten und Dichter waren und sind zur Stelle: Dichtungen über Faust gab es schon vor Spieß' *Historia*; diese wurde in Übersetzungen rasch in Europa bekannt, inspirierte 1589 den großen Dramatiker der Shakespeare-Zeit, Christopher Marlowe, zu seiner *Tragicall History of D. Faustus* und damit zum Anstoß der langen Reihe dramatischer Bearbeitungen des Stoffs, den die englischen Komödianten wieder auf den Kontinent brachten und von der hohen Tragödie zum Spektakel adaptierten, das sich, mannigfach variiert, bei Wanderbühnen und Puppenspielern bis ins 19. Jahrhundert hielt. Die Spießsche *Historia* wurde durch weiteres Material aufgeschwellt, gelehrt kommentiert und wieder zu Groschenheftchen zusammengezogen; Fausts Famulus Wagner erhielt ähnliche Berühmtheit wie sein Meister, und was immer an Zauberbüchern und Goldmacherlehren auf den Markt kam und Faust zugeschrieben wurde, konnte mit gutem Absatz rechnen. Als aber der große Kritiker Lessing den Stoff für ein echtes deutsches Nationaldrama empfahl, als man hörte, daß Goethe an einem *Faust* schrieb, da war der Gegenstand für die hohe Literatur entdeckt, und die kaum zu überschauende Reihe der dramatischen, epischen, romanhaften, der musikalischen, malerischen und – später – filmischen Bearbeitungen begann, die bis heute weltweit nicht abreißt. Wichtige Werke aufzuzählen käme man kaum zu Rande – der Mythos vom Doktor Faust hat bis heute seine Faszination nicht eingebüßt, im guten wie im bösen Sinn, ja, ein tausendjähriges Reich, unseligen Angedenkens, hat sich die Ideologie des »faustischen Menschen« zueigen gemacht und Goethes Fassung des Mythos dabei aufs bedenkenloseste missbraucht und verfälscht.

Wie lässt sich diese beispiellose Karriere eines Stoffes, dazu noch eines neuzeitlichen, erklären? Der Faust der *Historia* sagt von sich (Kap. 6):

Nach dem ich mir fürgenommen die Elementa zu speculieren / vnd aber auß den Gaaben / so mir von oben
herab bescheret / vnd gnedig mitgetheilt worden / solche Geschicklichkeit in meinem Kopff nicht befinde /
vnnd solches von den Menschen nicht erlehrnen mag /
So hab ich gegenwertigen gesandtem Geist / der sich
Mephostophiles nennet / ein Diener deß Hellischen
Printzen in Orient / mich vntergeben / auch denselbi-
gen / mich solches zuberichten vnd zu lehren / mir er-
wehlet [...].

Faust hat ein Erkenntnisziel, das sind die »Elemente«,
Grund und Wesen der Dinge. Diese will er »speculieren«,
d. h. ausspähen, beobachten: galten bis zum Ende des Mittelalters als die eigentliche Quelle des Wissens die in der Bibel, den Kirchenvätern, den antiken Autoren niedergelegten
Erkenntnisse, so ist Faust nicht mehr mit diesem Wissen
zufrieden; was er wissen will, kann er »von den Menschen
nicht erlehrnen«. Dem Bruch mit der Autorität der Bücher-
wissenschaft folgt der Bruch mit der Methode des Wissens-
erwerbs: nicht mehr Meinungen vieler Autoren sammeln
und untereinander vergleichen will Faust, um zur Wahrheit
zu gelangen, sondern durch Beobachtung ausspähen (so die
alte Bedeutung von lat. *speculari*), das heißt, er geht zur empirischen Erkenntnisgewinnung über, möchte »der Erfahrne
der Elementen« sein, als der er seinen mit Blut geschriebenen Vertrag unterzeichnet (Kap. 6). Was ihn dazu treibt, ist
der Stachel und Reiz von »Fürwitz / Freyheit vnd Leicht-
fertigkeit« (Kap. 2), d. h. theoretische Neugier, freche
Selbstständigkeit, Sorglosigkeit, an anderen Stellen wird die
Hoffart als Ursünde Luzifers hinzugefügt. Was ihn in die
Fänge des Abgesandten der Hölle treibt, ist seine Unzufriedenheit mit dem, was er als »Gaaben« von Gott erhalten
hat: sie genügen nicht zur Befriedigung seines Erkenntnis-
durstes. Das Geschöpf ist mit dem Schöpfer unzufrieden,
die Gnade ist zu gering, die Gabe unbrauchbar. So er-

schließt er sich über das in der Schrift geoffenbarte Wissen hinaus (auch das ist ungenügend) Quellen der Erkenntnis in der Naturbeobachtung und schließlich im Pakt mit dem Bösen, der ihm erweiterte Erkenntnis und Handlungsfähigkeit verschaffen soll dafür, dass er sich ihm untertan macht. Damit verfügt Faust auch über sich selbst, obwohl er zugleich anerkennen muss, dass ihm seine Geistesgaben »von oben herab bescheret / vnd gnedig mitgetheilt worden«.

Der Mythos des Doktor Faust erzählt von der Entdeckung des neuzeitlichen Menschen, von der Faszination und dem Grauen, das diese Entdeckung der scheinbar freien Selbstständigkeit und Verfügung über sich selbst, aber auch der Schutzlosigkeit und Auslieferung an das selbst ausgelöste Unheil bedeutet. Er erzählt von dem, was den Stolz und den Optimismus der Neuzeit für Jahrhunderte ausmachte, und von dem leichtfertig Selbstverschuldeten und in Gang Gesetzten, das die Menschheit jetzt anscheinend unaufhaltsam einholt. Ein Spiegel gewesen zu sein für das trotzige und verzagte Wesen des neuzeitlichen Menschen, eine Fassung seiner innersten Melancholie ins Bild und in die erzählbare Geschichte, das war es wohl, was Faust zum Mythos werden ließ und die Geschichte seiner Bearbeitungen zu einer Reihe von Blicken in den Spiegel, wie weit es mit uns schon gekommen ist.

— Goethe hat offenbar »die bedeutende Puppenspielfabel« so verstanden, als er sie Anfang der siebziger Jahre aufgriff. Rückblickend schreibt er 1828 über den Ersten Teil, dass er »für immer die Entwickelungsperiode eines Menschengeistes festhält, der von allem, was die Menschheit peinigt, auch gequält, von allem, was sie beunruhigt, auch ergriffen, in dem, was sie verabscheut, gleichfalls befangen und durch das, was sie wünscht, auch beseligt worden« (HA 12, S. 354 f.). Auch der früher geschriebene Rückblick in *Dichtung und Wahrheit* lässt diesen anthropologischen Bezug auf »alles« erkennen: »Auch ich hatte mich [wie Faust] in allem Wissen umhergetrieben und war früh genug auf die Ei-

telkeit desselben hingewiesen worden. Ich hatte es auch im
Leben auf allerlei Weise versucht, und war immer unbefrie-
digter und gequälter zurückgekommen« (10. Buch; HA 9,
S. 414). Als persönliche Erfahrung, die ihm die Figur Faust
so bedeutend machte, spricht er hier das aus, was ihm als
Dialektik von Ausgriff und Rückschlag, Emanzipation und
Selbsthemmung für die Neuzeit insbesondere kennzeich-
nend erschien (*Geschichte der Farbenlehre*; HA 14, S. 80 f.):

Man sagt von dem menschlichen Herzen, es sei ein
trotzig und verzagtes Wesen. Von dem menschlichen
Geiste darf man wohl ähnliches prädizieren. Er ist ungeduldig und anmaßlich und zugleich unsicher und
zaghaft. Er strebt nach Erfahrung und in ihr nach einer
erweiterten reinern Tätigkeit, und dann bebt er wieder
davor zurück, und zwar nicht mit Unrecht. Wie er vor-
schreitet, fühlt er immer mehr, wie er bedingt sei, daß
er verlieren müsse, indem er gewinnt: denn ans Wahre
wie ans Falsche sind notwendige Bedingungen des Da-
seins gebunden. [...] Hievon geben uns das funfzehnte
und sechzehnte Jahrhundert die lebhaftesten Beispiele.
[...] Doch unter allen Entdeckungen und Überzeugun-
gen möchte nichts eine größere Wirkung auf den
menschlichen Geist hervorgebracht haben, als die
Lehre des Kopernikus. Kaum war die Welt als rund
anerkannt und in sich selbst abgeschlossen, so sollte sie
auf das ungeheure Vorrecht Verzicht tun, der Mittelpunkt des Weltalls zu sein. Vielleicht ist noch nie eine
größere Forderung an die Menschheit geschehen: denn
was ging nicht alles durch diese Anerkennung in Dunst
und Rauch auf: ein zweites Paradies, eine Welt der
Unschuld, Dichtkunst und Frömmigkeit, das Zeugnis
der Sinne, die Überzeugung eines poetisch-religiösen
Glaubens; kein Wunder, daß man dies alles nicht
wollte fahren lassen, daß man sich auf alle Weise einer
solchen Lehre entgegensetzte, die denjenigen, der sie

annahm, zu einer bisher unbekannten, ja ungeahnten
Denkfreiheit und Großheit der Gesinnungen berechtigte und aufforderte.

Diese Epoche am Ausgang des Mittelalters, »wo die Scheidung der ältern und neuern Zeit immer bedeutender wird«
(ebd.), erschien Goethe mit Herder als der Wurzelgrund all
der Probleme, die in der eigenen Gegenwart bewusst wurden und zum Austrag kamen. *Götz von Berlichingen*, *Egmont*, *Tasso* und *Faust* lokalisieren die Entstehung drängender Gegenwartsfragen im 16. Jahrhundert, die die Geschichte mittlerweile entfaltet hatte – die sittliche Freiheit
des Einzelnen und das Gesetz für alle, die Selbstbestimmung der Völker, das persönliche Bewusstsein des Eigenwertes und die gesellschaftlichen Schranken und Vorurteile,
und schließlich Progressivität und Retardation im Wesen
des neuzeitlichen Menschen überhaupt. In der frühen Zeit,
als alle diese Werke geschrieben oder konzipiert wurden, eignete sich Goethe bereits umfassende Kenntnisse
über diese Epoche an, theologiegeschichtlich anhand Gottfried Arnolds *Unpartheyischer Kirchen- und Ketzer-Historie* (1729), rechtsgeschichtlich während seines Straßburger
Studiums, literaturgeschichtlich durch umfangreiche Lektüre besonders der italienischen, englischen und der frühbürgerlichen Literatur, wissenschaftsgeschichtlich durch das
bis zu alchimistischen Experimenten gehende Studium der
Universalwissenschaft der Renaissance, die mit dem Sammelbegriff der *magia naturalis* bezeichnet wird.

Es handelt sich dabei keineswegs um Zauberei und Scharlatanerie, sondern um eine auf vorderorientalische Geheimlehren (Hermetismus) und Priesterweisheit (vgl. die Hl.
3 Könige als *magi* – Weise – aus dem Morgenland) zurückgehende, theologisch-kosmologisch begründete Naturlehre,
Medizin und Psychologie, die von der Vorstellung eines organischen, kraftdurchwalteten Kosmos ausgeht; der Magier
sucht nach Verfahren, sich gezielt und dosiert in diese Kraft-

felder einzubeziehen und die Kräfte zu bestimmten Wirkungen zu nutzen. »Natürlich« ist die Magie, wenn natürliche Substanzen, Kräfte, Prozesse abgesondert, gereinigt,
kondensiert werden, wenn also der Mensch die Natur ihr
Geschäft tun lässt und sie nur aufgrund von Beobachtung
und Berechnung ihrer Möglichkeiten planmäßig lenkt, damit beabsichtigte Wirkungen entstehen, die die Natur erst
nach langer Zeit oder nicht in dieser Stärke oder Reinheit
oder nicht zum gewünschten Zeitpunkt am gewünschten
Ort erzeugt hätte. Man sieht leicht, daß sich aus dieser expe-
rimentell und mit Erfolgskontrollen arbeitenden Wissenschaft die moderne Naturwissenschaft entwickeln musste,
als bei näherer Überprüfung die überkommenen astrologi-
schen und metaphysischen Hypothesen durch mathema-
tisch-physikalische Modelle ersetzt wurden.

Die Tätigkeit des Magiers richtete sich nicht nur nach außen auf die Veränderung von Substanzen, sondern vor allem
und mit beträchtlichem Erfolg auf die Bewirkung von Veränderungen in der Psyche des Magiers selbst oder bei anderen Menschen; Paracelsus erzielte z. B. Heilwirkungen
durch den Glauben an die Heilung, indem er Placebos aus-
gab. Die Schwarze Magie suchte gegenüber der natürlichen
Magie widernatürliche Wirkungen zu erzeugen, verwendete
dabei Prozesse, die dem Leben und der Ordnung der Natur
zuwiderliefen, berief böse Geister, enthemmte die Adepten
und setzte in ihnen diabolische Energien frei. Die Grenzen
zwischen schwarzer und weißer oder natürlicher Magie waren schwer zu ziehen, da, genau besehen, Begriffe wie »Natürlich«, »Widernatürlich«, »Gut«, »Böse« von autoritativ
überlieferten Vorstellungen abhängen und in dem von Au-
toritäten unabhängigen Raum der Empirie und des Experiments keinen Anhaltspunkt mehr finden. Wenn Mephisto
sagt, er sei »ein Teil von jener Kraft, / Die stets das Böse
will und stets das Gute schafft« (V. 1335 f.), dann bleibt unklar, ob er die Begriffe in Anführungszeichen setzt oder ob
er in seinem Sinne wertet – kurz danach weist er ja darauf

hin, daß »Sünde« und »das Böse« Namen der Menschen für sein »Element« sind (V. 1342–44).

In den ambivalenten Raum einer Universalwissenschaft, die mit bestehenden und kirchlich legitimierten Wissensquellen unzufrieden ist, die unruhig an den Grenzen menschlicher Erkenntnis rüttelt, die auf uralten heilig-verbotenen Geheimlehren aufbaut und neugierig sich auf eigenes Beobachten und Experimentieren verlässt, die vertrauensvoll das Natürliche sich zueignet und sich tollkühn das Übernatürliche zu unterwerfen sucht, die wissen will, um tun zu können wie Gott – in diesen Raum stellt sich Faust in seinem ersten Monolog (V. 377) und bekennt am Ende, dass er ihn nicht verlassen kann (V. 11403–07): wenn Faust die Figur ist, an der Goethe den neuzeitlichen Menschen analysiert, dann gehört Magie zu ihren wesentlichen Kennzeichen; der absolut tragische und zugleich absolut komische Widerspruch im Handeln dessen, der, unzufrieden mit den Grenzen des Menschen, sich neuer, vielleicht gefährlicher Begrenzung »ergibt«, um Gott gleich zu werden, scheint Goethe Charakteristikum des neuzeitlichen Menschen gewesen zu sein.

Das Drama zeigt die Figur bei einer Reihe von Versuchen, diese Gottgleichheit zu erlangen; dabei folgt Goethe offenbar der theologisch-anthropologischen Analyse des großen Renaissancephilosophen, Platon-Übersetzers und -Kommentators und Vaters der neuzeitlichen *magia naturalis*, Marsilio Ficino (1433–99). Dieser überschrieb das 14. Buch seines Werks *Platonische Theologie über die Unsterblichkeit der Seelen* (*Theologia platonica de immortalitate animorum*, 1482) »Die Seele strebt, Gott zu werden« und legte dies anhand von Eigenschaften dar, die Gott in höchstem Maße besitzt und die jeder Einzelne und die Menschheit insgesamt zu erlangen strebt. Ein solches Streben, von Gott eingepflanzt, ist dem Menschen an sich so natürlich »wie dem Vogel das Fliegen«; problematisch wird nur, wie der Faust-Mythos warnend zeigt, wenn er dabei seine Endlichkeit und Beschränkung mit widergöttlichen und widernatürlichen Mitteln zu überspringen sucht, und Goethe machte die mit dem Wesen des Menschen also gegebene Unlösbarkeit des Widerspruchs zwischen unendlicher Strebung und notwendiger Beschränkung für sein Werk fruchtbar: alle magischen Versuche, die Schranken zu durchstoßen, enden, vom strebend-erleidenden Menschen her gesehen, mit tragischer Vernichtung (V. 652–655), während sie für das kalte Auge des Zynikers Zikadensprünge sind (V. 288–291) und die Melancholie begründen, die schon für Ficino die Grundstimmung der neuen Zeit war.

Die erste Strebung, so Ficino (*Theologia platonica* XIV,2), geht auf »die höchste Wahrheit und das höchste Gut«: Faust strebt nach Erfassung dessen, »was die Welt / Im Innersten zusammenhält« (V. 382 f.), steigert sich wegen der Unzulänglichkeit der dem Menschen gegebenen Erkenntnisfähigkeit magisch zur Schau von Makrokosmos und Erdgeist als Repräsentationen des ordnenden und des schaffenden Lebens der Welt, hindert sich jedoch selbst daran, sich ihnen zuzueignen, und wird sich seiner Endlichkeit nur verzweifelter bewusst. Ein Selbstmordversuch unterbleibt, weil die Erinnerung an Glaube, Liebe, Hoffnung der Kindheit ihn im schmerzlich bewussten irdischen Ich festhält. Seine Wünsche reduzieren sich, er beschwört einen dienstbaren Geist und formt ihn sich zum Bilde; mit diesem Negativ schließt er Wette und Pakt auf die Unablässigkeit des für das Menschsein konstitutiven Strebens – die Erkenntnis ist auf Selbsterkenntnis und die Schaffenskraft auf die Verfügung über das eigene Dasein zusammengeschrumpft, das übermenschliche Streben ist zur tautologischen Wette geworden, das bleiben zu können, was man ist, und halten zu können, was man zugesagt hat.

Die zweite Strebung, so Ficino (XIV,3), geht darauf, dass »die Seele alle Dinge werden möchte«, alles zu erfahren und zu genießen sucht: Faust setzt sich ein neues Ziel – »Und was der ganzen Menschheit zugeteilt ist, / Will ich in mei-

nem innern Selbst genießen« (V. 1770 f.) –; aus dem »Übermenschen« wird der »Allmensch« (W. Binder). Er sieht »die
kleine, dann die große Welt« (V. 2052) in Auerbachs Keller
(V. 2288) und der Hexenküche (V. 2402), beschwört die
Schöpfung in einen Zauberspiegel und schaut sie wie einst
den Erdgeist nun als Frauenbild an (V. 2429 ff.). Da er sie
nur in schauender Distanz genießen kann, reduziert er, um
zunächst die kleine Welt »durchschmarutzen« zu können
(V. 2054), auch hier seine Wünsche und formt Margarete in
seiner Vorstellung nach ihrem Bilde als »Puppe« und »Engel« (V. 3476, 3494). Trotz dieser Reduktion erfährt er in
Margarete stellvertretend die ganze Natur, beherrscht und
genießt sie und entdeckt wiederum sich selbst, nun als den
Innenraum der Allheit (Szene *Wald und Höhle*). Worauf er
sich in dieser Phase, gleichsam in einer zweiten Wette, fest-
legt, ist der Glaube an die Ewigkeit der einmal, für einen
Moment nur gefühlten Liebeswonne (V. 3185–94). Je ent-
schiedener er sich dem Du, der Welt zuwendet, desto un-
entbehrlicher wird ihm sein magisches Negativ, das ihm die
Mittel dazu bereitstellt und ihm in der Walpurgisnacht die
materielle Ordnung und Triebkraft der Welt, Gold und
Blut, Makrokosmos und Erdgeist »von unten« vorführt.
Als er nahe daran ist, sich selbst zu vergessen, wird er
wiederum durch ein Erscheinungsbild, Margarete, zu sich
gebracht. Dieser magische Versuch endet mit Fausts Unfähigkeit, Margarete zu lieben, und der Abhängigkeit von
dem, was er zur Erreichung seiner gottgleichen Allheit sich
dienstbar zu machen gesucht hatte.

Die dritte Strebung, so Ficino (XIV,4), geht darauf, »alles
zu leisten und alles zu beherrschen«; der Philosoph nennt
hier die Anstrengungen in Technik und Künsten und die
Entstehung von gesellschaftlichen Herrschaftsstrukturen:
»Säume nicht dich zu erdreisten / Wenn die Menge zau-
dernd schweift; / Alles kann der Edle leisten, / Der versteht
und rasch ergreift« (V. 4662–65), so wird Faust von den
Geistern am Anfang des Zweiten Teils zu neuem Experi-

ment ermuntert. Am Kaiserhof, der großen Welt, die nun durchschmarutzt wird (V. 2054), machen Mephisto und er sich anheischig, »das Untre durch das Obere [zu] verdienen« (V. 5052), indem sie alle in der Mummenschanz auftretenden Ordnungs- und Machtstrukturen am Ende der Magie vorgestellten Reichtums unterwerfen, die – wie später das Papiergeld – funktioniert, weil alle sie glauben. Noch ein Experiment kollektiver magischer Illusionierung, vom heroisch-dichterischen Faust veranstaltet, ist die Beschwörung der Helena. Hier wettet er neu: »Verschwinde mir des Lebens Atemkraft, / Wenn ich mich je von dir zurückgewöhne!« (V. 6493 f.). Der Fehler, der ihn diesmal zerschmettert, ist die Nichtunterscheidung von Vorstellung und Wirklichkeit; es ist dieselbe Bereitschaft, Schein für Wirklichkeit zu nehmen, wie sie das Papiergeld zum geltenden Zahlungsmittel macht. Durch die Explosion wird er auf eine geistige Existenz reduziert, während »die Kreaturen die wir machten« (V. 7004), der Baccalaureus theoretisch, der Famulus Wagner und Mephistopheles praktisch, die höchste denkbare Leistung und Herrschaftsform anstreben: der Baccalaureus durch einen solipsistischen Idealismus, der willkürlich die Wirklichkeit von Dingen und Menschen setzt und negiert, die Alchimisten durch die Selbstrekonstruktion des menschlichen Geistes in Gestalt des Homunkulus. Dieser kann den zwischen den Reichen schwebenden Faust retten.

Die vierte Strebung, so Ficino (XIV,5), geht darauf, wie Gott »überall und immer zu sein«: Faust in seiner geistigen Existenz wird von seinen Satelliten auf das riesige Zeit- und Raumtrümmerfeld der Pharsalischen Felder gebracht, wo er sich der poetischen Identitäten antiker Heroen und Halbgötter bemächtigt, um Helenas würdig zu werden, während Mephisto sich als »des Chaos vielgeliebter Sohn« (V. 8027) die Identität mit einem orphischen Schöpfergott, dem Eros phanes, verschafft, und Homunkulus sich auf den Weg der Entstehung durch das Reich des Organischen macht, um für sein Geistwesen die Leiblichkeit zu erlangen. Bis zur Entstehung der geologischen Gestalt der Erdoberfläche, zur Belebung durch kleine Organismen, zur Entstehung von Herrschaft und Unterdrückung wird der Zeitraffer zurückgeführt: Faust, Mephisto, Homunkulus zusammengenommen sind »immer und überall«. Aber Helena ist entzogen: die mythologische Frau ist außerhalb der Zeit, hat nur poetische Wirklichkeit (V. 7425–33); Faust wettet wieder: »Ich lebe nicht, kann ich sie nicht erlangen« (V. 7445); er muss sich selbst poetische Existenz geben, dem kreisenden Chiron verrückt, der ruhigen Manto Unmögliches begehrend erscheinen. Wieder scheitert also ein Versuch der magischen Selbststeigerung; nur Homunkulus, der sein Glas zerschellt und sich selbst bewusst ins Meer ergießt, weiß seinen Weg durch die Jahrmillionen des Werdens zum Menschen.

Die fünfte Strebung, so Ficino (XIV,6), ist der Wunsch, »vier Gewalten Gottes sich zu verschaffen: Voraussicht, Gerechtigkeit, Stärke und Mäßigung«: In Perversion lässt Mephisto als fürchterliche Schaffnerin alle diese Qualitäten schon im ersten Teil des »Stücks« im 3. Akt spielen, wo sie sich mit dem Chor streitet und mit der heimkehrenden Helena auseinandersetzt, wo sie für alle Schicksal spielt und in einem Zeitsprung die »Gespenster« (V. 8930) erpresst, freiwillig in Fausts Burg nach Mistra sich versetzen zu lassen. Faust dann, im inneren Burghof, entfaltet wirklich diese Herrscherqualitäten, mindestens im Umgang mit den Hauptleuten seines Heeres. In der Beziehung zu Helena allerdings gibt er die Voraussicht auf (V. 9381), mit seiner Flucht in einen arkadischen Urraum verabschiedet er sich aus der Geschichte, die nun von seinen Heerführern weitergeschrieben wird; kraftlos vor allem und lächerlich in seiner Hilflosigkeit, mahnt er das überlebendige Kind Euphorion (V. 9717 ff., 9737 ff.) und kann, als der die schimmernde trügerische Seifenblase ihrer poetischen Existenz durchbricht, nur noch wie erstaunt feststellen, dass auf die Freude grimmige Pein folge (V. 9903 f.): wieder einmal ist eine Strebung gescheitert; die Gottgleichheit des Herrschers wird vor »dieser Schönheit Übermut« zunichte (V. 9349).

Die sechste Strebung, so Ficino (XIV,7), ist die Begierde »nach dem höchsten Grad von Reichtum und Lust«: Nach dem Verschwinden des poetischen Traums, dem Erstarren der herrlichen Frau zum Eisgebirge (V. 10053) folgt mit Mephistos Siebenmeilenstiefeln endlich der Fortschritt. Faust werden »die Reiche der Welt und ihre Herrlichkeiten« angeboten (V. 10131); durch magische Illusionierung mobilisieren Mephistopheles und Faust in Gestalt der Drei Gewalten die Instinkte der Massen und stützen noch einmal, um sich Anrecht auf Land zu erwerben, die Herrschaft des korrupten Kaisers, der sich danach, in Abhängigkeit von seinen Helfern geraten, vollends entmachtet. Durch »Krieg, Handel und Piraterie« (V. 11187) verschafft Faust sich mit Mephistopheles und den Drei Gewaltigen »den Weltbesitz« (V. 11242) und genießt höchste Lust in der gottgleichen Schaffung neuen Landes durch Ausschließung des Meers und den Gedanken an das freie Volk auf freiem Grund. Aber der Weltbesitz wird, wie das Beispiel von Philemon und Baucis zeigt, von den Helfern mit brutaler Gewalt erzwungen; die Sorge lässt Faust erblinden; das Volk könnte nur frei sein, wenn der Zwingherr Faust und seine Helfer verschwänden; der dem Meer abgetrotzte Grund wird binnen kurzem von dem Element wieder zurückgefordert. Auch diese Unternehmung des zum »Großverbrecher« (W. Böhm) gewordenen Faust, mit der er die Leistung des Gottes Hiob eingeholt hat (Hiob 38,8), scheitert also; die Sklavenarbeiter heben statt des befohlenen Grabens Fausts Grab aus.

Die siebte und letzte Strebung, so Ficino (XIV,8), ist, »dass wir uns verehren wie Gott«: In diesem Sinne verkündet Faust: »Es kann die Spur von meinen Erdetagen / Nicht in Äonen untergehn« (V. 11583 f.), und gibt sich, so eine der möglichen Lesungen, selbst den Tod, indem er die für die Erfüllung des Paktes mit Mephistopheles kritischen Worte

ausspricht (V. 1700, 11582), obwohl die Bedingung, unter
der die Wette abgeschlossen wurde, nämlich die Rastlosigkeit des Strebens, durch den konditionalen Kontext des Satzes gerade erhalten bleibt und Faust damit die Möglichkeit
und Rechtfertigung erwirkt, dass seine Seele weiterhin verehrungswürdig bleibt. Die Engel entführen denn auch
»Faustens Unsterbliches«, seine Entelechie, wie Goethe
sagt, den aristotelischen Terminus auf die Unablässigkeit
des Erstrebens seiner selbst hin umdeutend. Aufwärts geht
es mit dieser Entelechie in die höhern Regionen, aber auch
hier ist noch einmal Scheitern und tragische Ironie. Nicht er
verehrt sich, sondern er wird von den seligen Knaben verehrt; nicht er strebt und leistet, sondern er wird getragen, ist
geblendet, wird belehrt, soll folgen, wird hinangezogen;
nicht dem alttestamentlichen Gott tritt er selbstbewußt und
sich selbst verehrend gegenüber, dem Gott, den er noch
kurz vor seinem Tod mit seiner Leistung fast eingeholt
hatte – nein, einer Frau wird er entgegengetragen, und die
liebenden Sünderinnen, deren eine er erst zur Hure gemacht
hatte, bitten für ihn, der nie Reue und Gewissensbiss
kannte. Diese Schlussironie, mit aufdringlicher Theatralik
dargeboten, beendet die Tragödie formal mit dem Satyrspiel
des um die Seele betrogenen Mephistopheles und mit dem
Flitter der opernhaften Himmelserscheinung; inhaltlich
aber bleiben die Fragen offen, alles in der Schwebe, wie es
bei solchen »sehr ernsten Scherzen« über den Menschen
auch nicht anders sein kann.

Wenn Faust gleichsam den Strebungen folgt, die Ficino in
seiner Kapitelreihe vorgezeichnet hat – und neben der Par-
allelität der Reihen spricht eine Anzahl von Direktzitaten
aus Ficinos Kapiteln im *Faust*-Text dafür –, dann folgt Faust
einerseits wie jeder Mensch und der Mensch überhaupt
nach Ficino seiner Natur, die ihm das Werden-wie-Gott als
»dunklen Drang« (V. 328) in sein Wesen geschrieben hat.
Insofern können auch der Herr im *Prolog im Himmel* und
Faust bei seiner Wette mit Mephistopheles ihrer Sache si-

cher sein, denn in beiden Fällen handelt es sich um die Bewahrung und Bewährung dessen, was ohnehin gegeben ist, was die Würde und Besonderheit des Menschen in der Schöpfung bedingt. Andererseits wird, indem das Streben als ein Seinwollen-wie-Gott sich zu erkennen gibt, die luziferische Versuchung deutlich, in die der Mensch durch seine Natur geführt ist, die Faust zur Nichtanerkennung der menschlichen Grenzen, zum Einsatz widernatürlicher Mittel, zur Unmenschlichkeit, zum Verbrechen, kurz: zur Überschreitung, Travestie und Negation dessen bringt, was sein Werden-wie-Gott eigentlich ausmacht. Am Ende von *Faust II* ist keineswegs klar, wer von den beiden Kontrahenten des *Prologs* seine Wette gewonnen hat; ein Urteil gibt es nicht, weil »der Herr« spurlos verschwunden, eine richtende Instanz für Mephistos Anspruch auf sein »erworbenes Recht« nicht in Sicht und seine Klage über das Betrugsmanöver der Engel (V. 11830 f.) zwar komisch ist, aber immerhin das Sprichwort zu bestätigen scheint: »Wenn der Himmel betrügt, hat der Teufel gesiegt«. Fausts Weg jedenfalls ist in jedem Schritte ambivalent, gekennzeichnet durch die hohe Seele mit ihren Menschheitszielen, gekennzeichnet durch die wachsende Abhängigkeit von seinem Negativ Mephistopheles: *religio* (wörtl.: Zurückbindung) nach oben und nach unten, Erzählung der Herrlichkeit Gottes und der Herrlichkeit des Satans.

Nicht nur das theologische Thema bleibt durch das Stück hindurch präsent, nachdem es im Gelehrtendrama angeschlagen wurde, auch die Naturphilosophie des Gretchendramas, die Magie des 1. Akts, die Geschichtlichkeit des 2., die Soziologie des 3., die Ökonomie des 4. und die Anthropologie des 5. Akts haben an diesen Stellen jeweils nur ihre Spitze, sind aber als ›Lesarten‹ der Tragödie im ganzen Stück durchgängig anwesend. Indem also der Text eine einfache Lektüre in Verwirrung stürzt, dagegen eine ganze Anzahl von partiellen Lesarten zulässt, die, für sich genommen, ein durchgängiges, aber eingeschränktes Bild des Gan-

zen geben, wird der Leser oder Zuschauer immer aus seiner
einmal eingenommenen Haltung heraus auf die möglichen
Perspektiven anderer Rezipienten geführt. Hat man sich
darauf eingelassen, Faust als biographisch gefasste Figur, als
Bild eines wirklichen Menschen zu verstehen, kommt einem
der Teufel dazwischen. Der aber hat manchmal so persönliche Züge, dass man stellenweise eine »geisterhafte« Lesung
nicht durchzuhalten vermag … Die Entwicklung und
Rechtfertigung alternativer Gesichtspunkte bei sich ist aber
der Beginn und Grund der Schätzung des Selbst im Andern.
Durch die für sein Verständnis zu entwickelnde Polyper-
spektivität oder zumindest Einsicht in die Nichtauflösbar-
keit mittels einer einzigen Perspektive erzwingt der *Faust*
als Text das Eingeständnis, allein mit dem Text nicht fertig
zu werden; das ist, was Goethe seine Inkommensurabilität
genannt und, wie wir sehen, mit gutem Grund eigens ange-
strebt hat.

Damit bildet Goethe die Totalität einer Welt, die nun
ebenfalls nach dem Prinzip des »vollkommenen Widerspruchs« konstituiert ist: von allen Seiten zugänglich, eine
Strecke weit plausibel, dann an einer entgegenlaufenden, in
sich ebenfalls plausiblen Erklärungsstrecke im Widerspruch
scheiternd. Um diese Paradoxien aufzulösen, müsste man
ein übermenschliches Erkenntnisvermögen haben; man
wird also in dem Bemühen, »das Werdende, das ewig wirkt
und lebt, […] mit dauernden Gedanken« befestigen zu wollen (V. 346–349), wie die echten Göttersöhne zurückgeführt
auf die Erfahrung der unbegreiflichen und unergründlichen
Herrlichkeit der Werke der Gottheit (V. 249 f., 268–270),
von denen Goethes Text ein im Einzelnen nachvollziehba-
res, aber darum im Ganzen nicht weniger unbegreifliches
und unergründliches Abbild ist.

Ulrich Gaier

Faust-Dichtungen

IN RECLAMS UNIVERSAL-BIBLIOTHEK

Historia von D. Johann Fausten, dem weitbeschreyten Zauberer und Schwarzkünstler. 165 S. UB 1515

Historia von D. Johann Fausten. Text des Druckes von 1587. Kritische Ausgabe. 341 S. UB 1516

Ch. Marlowe: Die tragische Historie vom Doktor Faustus. Deutsche Fassung. 88 S. UB 1128

G. E. Lessing: D. Faust. Die Matrone von Ephesus. Fragmente. 80 S. UB 6719

Fr. M. Klinger: Fausts Leben, Taten und Höllenfahrt. 270 S. 7 Abb. UB 3524

J. W. Goethe: Faust. Der Tragödie erster Teil. 136 S. UB 1, dazu *Erläuterungen und Dokumente.* 301 S. UB 16021 – Faust. Der Tragödie zweiter Teil. 215 S. UB 2 – Der Urfaust. 71 S. UB 5273 – dazu *Erläuterungen und Dokumente.* 168 S. UB 8183

Ch. D. Grabbe: Don Juan und Faust. Tragödie. 115 S. UB 290

H. Heine: Der Doktor Faust. Ein Tanzpoem, nebst kuriosen Berichten über Teufel, Hexen und Dichtkunst. 117 S. 2 Abb. UB 3605

N. Lenau: Faust. Ein Gedicht. 256 S. UB 1524

Fr. Th. Vischer: Faust. Der Tragödie dritter Teil. 256 S. UB 6208

Doktor Johannes Faust. Puppenspiel. 132 S. 6 Abb. UB 6378

Philipp Reclam jun. Stuttgart

Der »Faust« ist das komplexeste Werk Goethes und wohl der deutschen Literatur überhaupt. Als Menschheitstragödie, als religiöses Mysterium, als Analyse moderner Wirtschaftsprozesse und vieles mehr gedeutet, kann er vor allem als Text über Texte, Dichtungen und Kulturräume betrachtet

werden. Ulrich Gaier hat in seinem über zwei Jahrzehnte entstandenen Kommentar die unterschiedlichen, differierenden Lesarten des Werkes genau aufgeschlüsselt.

Johann Wolfgang Goethe: Faust-Dichtungen. Hrsg. und komm. von Ulrich Gaier. 3 Bde. in Kassette.

Philipp Reclam jun. Stuttgart